古代歷史文化 研究輯刊

四 編

王 明 蓀 主編

第 16 冊

唐碑誌研究（一）
女子身份與生活部份

周 奢 著

國家圖書館出版品預行編目資料

唐碑誌研究（一）女子身份與生活部份／周奲 著—初版—
台北縣永和市：花木蘭文化出版社，2010〔民99〕
目 2+278 面；19×26 公分
（古代歷史文化研究輯刊 四編；第 16 冊）
ISBN：978-986-254-256-9（精裝）
1. 女性 2. 社會生活 3. 唐代
544.592   99013230

古代歷史文化研究輯刊
四 編 第十六冊   ISBN：978-986-254-256-9

唐碑誌研究（一）女子身份與生活部份

作　　　者	周奲
主　　　編	王明蓀
總 編 輯	杜潔祥
印　　　刷	普羅文化出版廣告事業
出　　　版	花木蘭文化出版社
發 行 所	花木蘭文化出版社
發 行 人	高小娟
聯絡地址	台北縣永和市中正路五九五號七樓之三
	電話：02-2923-1455／傳真：02-2923-1452
電子信箱	sut81518@ms59.hinet.net
初　　　版	2010 年 9 月
定　　　價	四編 35 冊（精裝）新台幣 55,000 元

版權所有・請勿翻印

唐碑誌研究（一）
女子身份與生活部份

周奢　著

作者簡介

姓　　名：周　奢

學、經歷：已從教職退休

習作概略：《〈太平廣記〉人名書名索引》、《六朝志怪小說研究》、《神異經研究》、《老子考述》、《陰符經考》、《吳越釋氏考》、《〈比丘尼傳〉及其補遺考釋》、《尼師成道典型之研究》、《易經卦爻辭考說》、《周易翼傳考說》等。

提　　要

　　碑誌的彙整，近人統以「石刻史料」歸之；其研究，則尊之曰「石學」。石學的研究，代不乏人；且各領域的成績，更是斐然可觀。

　　本論文僅就已出土的唐朝碑誌中有關女子的資料，作一董理與爬疏；所以碑誌雖多，可資運用的，乃不多覯也。因分成兩大部分，以為論述：上篇曰「身分考」，下篇曰「生活考」。

　　「身分考」，殆自后妃、公主、宮女以至於庶民女子，所謂「列女」之研究也。

　　「生活考」，則婚姻關係固是重要課題（如：婚齡、門第、再醮、繼室、合祔等等），即如：命名、語言、教育、宗教以及於喪葬之實情，也都在探討之列焉。

　　然而，受限於時間與個人學力，猶有不及探討者，如:宦官、比丘尼等厥為此後究心所在也。

目
次

前　言

　　唐乃一盛世，清聞人詮《刻舊唐書敍》云：「……李唐嗣興，萬目畢舉，其經畫之精詳，維持之慎密，雖未上蹞周軌，亦足並驟漢疆。」又楊循吉《舊唐書重鏤紀劻序》亦言之：「李唐氏有天下三百年，三代而降，英君明辟若唐文皇，功德固在首列；厥後子孫迭興，雖中更喪亂，猶不失爲盛朝，而玄憲二宗，至配貞觀，與漢七廟同稱，何也？其典章法度，貽謀之善，不可及已！」故治唐史者特多，遠者如吳兢、韋述、令孤垣、劉昫、范祖禹、歐陽修、宋祈等，近者如岑仲勉、李樹桐、毛漢光等，皆其中之金閨上彥者也。

　　然而彼等所重，略在治亂興替上爬梳調理；尠少及於里巷閨閣之剔抉彙整者。古人云：「二儀既肇，判合始分」，欲明晰一世之確實景況者，原不能捨女性而不顧也。於是近日學者，或就史傳，或就詩文，或就小說中之女性角色，多所擘研；然於碑誌資料之運用，則僅見單篇零縑之考釋、討論而已，未有成篇累牘之綴輯也。余因有羅宗濤先生之指導，乃敢不揣淺陋，而試作此方面之探討焉。

　　於探討之初，即首遇二大困難：一爲時代之確定，一爲資料之篩選。歷史本如長河流水，豈能決然截頭去尾，而僅取某段落之史實爲研究耶？譬欲求唐之根源，須涉及有隋；探其流脈，則須延及五代。以是而推，則上至亙古，下逮無窮矣，其繁瑣不通，可以期也。故效斷代史體之例，確定李唐爲研析範圍，雖隋也、五代也，曾不一言及之，蓋求其明確也。至若資料之篩選，亦有多艱，蓋本論題以「女子」爲對象，而資料之中，往往連累及於父兄、子弟、夫婿等；若欲論及，非惟繁瑣，亦離題甚甚。乃斟酌再三，且請示羅宗濤先生，只得毅然割捨，免葛藤之牽纏也。

本論文運用之資料，厥爲新文豐圖書公司出版之《石刻史料新編》、藝文印書館之《石刻史料叢書》、《全唐文》等，而參以下諸書：

1. 《漢魏南北朝墓誌集釋》十一卷，趙萬里撰　新文豐公司。
2. 《隴右金石錄》十卷、附《校補》一卷，張維撰，新文豐公司。
3. 《滿州金石志》六卷，附《別錄》二卷，羅福頤撰，新文豐公司。
4. 《陝西金石志》三十卷，附《補遺》二卷，武樹善撰，新文豐公司。
5. 《江蘇金石志》，《江蘇通志稿》，民國 18 年三修，新文豐公司。
6. 《江蘇金石志》二十四卷，民國 18 年修，新文豐公司。
7. 《吳中冢墓遺文》一卷，附《補遺》，羅振玉輯，新文豐公司。
8. 《襄陽冢墓遺文》一卷，附《補遺》，羅振玉輯，新文豐公司。
9. 《兩浙冢墓遺文》一卷，附《補遺》，羅振玉輯，新文豐公司。
10. 《東都冢墓遺文》一卷，羅振玉輯，新文豐公司。
11. 《京畿冢墓遺文》三卷，羅振玉輯，新文豐公司。
12. 《芒洛冢墓遺文四編》六卷，附《四補》一卷，新文豐公司。
13. 《芒洛冢墓遺文三編》一卷，附《四補》一卷，新文豐公司。
14. 《芒洛冢墓遺文續編》三卷，附《續補》一卷，新文豐公司。
15. 《芒洛冢墓遺文》三卷，附《補遺》一卷，新文豐公司。
16. 《山東金石志》六卷，孫葆田等輯，新文豐公司。
17. 《湖北金石志》十四卷，張仲炘撰，新文豐公司。
18. 《山左訪碑錄》六卷，法偉堂輯，新文豐公司。
19. 《陶齋臧石記》四十四卷，端方撰，新文豐公司。
20. 《句容金石記》十卷，《附錄》一卷，楊世沅記，新文豐公司。
21. 《嚴州金石錄》二卷，鄒伯森撰，新文豐公司。
22. 《詩石》十卷，葉昌熾撰，新文豐公司。
23. 《香南精舍金石契》一卷，覺羅崇恩撰，新文豐公司。
24. 《山右石刻叢編》四十卷，翁聘之撰，新文豐公司。
25. 《山右冢墓遺文》一卷，附《補遺》一卷，羅振玉輯，新文豐公司。
26. 《山左冢墓遺文》一卷，附《補遺》一卷，羅振玉輯，新文豐公司。
27. 《唐三家碑錄》三卷，羅振玉輯，新文豐公司。
28. 《湖南金石志》三十卷，郭嵩燾撰，新文豐公司。
29. 《閩中金石略》十五卷，附《考證》五卷，陳棨仁撰，新文豐公司。

30. 《石墨考異》二卷，嚴蔚撰，新文豐公司。

31. 《古詩石華續編》二卷，毛鳳枝編，新文豐公司。

32. 《金石萃編補遺》二卷，毛鳳枝編，新文豐公司。

33. 《關中石刻文字新編》四卷，毛鳳枝編，新文豐公司。

34. 《關中石刻文字存逸考》十二卷，新文豐公司。

35. 《金石續編》二十一卷，陸耀遹纂，新文豐公司。

36. 《十二硯齋金石過眼錄》十八卷，汪鋆撰，新文豐公司。

37. 《續補寰宇訪碑錄》二十五卷，劉聲木輯，新文豐公司。

38. 《宜祿堂金石記》六卷，朱士端撰，新文豐公司。

39. 《宜祿堂收藏金石記》五十九卷，朱士端撰，新文豐公司。

40. 《八瓊室金石袪偽》全一卷，陸增祥撰，新文豐公司。

41. 《八瓊室金石補正》一三○卷，陸增祥撰，新文豐公司。

42. 《平津館金石萃編》二十卷、《補編》不分卷，嚴可均撰，新文豐公司。

43. 《昭陵碑考》十二卷，孫三錫撰，新文豐公司。

44. 《金石萃編補略》二卷，王言撰，新文豐公司。

45. 《山右金石錄》不分卷，夏寶晉撰，新文豐公司。

46. 《金石苑》不分卷，劉喜海撰，新文豐公司。

47. 《常山貞石志》二十四卷，沈濤撰，新文豐公司。

48. 《古誌石華》三十卷，黃本驥撰，新文豐公司。

49. 《金石萃編補正》四卷，方履籛撰，新文豐公司。

50. 《兩浙金石志》十八卷，附《補遺》一卷，阮元撰，新文豐公司。

51. 《隋唐石刻拾遺》二卷《原目》一卷，黃本驥撰，新文豐公司。

52. 《古泉山館金石文編殘稿》四卷，瞿仲容撰，新文豐公司。

53. 《平津讀碑記》八卷，附《續》一卷、《再續》一卷，《三續》二卷，洪頤宣撰，新文豐公司。

54. 《金石萃編》一六○卷，王昶撰，新文豐公司。

55. 《寰宇訪碑錄》十二卷，孫星衍撰，新文豐公司。

56. 《山左金石志》二十四卷，畢沅、阮元同撰，新文豐公司。

57. 《金石存》十五卷，李調元撰，新文豐公司。

58. 《潛研堂金石文跋尾》二十卷，附《目錄》八卷，錢大昕撰，新文豐

公司。

59. 《中州金石記》五卷，畢沅撰，新文豐公司。

60. 《關中金石記》八卷，畢沅撰，新文豐公司。

61. 《雍州金石記》十卷，附《記錄》一卷，朱楓、李錫齡著，新文豐公司。

62. 《金薤琳琅補遺》一卷，宋振譽補，新文豐公司。

63. 《金石續錄》四卷，劉青藜著，新文豐公司。

64. 《金石錄補》二十七卷附《續跋》七卷，葉奕苞撰，新文豐公司。

65. 《古今碑帖考》一卷，朱晨輯，新文豐公司。

66. 《石墨鐫華》八卷，趙崡撰，新文豐公司。

67. 《金薤琳琅》二十卷，都穆編，新文豐公司。

68. 《碑藪》不分卷，陳鑑集，新文豐公司。

69. 《古刻叢鈔》一卷，陶宗儀撰，新文豐公司。

70. 《寶刻類編》八卷，無名氏輯，新文豐公司。

71. 《寶刻叢編》二十卷，陳思纂次，新文豐公司。

72. 《金石錄》三十卷附《目錄》十卷，《跋尾》二十卷，趙明誠撰，新文豐公司。

73. 《集古錄目》十卷，歐陽棐輯，新文豐公司。

74. 《元豐題跋》一卷，曾鞏撰，新文豐公司。

75. 《集古錄跋尾》十卷，歐陽修撰，新文豐公司。

　　案，以上據毛漢光氏《唐代墓誌銘彙編附考序》所臚列之序次；又，本論文以上所列資料，多見在藝文印書館之《石刻史料叢書》之中，因余購置全套新文豐之《石刻史料新編》，故以為底本，而不著錄藝文之目也。

76. 《全唐文》，陳鴻墀輯，大化圖書公司。

77. 《唐文拾遺》，陸心源編，大化圖書公司。

78. 《唐文續拾遺》，陸心源編，大化圖書公司。

79. 《唐代墓誌銘彙編附考》，毛漢光著，中央研究院歷史語言研究所印。

　　以上凡七十九部，都二千二百二十六卷（案，《全唐文》、《唐文拾遺》、《唐文續拾遺》，凡一千零八十八卷，其碑誌文僅其中之一部分，然亦無由分卷矣，姑以其總數存計之；又毛漢光氏所彙編者凡十冊，姑以十卷計之。乃得以上

之數也），實括有以下各類：（據毛漢光氏《歷代碑誌銘》、《塔誌銘》、《雜誌銘拓片目錄》之分類）一、墓誌銘類：如墓誌銘（含歸祔誌銘）、墓誌、墓銘等。二、碑誌銘類：如碑、神道碑、功德碑、墓碑、墓碣等。三、塔誌銘類：塔銘（記、碣）、靈塔銘、塼塔銘、玄祕塔碑銘、功德塔銘、石龕像銘、浮圖銘（記）、禪師碑、和尚墓誌銘、比丘尼墓誌銘。四、雜誌銘類：如墓表、墓版文、墓塼、歸葬記、遷葬記、權厝記、壙記（誌、碑刻）、玄堂銘（記）、陰堂文等。五、佛教類：如浮圖記、造象題名、記石浮圖後、造象銘等。六、雜刻類：橋柱、井欄等。

資料之董理，乃先做成卡片，而後歸爲以下各類：人名（男性之名，僅止於妻族之高、曾、祖、父、子及其夫、婿而已）、地名（有郡望、籍地、葬地、寺廟等）、引同資料之篇目名（即前列各書之單片碑誌題名）、婚姻、教育、宗教、語言（即俗語）、用典等。前三者各編爲《索引》，各有「凡例」，爲本論文之「附錄」；後者則寫入本論文之中，蓋爲本論文之直接而重要之依據也。

論述則分二大部分：上篇爲「身分考」，又分三章論述：第一章《后妃公主之研究》，蓋自諸帝王后妃、公主之數，以及於王后、嬪妃之由來，公主婚配之情景等，作一尋索探究，其有闕漏，則以碑誌所載，爲之補苴焉。第二章《宮人之研究》，宮人之由來，與乎妃嬪者不盡相同；而詩文、小說類皆爲之悲愴其生活之暗無天日。本章即於此兩者，爲作剖析，以明真象也。第三章《列女之研究》，非如史傳之重在貞女、母儀等之有裨風教之宣揚，而是以史者之眼光，作社會之掃瞄，故其所取，端在平民而不爲學者所重視之對象，諸如倡妓、妾侍者是也。下篇則爲「生活考」，略分六章以爲之論述：第一章《命名之研究》，乃從唐女子所命之名字，以見時人之心態、社會風尚之所趨也。第二章《婚姻之研究》，此爲本文特所用力之處，蓋女子之生活，非如男子之多樣；蓋彼之思想、作爲，多在人生歸宿之有無、良窳上。是以本文分析，則特爲細致，蓋欲從幽以至顯也。故凡婚姻之年齡、門第之觀念、公主及郡縣主之婚姻生活、再醮問題、繼室問題、合祔與喪葬、冥婚等問題，皆盡力爲作探研焉。至於由門第觀念延伸之聯姻高門閥族，更爲歷代觀察某氏社會地位之指標，因舉薛氏爲例，作一考究也。第三章《教育之研究》，蓋從碑誌所述，或銘文所用典故，彼時女子之著作等，作一梳理，俾得當時女子教育之實況也。第四章《語言之研究》，乃就語意學之觀點，從唐人

喜用之語彙，以知其時人之思想。更於碑誌中極難得見之「語體」，分由「詞彙」、「俗語」二項，爲作整理耳。第五章《宗教之研究》，自來宗教史之學者，率於高僧傳、神仙傳、史書所載之中爲作宗教史之研究，此誠無有不是處；然於民間信仰之實情，恐有未達一間之遺憾。關於此點，日本學者頗能注意及之；然猶不能於碑誌中充分取材也。本章雖欲補闕，而限在「女子」之範疇，雖能得其實，究不能涵蓋所有，或當俟諸他日也。第六章《喪葬之研究》，乃就唐人葬地所在，爲作埋葬區域之劃分、葬區環境之觀察等。《結論》處，則歸納前述各章，爲作總結；並於本論文限於題目、時間、個人學力所不逮者，作一陳述也。

上篇／身分考

第一章　后妃公主之研究

本章所論，略有：后、妃（含帝與親王之妃，其制則詳見《宮人考》）、大長公主、長公主、公主、郡主、縣主等。

下表列帝之后妃，蓋參詳《兩書》《后妃傳》暨《宗室傳》、《宗室世系表》、《唐會要》等而列者：

```
        ┌─太穆竇皇后→建成、太宗、玄霸、元吉。平陽昭公主
        │ 萬貴妃→智雲。
        │ 莫嬪→元景。
        │ 孫嬪→元昌。
        │ 尹德妃→元亨。
        │ 張氏→元方。
        │ 郭婕妤→元禮。
        │ 宇文昭儀→元嘉及第十九子靈夔。
  高祖──┤ 王才人→元則。
        │ 張寶林→元懿。
        │ 張美人→元軌。
        │ 楊美人→鳳。
        │ 劉婕妤→元慶。
        │ 崔嬪→元裕。
        │ 小楊嬪→元名。
        │ 楊嬪　→元祥。
        │ 魯才人→元曉。
        └─柳寶林→元嬰。
```

案，高祖一十八后妃，二十二子，分一十五房。一十九女。

太宗——┌文德長孫皇后→承乾及第四子泰、高宗。
　　　　　　　　　　　　　長樂公主、晉陽公主、新卿公主。
　　　　├後宮→寬。
　　　　├楊妃→恪及第六子愔。
　　　　├陰妃→祐。
　　　　├王氏→惲。
　　　　├燕妃→貞及第十一子囂。
　　　　├韋妃→慎。臨川公主。
　　　　├後宮→簡。
　　　　├楊妃→福。
　　　　├楊氏→明。（案，楊即巢刺王妃，見《新》）
　　　　└徐賢妃→無子而薨。

案，太宗一十一后妃、一十四子、分八房。二十一女。

高宗——┌後宮劉→忠。
　　　　├後宮鄭→孝。
　　　　├後宮楊→上金。
　　　　├蕭淑妃→素節。義陽公主、高安公主。
　　　　├則天武皇后→弘、賢、中宗及睿宗。太平公主。
　　　　├王皇后→無子而廢。
　　　　└蕭良娣→仝上。

案，高宗二后五妃、八子、分四房。三女。

中宗——┌和思趙皇后→無子而薨。
　　　　├韋皇后→重潤。長寧公主。
　　　　├後宮→重福、重俊、殤帝。
　　　　└上官昭容→無子卒。

案，中宗二后二妃、四子、一房。八女。

睿宗——┌肅明劉皇后→憲。代國公主。
　　　　├後宮柳→撝。
　　　　├昭成竇皇后→玄宗。
　　　　├崔孺人→惠文太子範。鄎國公主。
　　　　├王德妃→業。
　　　　└後宮→隆悌。

案，睿宗二后四妃、六子、分四房。十一女。

```
          ┌ 劉華妃→琮、第六子琬、第十二子璲。
          │ 趙麗妃→瑛。
          │ 元獻皇后楊→肅宗。
          │ 錢妃→琰。
          │ 皇甫德儀→瑤。臨晉公主。
          │ 劉才人→琚。
          │ 貞順武皇后→一、第十五子敏、第十八子琩及第二十一子
          │             琦。咸直公主、太華公主。
          │ 高婕妤→璬。昌樂公主。
          │ 郭順儀→璘。
          │ 柳婕妤→玢。
    玄宗 ─┤ 鍾美人→環。
          │ 盧美人→瑝。
          │ 閻才人→玼。
          │ 董芳儀→廣陵公主。
          │ 杜美人→萬春公主。
          │ 王美人→珪。
          │ 陳才人→珙。
          │ 鄭才人→瑱。
          │ 武賢儀→璿及第三十子璹。
          │ 常才人→新平公主。
          │ 曹野那珆→壽安公主。
          │ 餘七子夭，母氏失傳。
          └ 楊貴妃→無子，薨。
```

案，玄宗二后二十三妃、三十子，《宗室世系表》云：「自玄宗以後，諸王不出閣，不分房，子孫闕而不見。」（案，詳見本章後文《釋例》《涼王妃張氏墓誌銘》之《考釋五》）二十九女。

```
          ┌ 章敬吳皇后→代宗。和政公主。
          │ 後宮孫→係。
          │ 後宮張→倓。
          │ 後宮王→佋。
          │ 陳婕妤→僅。
          │
```

肅宗

韋妃→僩。

張美人→侹。

後宮→榮。

裴昭儀→僙。

段婕妤→倕。

崔妃→偲。

張皇后→佋及侗。

後宮→佶。

案，肅宗二后一十一妃，一十四子。七女。

代宗

睿眞沈皇后→德宗。

崔妃→邈。齊國昭懿公主。

貞懿獨孫皇后→迥。華陽公主。

史亡其母之氏位者一十七王：均王遐、睦王述、恩王連、簡王遘、益王廼、隋王迅、荊王選、蜀王遡、忻王造、韶王暹、嘉王運、端王遇、循王適、恭王通、原王逵、雅王逸、丹王逾（案，《新》漏，據《舊》補）。

案，代宗一后二妃，二十子，其一十七子史不知其母氏位，故不錄。一十八女。

德宗

昭德王皇后→順宗。貞穆公主。

韋妃→史不載其有子，此據《舊》補。

舒王誼，代宗子昭靖太子之子也；文敬太子諒，其子順宗之子也。其他八王：通王諶、虔王諒、肅王詳、資王謙、代王譔、昭王誡、欽王諤、珍王諴，史不載其母氏位。

案，德宗一后一妃，一十一子。一十一女。

順宗

莊憲王皇后→憲宗及綰。漢陽公主。

張昭訓→經。

趙昭儀→結。

王昭儀→總、約及緄。

崔昭儀→潯陽公主。

崔昭訓→臨汝公主。

史亡其母之氏位者二十王：均王緯、漵王縱、莒王紓、密王

綱、集王緗、冀王絿、和王綺、衡王絢、會王繢、珍王繕、撫王紘、袞王紳、桂王綸、翼王綽、蘄王緝、欽王績（案，《新》《宗室傳》作「順宗二十七子」《世系表》則作「二十二子」，且翼王諱作「繟」：《舊傳》同《新傳》作「綽」，然其《序》則謂：「順宗二十三子：莊憲皇后王氏生憲宗皇帝，王昭儀（《新》作張昭訓）生郯王經，趙昭儀生宋王結，王昭儀生邵王綜，王昭訓生衡王絢，餘十八王本錄不載母氏。」與之相較，則頗見出入。對照前述三文（《新》《舊》兩《傳》暨《世系表》並《唐會要》卷五《諸王條》）《新傳》漏「邵王綜」，而《新傳》又於文末云：「四王蚤薨，亡官諡。」更校以《新傳》《郯王經條》云：「……始王建康郡，與廣陵、洋州、臨淮……十二王同封……」自洋州以下皆有王者名諱，獨「廣陵」無，然則應多列一「廣陵王」歟？惜史失其名。而前述德宗文敬太子本順宗子，則合之恰為「二十七子」之數，《新》之所載不誤矣）。

案，順宗一后五妃、二十七子。一十一女。

　　　　┌─紀美人→寧。
　　憲宗─┼─懿安郭太后→穆宗。岐陽公主。
　　　　├─孝明鄭太后→宣宗。
　　　　└─史亡其母之氏位者一十七王：澧王惲、深王悰、洋王忻、絳王悟、建王恪、鄜王憬、瓊王悅、沔王恂、婺王懌、茂王愔、淄王協、衡王憺、澶王愰、棣王惴、彭王惕、信王憻、榮王憤。

案，憲宗二后一妃、二十子。一十八女。

　　　　┌─恭僖王太后→敬宗。
　　　　├─貞獻蕭太后→文宗。
　　　　├─宣懿韋太后→武宗。
　　穆宗─┼─楊賢妃→溶。（案，此據《舊》列）
　　　　├─張昭儀→淮陽公主。
　　　　├─武貴妃→義豐公主。
　　　　└─史亡其母氏位者一：懷懿太子湊。

案，穆宗三后三妃、五子。另尚宮宋若昭姊妹。八女。

敬宗┬郭妃→悼懷太子普。
　　└史亡其母之氏位者：梁王休復、襄王執中、紀王言楊、陳王
　　　成美。

案，敬宗一妃、五子。三女。

文宗┬王德妃→莊恪太子永。
　　└史亡其母之氏位：蔣王宗儉。

案，文宗一妃、二子。四女。

武宗五子，其母氏位皆不傳：杞王峻、益王峴、兗王岐、德王嶧、
昌王嵯。七女。

案，《新》武宗有王賢妃，然未明言子嗣。

宣宗┬元昭晁太后→懿宗。
　　└史亡其母之氏位：靖懷太子漢、雅王涇、衛王灌、夔王滋、
　　　慶王沂、濮王澤、鄂王潤、懷王洽、昭王汭、康王汶、廣王
　　　澭。

案，宣宗一后、十二子（《兩書》作十一子，蓋未列懿宗也，今正）。一
十一女。

懿宗┬惠安王太后→僖宗。
　　├恭獻王太后→昭宗。
　　├郭淑妃→文懿公主。
　　└史亡其母之氏位者：魏王佾、涼王健、蜀王佶、威王侃、吉
　　　王保、睦王倚。

案，懿宗二后一妃、八子。八女。

僖宗──史亡其母之氏位：建王震、益王陛。二女。

昭宗┬積善何皇后→德王裕、哀。平原公主。
　　└史亡其母之氏位者：棣王祤、虔王禊、沂王禋、遂王禕、景
　　　王祕、祁王祺、雅王禎、瓊王祥、端王禎、曹王祁、和王福、
　　　登王禧、嘉王祐、潁王禔、蔡王祐（案，《舊》作十子，於
　　　瓊王後接以嗣襄王熅，肅宗子襄王僙裔孫，為朱玫所劫冊而
　　　為帝者也。）

案，昭宗一后、一十七子。一十一女。

　　唐自高祖至於哀帝，凡二十帝（則天武皇后不計，范祖禹《唐鑑》即以武氏篡弒非正而斥之），哀帝之后妃，史無紀錄，不可得知。故總計一十九帝（武宗、僖宗不詳其后妃）之后妃，略得：二十三后、七十四妃（案，此就表中所列知有姓氏及但書「後宮」者計之，其「史亡其母之氏位者」不計；當然，其實際后妃之數當千百倍於此也，而史不能載其瑣屑，故不具論也），余於此中知其封后之情況有二：一是帝王及身而封者，如高祖、太宗、高宗等是；一是其子爲帝而追封者，如穆宗恭僖王太后、貞獻蕭太后、宣懿韋太后等是，且此等情況，多於前一種者。揆其原因則端在於王后出身多微賤故，如：肅宗章敬皇后吳氏，其「父令珪，以郜丞坐事死，故后幼入掖庭。」而肅宗在東宮，廷宇不汎，左右無嬪御，玄宗因令高力士就掖庭選衣冠子以充嬪御，得三人而后在其中，因蒙幸而生代宗。又如憲宗孝明皇后鄭氏，元和初，李錡及，「有相者言后當生天子，錡納爲侍人。錡誅，沒入掖庭，侍懿安后，憲宗幸之，生宣宗。」又如：懿宗恭憲皇后王氏，「其出至微。咸通中列后庭，得幸，生壽王而卒。王立，是爲昭宗，追號皇太后」等皆是也。

　　封后既多由子貴，是以子不貴，則幸者猶得爲妃嬪侍媵耳，其不幸者，更無論矣。太宗徐賢妃、穆宗尚宮宋氏姊妹可以不論；他如：肅宗韋妃，方肅宗爲忠王時，納妃爲孺人，生兗王僴、絳王佺、以其子之不及爲帝，故終一生但爲一「妃」耳。又如代宗崔妃，本韓國夫人女，生召王偲，偲不能帝，母亦一「妃」而已。又如德宗韋賢妃，初爲良娣，又冊爲賢妃，性敏，且動必由禮，「德宗深重之，六宮師其德行」；然德宗崩，因無子而侍於寢園，亦以「妃」而終也。

　　至於出身之微賤與否，恆與其入宮之原因相當，今試分析之，略有以下諸端：

　　一、父母有其地位、識見，能爲女擇婚，且女子之教育程度，亦足相配者。如高祖太穆皇后竇氏，父毅，在周爲上柱國，在隋爲定州總管；母則爲周武帝姊，即襄陽長公主；而其本身，則讀《女誡》、《列女》等傳，一過輒不忘，又能諫武帝寵突厥女以利國家，故其父謂其母曰：「此女有奇相，且識不凡，何可妄與人？」因爲之擇高祖焉。太宗文德皇后長孫氏，父晟，頗涉書史，趫鷙曉兵，仕隋爲左驍衛將軍，其兄熾，爲周通道館學士，嘗聞太穆勸撫突厥女事，乃謂晟曰：「此明睿人，必有奇子，不可以不圖昏。」而長孫氏本身亦喜圖傳，矜尚禮法，能視古善惡以自鑒，故晟乃女於太宗云。憲宗

懿安皇后郭氏，子儀孫女，父曖，母代宗長女昇平公主，「憲宗爲廣陵王時納后爲妃，以母貴、父祖有太勳，順宗深寵異之」而后亦深自損抑，識大體，「憲宗崩，中人有爲后謀稱制者，后怒曰：我效武氏耶？今太子雖幼，尚可選重德爲輔，吾何與外事哉！」武宗嘗問盛天子事，后教以納直言，諮宰臣，以忠良爲腹心，故「后歷位七朝，五居太母之尊，人君行子孫之禮，福壽隆貴四十餘年，雖漢之馬、鄧無以加焉，識者以爲汾陽社稷之功未泯，復鍾慶於懿安焉。」（《新》卷七十六《后妃傳》）

　　觀此，知父母才識地位而能擇婿，與乎女子本身之教育相當，輒能得令望，亦足保平安；否則，缺任何一項，必致身敗名裂以至幽囚而死。姑舉二例，實則往後所舉諸例，莫不如是也。高宗廢后王氏，父仁祐爲羅山令，其從祖母同安長公主徒以后婉淑、有美色，而言於太宗，納爲晉王妃，遂不得其死然。睿宗昭成皇后竇氏，父孝諶爲潤州刺史；后姿容婉順，動循禮則，而史不言其知書，故爲孺人時雖甚見睿宗（時爲相王）之禮異，終亦不得其死然。

　　二、帝王聞其才美而召入宮者，此輩若非在宮闈之爭中脫穎而出，即鮮有封后者。如太宗賢妃徐惠，生五月能言，四歲通曉《論語》、《詩經》，八歲作《小山賦》。其父孝德大驚，知不可掩，終爲太宗召爲才人。高宗則天皇后武氏，父士彠，太宗聞其女美，召爲才人。尚宮宋若昭，父廷芬，能辭章，其女兒五人，皆警慧善屬文，不願歸人，欲以學名家，德宗聞而召入爲尚宮。

　　三、親友推薦以爲某王妃或嬪侍，某王既爲帝則封爲后，或其子既爲帝則進謚之者。然此輩亦鮮克善終者。如高宗廢后王氏（見前引）。中宗和思皇后趙氏，父瓌，尚高祖常樂公主，故中宗爲英王時聘以爲妃，而幽死於內侍省焉。玄宗皇后王氏，帝爲臨淄王時聘以爲妃，且預清內難之大計，然亦遭廢賜死。

　　四、選良家子而入宮者，此於《宮人考》中論之詳矣；然彼之所論，品位秩次較低，故再舉數例以明其異。如睿宗肅明皇后劉氏，儀鳳中帝在藩納爲孺人，死於武則天手，屍骨無存。玄宗元獻皇后楊氏，帝在東宮時，后以景雲初入宮爲良媛；有娠，帝忌太平公主勢，嘗欲親爲墮胎者。順宗莊憲皇后王氏，代宗時以良家選入宮爲才人，順宗在藩，（德宗）帝以才人幼故，而賜之爲王孺人。

　　五、沒入掖庭時其年尚幼，與帝兩小無猜而浸以得幸，然此輩若非追謚，

則幾無及身受封例也。如玄宗貞順皇后武氏，父恒安王攸止，以武氏敗亡，其女因幼入宮；及得玄宗冊為惠妃而愛幸有加，欲立為后，御史潘好禮即上疏諫，曰：「《禮》，父母讎不共天；《春秋》，子不復讎，不子也。陛下欲以武氏為后，何以見天下士？妃再從叔三思也，從父延秀也，皆干紀亂常，天下共疾。夫惡木垂蔭，志士不息；盜泉飛溢，廉夫不飲。匹夫匹婦尚相擇，況天子乎？願慎擇華族，稱神祇之心。」上官昭容，西臺侍郎儀之孫，父廷芝，與儀同死武后時，故婉兒始生，即與母配掖庭。雖屬文，然天性韶警，與武三思、崔湜亂，因黨韋后而伏誅。

六、其他。即是不能明指其出身，而又不能的知入宮之由者，如憲宗孝明皇后鄭氏，丹陽人，或言本爾朱氏，則或為俘虜沒官？穆宗恭僖皇后王氏，越州人，本仕家子，幼得侍帝東宮，然則官宦之家獲罪而入掖庭者歟？又貞獻皇后蕭氏，福建人，入長安，竟不知家之存亡，惟記有弟，而亦不省弟之形貌，則幼時被拐賣者歟？趙翼《二十二史箚記》謂唐宦官多閩廣人，蓋地瘠民貧，多有鬻子女以求生者，則蕭皇后或即其例歟？武宗賢妃王氏，邯鄲人，失其世，十三善歌舞，而得以入宮，然則其歌舞非學自宮中教坊者，得無倡者之嫌乎？

《新》卷七六《后妃傳序》云：「《禮》本夫婦，《詩》始后妃，治亂因之，興亡係焉。盛德之君，惟薄嚴奧，裏謁不忓於朝，外言不內諸閫，《關雎》之風行，《彤史》之化脩，故淑範懿行，更為內助。若夫艷嬖之興，常在中主；第禍既交，則情與愛遷；顏辭媚熟，則事為私奪」凡此固不能不咎帝王之昏愚，而后妃教養之有無，實深相干係也。若高祖之竇后、太宗之長孫、徐妃，寧有亂象者哉？惜於前述諸后妃中，知書循禮者，捨棄前述三人不論外，僅睿宗昭成皇后竇氏「婉淑尤循禮則」、憲宗懿安皇后郭氏、穆宗宋若昭姊妹（彼等自誓不嫁，欲以學行成名，亦頗得帝王之尊禮，然至若憲，則不能善終，惜哉！）等能知書而以禮則相循，故皆能有其令望，得其終養。至若外此諸妃嬪，其爭競、淫亂，殆有不忍卒言者。原因無他，特不能以禮教自防，又不能知書達理有以致之也。今為姑舉數端以例之：徐惠為太宗賢妃，其女弟為高宗婕妤；高宗者，太宗子也。其倫序安在？武則天，太宗才人也；而高宗之昭儀，而為之后，是聚麀也。《新》卷七六《后妃傳》謂則天姊韓國夫人卒，高宗封其女為魏國夫人，「欲以備嬪職，難於后，未決；后內忌甚」，乃毒殺魏國。高宗之荒淫，宜史之直筆也。楊玉環為玄宗子壽王妃，玄宗乃奪

而專房宴；國忠者，貴妃兄也；號國夫人者，貴妃妹也，而國忠與之亂，不避雄狐之譏焉。懿宗淑妃郭氏女封同昌公主，下嫁韋保衡；「保衡處內宅，妃以主故，出入娛飲不禁，是時譁言與保衡亂，莫得其端」，是蒸上之恥也。唐室穢亂如是，宜高門大姓之不欲與聯姻也（詳婚姻考）。

分析上表，猶有二種情況值得注意：其一為但有其子而無其母，即只書「後宮生某」或「史亡其母之氏位者」，多在末世而不能於政治上有所作為者，如代宗、德宗、順宗等皆是也。究其原因，則耽溺酒色，私生活不檢也。其一為后妃諸姓之統計，可得其概：萬、莫、尹、宇文、魯、長孫、陰、燕、徐、上官、錢、皇甫、高、鍾、盧、閻、吳、裴、段、沈、獨孤、紀、龜、何等姓各一人為后妃（案，尚宮宋氏五姊妹，但以一人計），竇、孫、陳等各二人，柳、鄭、武、趙等各三人，郭、崔等姓各四人，劉、韋等姓各五人，張姓七人，楊姓十人，王姓一十四人。可知與王室通婚者，以郭、崔、劉、韋、張、楊、王姓最多，其中崔、韋雖為大姓，而人數不過四、五人而已，實不若王、楊，甚至張姓之多也，此可證明當時高門大姓確不屑與王室聯姻也，而其原因則為王室多不講禮，多穢亂也。

然則王、楊、張等姓氏與王室聯姻之頻繁，又象徵何等意義耶？為求其確實，當與親王、公主之婚姻合觀。

唐室公主自世祖至昭宗，總計二百十三人，分析如下：但留其名而不詳事蹟者，三十八人；蚤薨者，三十一人；入道為女冠者，一十一人。其他出降之姓氏之人次（蓋其中有改嫁、再嫁，甚而三嫁；亦有一人而娶二公主者）如下：馮、段、喬、封、嚴、唐、史、周、權、源、衛各一人，柴、趙、溫、姜、高、程、獨孤、吳、李、田、于各二人，而劉、蕭、杜各三人，長孫、武、沈各四人，蘇、張、郭、柳各五人，竇、崔、鄭各八人，韋九人，王十人，楊、裴各十一人，薛十二人；胡姓蕃人者，若賀蘭、執失思力、阿史那各一人，豆盧氏則三人。一人而娶二公主者，有薛伯陽娶荊山、涼國二公主，楊錡娶萬春、太華二公主，于琮娶永福、廣德二公主；公主改嫁（案，指夫未死而更適者）三人，再嫁（夫死更適者）二十二人，三嫁者四人。從以上統計可知八人以上者，略有：竇、崔、鄭、韋、王、楊、裴、薛諸姓。而諸親王之姻媾，據《宗室傳》、《宗室世系表》、《全唐文》所載錄者，略為：霍王元軌妃為魏徵女，虢王嗣孫邕娶韋后妹，太子瑛、棣王琰之妃皆薛綏女，讓皇帝后元氏、壽王妃韋氏、榮王妃鄭氏、薛氏、永王妃侯莫陳氏、濟王妃

崔氏、信王妃盧氏、陳王妃韋氏、廣平郡王妃崔氏、涼王妃張氏、穎王妃獨孤氏、蜀王妃田氏、杞王妃竇氏。至於郡縣主之載錄，略有：楊洸尙新都郡主、楊守文尙樂安郡主、裴巽尙義安郡主，壽昌縣主降楊尙一，又降崔珍，安興縣主降薛琳等。

統計上列資料，得與王室聯姻在十人次以上者，厥有：王氏十人、韋氏、裴氏各十二人、楊氏十四人、薛氏十八人。毛漢光氏於《我國中古大士族之個案研究——瑯琊王氏》中嘗謂：「婚姻關係是研究家族社會地位的重要坐標，在非自由戀愛的社會中，門當戶對的觀念常常存在，相互婚嫁，至少表示兩家的社會地位相去不遠。」設如前述，當代之高門大姓不屑與王室聯姻，然則韋氏、裴氏、楊氏、薛氏等之崛起，寧不值得研究？

以上所論，蓋就《兩書》《后妃傳》、《宗室傳》、《新》《宗室世系表》、《公主傳》、《唐會要》所載爲據；然以上資料，或有缺漏不全者，尤以《公主傳》最甚，宋祁氏即於《傳贊》概乎言之：「婦人內夫家，雖天姬之貴，史官猶外而不詳。又僖、昭之亂，典策埃滅，故諸帝公主降日薨年，粗得其槩，亡者闕而不書。」其可以碑誌補其闕者，以余所見，略有：

一、《大周無上孝明高皇后碑銘》，武三思撰　銘文見《全唐文》卷二三九。案，「孝明高皇后」即武則天母楊氏，《新》卷四《則天順聖皇后本紀》云：「永昌元年（689 A.D.）二月丁亥，尊考太師魏忠孝王曰周忠孝太皇，置崇先府官。戊戌，追諡妣楊氏曰周忠孝太后……天授元年（691 A.D.）九月丙戌，立武氏七廟于神都追尊……忠孝太皇曰太祖孝明高皇帝，妣曰孝明高皇后。」其曾祖定、祖紹、父達等官秩，皆足補其闕。又則天武氏爲一虔誠佛徒，其信仰源於父母，此從《誌文》可以得知。《誌文》云：「太祖崩號……高后哀深杞堞，誓切《柏舟》……方祈淨業，敬託良緣，憑慧炬于幽途，艤慈舟于覺海。于是心持寶偈，手寫金言……將佛日而長懸，共慈燈而不滅。」及楊氏卒，《誌文》又曰：「復以祥分貝葉，瑞演龍在，金容開十地之圖，玉相告三空之讖。龍軒黯黯，俄爲兜率之天；鳳闕峕峕，忽似須彌之座。」云云，皆可證也。至其卒於咸亨元年（670 A.D.）八月二日九成宮，年九十二，葬于雍州咸陽縣洪瀆原，名曰順陵。其不與夫合祔之理由，實頗牽強：「影隨燈滅，自此長辭；魂逐香銷，終無蹔返。以爲合葬非古，禮貴從宜，將追罔極之慈，願在先塋之側」是則天欲緬懷其母，又受佛教之影響而不欲與其父合祔者歟？（合祔之禮，詳本論文之《婚姻考》）此皆史所不載，可以補其闕

者也。

二、《和麗妃神道碑銘奉勅撰》 張說撰 銘文見《全唐文》卷二三一。案，麗妃趙氏，《兩書》所言，特其梗概而已，如《舊》卷一○七本傳則曰：「瑛母趙麗妃本伎人，有才貌，善歌舞，玄宗在潞州得幸。及景雲中升儲之後，其父元禮、兄常奴擢爲京職，開元初皆至大官；及武惠妃寵幸，麗妃恩乃漸弛。」（《新》《宗室傳》同）而惠妃之寵，在王皇后廢爲庶人之開元十二年（724 A.D.）（即正式冊爲「惠妃」之年）然其得幸，當更早於是，故麗妃鬱悒不得歡，乃於「開元十四年（726 A.D.），春秋三十有四，七月十四日，薨於春華殿。」開元十四年，三十四歲，則其生當在則天長壽二年（693 A.D.）也。

史傳但謂其愛衰恩弛，實則妃嘗出家入道也，《誌文》云：「經時寢疾，在蒙被之辰，答還輦之問，生可捐於浮假，心獨係於元眞。神往土清，願承恩而入道；形歸下土，期去禮而薄葬。慈顏同氣，奚敢爲言？皇上閔而許之，咨嗟不已……殯於龍興觀之精屋，示以出家，從道例也。」凡此皆可以補史。

三、《昭容上官氏碑銘》 張說撰 同前書全卷 案，上官昭容備見於《兩書》《后妃傳》，本《碑銘》特銘其事，可爲參考也。

四、《唐故德儀贈淑妃皇甫氏神道碑》 杜甫撰 見本章後文《釋例》。

五、《大唐故賢妃京兆韋氏墓誌銘》 白居易撰 銘文見於《全唐文》卷六八○。案韋賢妃，《新》卷七七但言「德宗賢妃韋氏，戚里舊族也。」，《舊》卷五二則謂「不知所在」；白氏《誌銘》乃明言其郡望爲「京兆人也」。貞元四年（788 A.D.）（《舊》作二年（786 A.D.））冊爲賢妃，元和四年（809 A.D.）薨；《誌銘》則明言：「元和四年四月某日，薨於某所；以四月某日，詔葬於萬年縣上好里洪平原（案，其後《銘文》言「京兆阡兮，洪平原兮，歲己丑兮，日丁酉兮，惟土田今與時日，龜兮著今偕言吉」則葬日當爲丁酉也）……七十二年，禮無違者。」是妃之生，當在玄宗開元二十六年（738 A.D.），長德宗五歲；德宗崩於順宗永貞元年（805 A.D.），年六十四，則其生應是開元二十九年（741 A.D.）也。

《誌文》又言「其母曰永穆公主」。案，永穆爲玄宗二十九女之長，降王繇者。繇，《兩書》、《宰相世系表》俱不見；然史傳、台氏《誌題》皆言「德宗賢妃韋氏」，豈永穆公主嘗降韋氏歟？此可補史闕云。

六、《節愍太子妃楊氏墓誌銘》　張說撰　《全唐文》卷二三二。案，節愍太子重俊，中宗第三子也，神龍初（705 A.D.）立爲皇太子，三年（707 A.D.）舉兵誅韋后，敗；景雲元年（710 A.D.）睿宗立，復其位，諡曰節愍。本誌謂楊妃薨於開元十七年（729 A.D.），是其卒後之二十三年矣。妃楊氏，蓋則天武氏之母祖也，故曰「高祖士達，隋開府納言，天授中，以孝明高后之父，追封鄭王。」武氏信佛，由母族故，於此又得一證，《誌文》曰：「於是視身知苦，幽探白馬之偈；覺心等空，坐證青蓮之葉」是也。《誌》又云：「初，上在東宮時，妃有女娣選爲良媛，生忠王。卜者曰：不宜養，爰自襁褓。命妃舉字。及開元正位，良媛爲嬪而卒；妃之視忠王也，隱懷之，教誨之，竭從母之仁慈，陪猶子之珍愛。忠王之託妃也，敬愛焉，聽順焉，生盡因心之樂，沒過如母之感。」案，史無忠王之傳，《新》卷八十二《奉天皇帝琮傳》但云：「開元十三年（725 A.D.）徙王慶，與忠、棣……盛、濟十一王同封。」或者忠王在「餘七王早夭」（《舊》卷一〇七《玄宗諸子傳》語）之列歟？然證諸本《誌銘》，其夭亦在開元十年之後也。又知其母楊氏，乃節愍太子妃之女娣，且親撫養之德，足補史闕也。

七、《章懷太子良娣張氏神道碑》　蘇頲撰　銘文見《全唐文》卷二五七。案，章懷太子李賢，高宗第六子也，字明允。好讀書，處事明審，爲時論所稱。與張大安、劉訥言、格希玄、許叔牙、成玄一、史藏諸、周寶寧等注范曄《後漢書》以傳世。爲則天武氏所害，有子三人：光順、守禮、守義、光順天授中被誅，守義垂拱四年（688 A.D.）病卒，唯守禮承其嗣。守禮，即邠王也，張良娣所生，此可補史之闕。良娣曾祖嚴、祖詳、父明，並不見於史傳。良娣卒於景龍二年（708 A.D.）孟夏之月，年六十四，則其生當在貞觀十九年（645 A.D.）。《誌》曰：「初章懷封於雍，良娣選以入；後章懷謫於巴，良娣隨而邁；邠王錫元社，建黃扉，良娣坐華茵，驅香轂。」案，李賢封雍，事在咸亨三年（672 A.D.），《舊》卷八十六本傳云：「咸亨三年改名德，徙封雍王，授涼州大都督；雍州牧，右衛大將軍如故。」若然，則良娣已二十八歲矣，與《誌文》不合。《誌文》云：「始十四奉吾夫，逮筓年而轉茂，終六十四違吾子」故良娣之入選，當在李賢授岐州刺史加雍州牧，幽州都督之時，即顯慶元年（656 A.D.），史云：「永徽六年（655 A.D.）封潞王，顯慶元年遷授岐州刺史，其年加雍州牧，幽州都督時始出閣。」因知章懷太子出閣時，當在顯慶二、三年間，蓋值良娣十四歲入選時也。其明年生邠王守禮（《誌文》

謂「逮笄年而轉茂」，唐人笄年在十五歲也，詳《婚姻考》），章懷謫巴州在永淳二年（683 A.D.），良娣三十九歲；守禮封邠王，在神龍二年（706 A.D.），良娣六十二歲矣，再二年而卒。

八、《涼王妃張氏墓誌銘》　常充撰　見本章後文《釋例》。

九、《大唐故汝南公主墓誌》　未著撰者　銘文見《全唐文》九九四，他者多矣，如：《古刻叢鈔》、《金石錄補》卷十、《金石萃編》卷四四、《古誌石華》卷五、《昭陵碑考》卷一……。案，《新》卷八三《諸公主傳》但云「汝南公主蚤薨」耳。夷考《誌文》，不著撰者姓名，而古者謂虞世南所書，至有謂得見《汝南帖》，雖不及第，亦可以無憾之語。然太宗除嘗詔世南作杜如晦碑之外，即世南文錄，亦不見有碑銘撰作之文者也（此可參《全唐文》卷六、卷一三八），是以不能的考。

《誌文》云：「公主諱囗字囗，隴西狄道人，皇帝之第三女也。」諱字既缺，今已不可考矣。隴西狄道，《高祖本紀》作成紀，似不同；案《萃編》云：「考《唐書·地理志》，狄道，漢屬隴西郡，晉改爲武始縣，隋復舊爲狄道，唐屬臨州；成紀，漢屬天水郡，唐屬秦州，開元二十二年徙城。是開元以前，成紀尚存，而與狄道道里遠隔，又非一縣更名，而李氏或稱成紀，或稱狄道，殊不可解。」《昭陵碑考》考之云：「余檢《宗室世系表》證之云：李氏出自嬴姓，帝顓頊高陽氏之後。漢有李仲翔官河東太守、征西將軍，討叛羌於素昌，戰沒贈太尉，葬隴西狄道東川，因家焉。生伯考，隴西河東二郡太守，生尚，成紀令，因居成紀。據此則成紀、狄道俱可爲李氏族望。諸碑之或稱成紀，或稱狄道，迨本此歟！復檢劉昫《舊唐書·地理志》證之：天水郡，武帝分上邽置，隋復於上邽置秦州，然則天水郡、秦州皆分上邽縣置，是上邽本屬隴西郡，成紀之屬隴西，非無所本，蓋仍其舊所屬耳。」（卷一）查狄道、成紀，唐屬隴右道，《元和郡縣志》卷三九《臨州·狄道縣條》云：「狄道縣，本漢縣，屬隴西郡，晉改爲武軺縣，隋復爲狄道，屬蘭州，天寶初改屬臨州。」而「臨州，天寶初（原注：是州置自天寶三年（744 A.D.），故不載開元戶鄉）割蘭州狄道縣，又別置安樂縣，置臨州州郭舊有臨洮軍，久視元年（700 A.D.）置，至寶應元年（762 A.D.）陷於西蕃。」成紀縣則屬秦州，全卷《秦州成紀縣條》：「本漢舊縣也，屬天水……周成紀縣屬略陽郡，開皇三年（583 A.D.）罷郡，縣屬秦州，皇朝因之。」以是觀之，成紀、狄道雖分屬兩州，然皆屬隴右道也，故言狄道者，李氏本支也；言成紀者，

其分支也。

《誌》又稱「某年某月，有詔封汝南郡公主。」史無明言，不可考。

又《誌》云：「屬九地絕維，四星潛曜。」《易》曰乾稱父，坤稱母；乾為天，坤為地。九地絕維者，示文德皇后之薨也。《誌》末云：「以今貞觀十年（636 A.D.）十一月丁亥朔十六日……」殆公主卒日耶？案，文德皇后薨於是年六月，葬以十月庚申，以是計之，公主之卒，在皇后葬後十二日也。此皆足補史闕云。

十、《蘭陵長公主碑》　銘文見《全唐文》卷一五三、《萃編》卷五當在隋恭帝義寧元年（617 A.D.），即唐高祖武德之前一年也。

《昭陵碑考》謂《汝南公主碑》不應表其郡望，有失尊王之義，曰：「碑志稱某郡某縣人，所以表其族望；若出自親王、公主，乃天家肺腑，其姓望世所共知，何必拘此成例？此志稱狄道人，似未通乎尊王之義矣！」並舉開元時如金仙、代國、郇國、涼國諸公主碑之不載屬籍以為證。余謂此言不確，蓋《新》《舊》本紀俱載姓望屬籍，即李義府本《碑文》，亦明載「公主諱淑，字麗貞，隨西狄道人也」，蓋開元之世之撰碑誌者，見諸親王、公主之或載籍矣，乃不冗贅焉，初無關乎尊王與否也。

十一、《高安長公主神道碑》　蘇頲撰　銘文見《全唐文》卷二五七。案，高安長公主為高宗第二女，開元二年（714 A.D.）薨於長安永平里第，年六十六，則其生當在貞觀二十三年（649 A.D.）。《誌文》云：「天授中，聖后從權革命；駙馬非罪嬰酷，公主復歸於後庭。」殆指天授元年（690 A.D.）時事耶？《通鑑》卷二○四：「八月、甲寅，殺太子少保、納言裴居道，癸亥、殺尚書左丞張行廉，辛未，殺南安王穎等宗室十二人，又鞭殺故太子賢二子，唐之宗室於是殆盡矣。其幼弱存者，亦流嶺南，又誅其親黨數百家。」是也。

十二、《代國長公主碑》　鄭萬鈞撰　銘文見《全唐文》卷二七九。案，文又見《萃編》卷七八，詳見本章後文《唐故德儀贈叔妃皇甫氏神道碑考釋五》。

十三、《涼國長公主神道碑》　蘇頲撰　銘文見《全唐文》卷二五八、《萃編》卷七五。案，《碑》稱公主「諱瓷，字花粧」與《傳文》二　李義府撰。案，《傳》但謂其下嫁竇懷悊，薨顯慶時；《誌》則時日載錄頗明確，足補史闕。如稱其封公主，在貞觀十年（636 A.D.），則前條謂汝南公主之封，不知年月，似可就此處補之，視同時冊封也。蓋唐主封誥親王、公主，多在同

時，《唐會要》卷六《公主雜錄》：「（貞元）二十一年（805 A.D.）四月十七日，勅禮部，禮儀使奏：舊制例正衙命使，使出含元殿西側門外，登輅車，從光範門入，詣光順門進冊。伏緣諸王及公主，並同日內冊；其載冊輅車，車數不足，今商量冊使出宣政門，便自興禮門出，各赴延英、光順門進冊，既便於事，又合禮經。」如：《新》卷八十《太宗諸子傳》：「常山愍王承乾，字高明，生承乾殿，即以命之。武德三年（620 A.D.）始王常山郡，與長沙、宜都二王同封，俄徙中山。」又全書八十一卷《三宗諸子傳》：「（高宗）原悼王孝，永徽元年（650 A.D.）始王許，與杞、雍二王同封。」又如全書卷八三《諸公主傳》：「太平公主……神龍時與長寧、安樂、宜城、新都、定安、金城凡七公主，皆開府置官屬，視親王。」又全書全卷：「潯陽公主崔昭儀所生，太和三年（829 A.D.）與平恩、邵陽二公主並爲道士，歲賜封物七百疋。」又《唐會要》卷六《公主雜錄》：「元和七年（812 A.D.）……時方無事，年及有行，宜加祿邑之榮，以俟御輪之吉。言念及此，惕然興懷，思宏厚恩，用協敦敘，恩王等六女，可並封縣主。」凡此皆可爲汝南或與蘭陵同封於貞觀十年之證也。

公主永徽元年（650 A.D.）別拜「長公主」，顯慶三年（658 A.D.）八月口八日薨於雍州萬年縣平樂里第，年四十二，陪葬昭陵，則其生之「公主字華粧」異。兔，音ㄋㄡˋ，麂字之訛，而字當作「麲」，亦有書作「𪎭」者；《廣韻》：「麲，兔子。」《集韻》：「江東呼兔子曰麲。」似與「花（案，作「華」字同義）粧」字不侔，故王旭氏以爲是「公主小名也」。夷考「兔」字，本有作「菟」字者，《集韻》即謂「兔，通作菟。」而《漢書・嚴延年傳》有「韓盧取菟」語，故花草之名，多有配以「兔」字音，如《本草》有「兔核」、《海錄碎事》有「兔葵」、《廣雅》有「兔丘」、《急就篇》有「兔奚」、《淮南子》有「兔絲」、《抱朴子》有「兔竹」等等，皆是也。然則名「兔，字花粧」，不亦宜乎？粧，當從《新》作「莊」。

《傳》又云：「始封仙源，下嫁薛伯陽」，封「仙源」與《碑》同；然《碑》謂「故丞相虞公太原溫彥博曾孫曦，台揆門閥，風流儒雅，僉諧是圖，歷選伊尙。」則與《傳》異。夷考《新》九一《溫彥博傳》，謂「子挺尙千金公主，官延州刺史；彥博曾孫曦，尙涼國公主。」又全書卷九八《薛稷傳》，謂：「以其（稷）子伯陽，尙仙源公主……竇懷貞誅，以知本謀賜死萬年獄，年六十五。伯陽爲駙馬都尉，安邑郡公，別食實封四百戶，稷死，坐貶晉州員外別

駕，又流嶺表自殺。」史文俱在，是知涼國公主初尙伯陽，後降溫曦也；《碑》不云薛氏者，以其罪流嶺表自殺而亡，蘇頲爲諱，其後平反，故玄宗復以其女恒山公主尙伯陽子談也。至於伯陽又尙荊山公主事，見後文《鄎國長公主神道碑考》。

《碑》云：「開元十二載（724 A.D.）八月辛巳，遇疾薨於京邸永嘉里第，享年三十八。」則其生當在垂拱三年（687 A.D.），竇懷貞誅、薛伯陽流嶺表，事在開元元年（773 A.D.）公主二十七歲矣；再降溫曦，其在改封涼國公主之二十八、九歲時歟？若然，則「子西華等，扶杖而立，茹荼以泣」之西華，年當十歲左右，後尙玄宗第二十女宋國公主，《宰相世系表》云：「西華，祕書監、駙馬都尉」是矣。

十四、《鄎國長公主神道碑銘》　張說撰　銘文見《全唐文》卷二三○、《萃編》卷七五。案，《傳》云：「鄎國公主，崔貴妃所生，三歲而妃薨，哭泣三日不食，如成人。」《碑》亦云然；考之《碑銘》，公主之薨在開元十三年（725 A.D.）二月庚午，得年三十七，其生當在永昌元年（689 A.D.）；崔貴妃之薨，則是天授二年（691 A.D.）之時也。

《碑》但謂：「錫之美地，邑以荊山；求之令族，嬪於薛氏……開元既明，推恩由己，進封鄎國長公主……其後君子晨歌，夫人晝哭，未亡爲稱，生意盡矣。撫視遺孤，將誓《柏舟》之守；志祈剃落，永從柰苑之遊。朝制斷恩，改降鄭氏……」並無明言薛、鄭爲誰何？查諸《新·公主傳》乃言：「始封荊山，下嫁薛儆，又嫁鄭孝義。」然睿宗諸公主中之第三女亦誥封荊山公主，下嫁薛伯陽；考諸史傳，儆與伯陽明是二人，而荊山之封誥似不應重封二女，故學者辨之甚繁，岑仲勉氏《唐史餘瀋》言之甚悉（詳是書卷一《睿宗·鄎國公主初降薛儆條》），亦自言之成理。然《新·公主傳·睿宗十一女條》於「荊山公主下嫁薛伯陽」後第三條爲「涼國公主字華莊，始封仙源，下嫁薛伯陽」，又後二條云「鄎國公主始封荊山，下嫁薛儆」若史家則無所見，應無置之不理而任其矛盾、漏陋若是也，今第不知其所據耳，故兩存其說，以俟新證也。（案，《唐會要》卷六同《新》所載也。）

十五、《金仙長公主神道碑銘》　徐嶠撰　銘文見《全唐文》卷二六七、《萃編》卷八四。案，《傳》云：「太極元年（712 A.D.）與玉眞公主皆爲道士，築觀京師，以方士史崇玄爲師。」而《碑》云：「以丙午之歲，度爲女道士。」丙午爲中宗神龍二年（706 A.D.）之歲次，與《傳》載相差六年；《通鑑》則

繫於景雲元年（710 A.D.）：「十二月、癸未，上（睿宗）以二女西城、隆昌公主爲女官（冠？），以資天皇太后之福，仍欲於城西造觀。」（卷二一〇）細玩《通鑑》前引之，「仍欲」字，是在西城、隆昌二女正式度爲女官前，固嘗自求爲女官，且嘗許爲營觀也，故有「仍欲於城西造觀」語，《碑文》所謂「先帝之龍潛藩邸，公主以王女受封。蓋齠齔之時（原注，下闕；案，其意當爲「求許入道」故下文乃接云：）先帝尚其誠心，不奪雅志，以丙午之歲，度爲女道士」是也。案，男年八歲毀齒曰齠，女年七歲毀齒曰齔，引申童年曰齠齔，則西城、隆昌於童年時即丐爲女道士而不之許也，逮丙午（中宗神龍二年）之歲，始正式「度爲女道士」，是知《通鑑》繫諸景雲元年者，誤矣，此就《碑文》「先帝之龍潛藩邸，公主以王女受封」語可證。蓋先帝龍潛，指睿宗爲相王時，故公主乃得以王女受封而爲西城縣主、隆昌縣主（《新·公主傳》即以之稱其初封之號）也。

關於二公主齠齔之年丐爲女道士事，猶有一旁證，即《碑文》謂彼薨時爲四十四歲。夷考《萃編》卷八三《記石浮屠後》有云：「大唐開元十八年（730 A.D.）金仙長公主爲奏聖上賜大唐新舊譯經四千餘卷，充幽府范陽縣爲石經本。」知金仙公主此時猶在也；又考本《碑銘》爲徐嶠撰，嶠，見於《新》卷一九九：「（徐堅）子嶠，字巨山，開元中爲駕部員外郎，集賢院直學士，遷中書舍人、內供奉、河南尹，封慈源縣公。父子相次爲學士，自祖（案，徐齊聃也）及孫、三世爲中書舍人。」然《新》卷一六〇《徐浩傳》附其父，曰：「始浩父嶠之善書，以法授浩，益工。」此處之浩父嶠之亦見於《舊》卷一三七《徐浩傳》，然無「嶠之」之「之」字，但作徐嶠耳，其《傳》曰：「徐浩，字季海，越州人。父嶠，官至洛州刺史。」王旭氏乃據以爲徐嶠之，且引《墨池編》謂嶠之工書，所撰開元年之碑誌，率其晚年之作，因舉其子浩爲張守珪荐爲監察御史事，蓋在開元二十三年（735 A.D.）；旋以其年浩「丁父憂」，而不果。由是推知，嶠既卒於是年，則《金仙長公主神道碑銘》必作於此年之前；而金仙公主開元十八年猶奏請玄宗賜四千餘卷之新舊譯經（見前引記《石浮屠後》），則其薨年當在其後。故論定「公主之薨與嶠之之撰文，皆在二十年（案，指開元之時也）前後矣。」然余以爲此等推論，猶有二疑點：一者《全唐文》撰者作「徐嶠」，並不作「徐嶠之」；一者《萃編》謂本《碑銘》爲「御書，中大夫□大理□卿徐嶠之撰」，據《新·徐浩傳》謂其父嶠之善書，並不謂其工撰文，而玄宗乃勒其撰文，自爲書（所謂「御書」）；

據《舊傳》，巨山（即徐嶠）本工撰文，而未嘗言其善書，故所謂作公主碑銘者，殆徐巨山歟？且彼亦開元時人也，時代亦無不合。雖然，巨山之卒是否在開元二十三？固不能必知；余則以為金仙公主薨年，或不能踰於是。蓋《新》卷二〇四《方技傳》云：「張果者，晦鄉里世系，以自神，隱中條山，往來汾晉間，世傳數百歲人。武后時遣使召之，即死；後人復見居恆山中。開元二十一年（733 A.D.），刺史韋濟以聞……更遣中書舍人徐嶠齎璽書邀禮，乃至東都，舍集賢院……帝欲以玉眞公主降果……」（《舊》所述略同，而《太平廣記》卷三十作「開元二十三年（735 A.D.）」事）此段記載有可注意者三：一、韋濟奏聞在開元二十一年（或作「二十三」），更遣徐嶠往邀禮，則嶠是時尚在也。二、金仙公主與玉眞公主同時入道，玄宗不以金仙降張果，則金仙是時或已亡矣？三、張果「其貌實六、七十」（《新》語），玄宗猶欲降之以玉眞，則公主之年歲必非少也。又案《太平廣記》卷三十八引《鄴侯外傳》，謂「及歸京師，寧王延於第，玉眞公主以弟呼之，特加敬異。」李泌能言釋道學（見《兩書》本傳及《廣記》所錄《外傳》），為一頗具神秘色彩之人物，故玉眞公主特加敬異，而不言金仙公主，必金仙已不在人世矣。考李泌之見知寧王，《通鑑》繫於肅宗至德元年（756 A.D.），靈武即位之時；而《傳》言李泌薨於德宗貞元五年（789 A.D.），享年六十八，則其生當在玄宗開元九年（722 A.D.），是知見知於寧王時，已三十四歲矣，而玉眞公主呼之為弟，則其年歲亦已老矣，蓋公主六十五、六歲云，詳後考。

綜上所舉證，設金仙公主薨於開元二十年（732 A.D.），年四十四，則其生當在永昌元年（689 A.D.），而度為女冠，當在十七歲時也。玉眞或少彼一、二歲，則入道當在十五、六歲；其生當在則天載初元年（691 A.D.），或天授元年（692 A.D.）也。又《傳》云「玉眞公主薨寶應時」，案，寶應為肅宗年號，僅一年，當西紀七六二，則玉眞公主薨時已七十一、二高齡矣。

十六、《和政公主神道碑》　顏眞卿撰　銘文見於《全唐文》三四四。案，《碑》云：「公主姓李氏，隴西成紀人」，是述其郡望，前文已辨之矣。又云：「皇帝之第二女」，然《本傳》行三：宿國、寧國、和政，殆《碑》摩刻之誤歟？又云：「天寶九載春三月既望，封和政公主，降於河東柳潭，既笄之三載矣。」案，唐人笄禮多年在十五，公主既封於天寶九載（750 A.D.）而降於柳潭，已在既笄之第三年矣，則其時當是十八歲也；然據《碑文》之末，云其薨於廣德二年（764 A.D.），年三十六，是其生當在開元十七年（729 A.D.）。

若然，則公主之封，當是十八歲，降於柳氏是二十一歲，故知唐人笄禮不必定在十五歲也。

《兩書》《柳潭傳》附於其子晟之《傳》中（《新》卷一五九、《舊》卷一八三），但言：「父潭，尚和政公主，官太僕卿。」（《舊》同）《碑》則述其父祖之名字位望頗詳：五代祖敏，周太保；蘄州刺史懷素之曾孫，贈祕書監岑之第四子。又記其五男三女，曰：「男試太常少卿，賜紫金魚袋晟，鴻臚少卿暈，試祕書丞，賜紫金魚袋杲，試殿中丞昱，泉子三女等」皆足補史闕也。而《舊》一八三《柳晟傳》謂晟卒於元和十三年（818 A.D.），《新》卷一五九《本傳》則謂其享年六十九，則其生當天寶九年（750 A.D.），和政公主降其父之首年也。《新》《本傳》又云「晟年十二居父喪，爲身孝。」則潭之歿，在文宗大和四年（830 A.D.），去其妻之卒已六十六年矣，潭亦長壽者也。

《碑》又言：「肅宗彌留，眾皆迭侍，主獨瞻奉，不已於旁。帝有間，盡而謂之曰：汝之純孝，乃能至是。遂賚莊一區。帝愛季女，曰寶眞（案，《新》作「寶章」，即永和公主，是也）；公主因奏曰：八妹未有，請以賜之。泣而諫焉，哀動左右。」《新》、《唐會要》卷六皆謂肅宗七女，若顏《碑》所記屬實，當是八女也，此岑仲勉氏有辨，見其《唐史餘瀋》卷二《肅宗女條》，不贅。

十七、《大唐故紀國大長公主墓誌銘》　呂溫撰　銘文見《全唐文》卷六三一。案，《碑》云：「肅宗宣皇帝之第二女也」，《新・本傳》及《會要》皆行五，當是呂溫之誤，溫之是《碑》之撰，蓋因「以某學於（原注：原缺）舊，見託斯銘，姑闕之……（案，「之」下語意不明）」故文多疑似語也。

《文》謂「乾元二年（759 A.D.），年若干，許笄從周，築館於魯」設若許笄之年爲十五歲，則公主當生於天寶四年（745 A.D.）。後文又謂薨於元和二年（807 A.D.），則公主卒年當六十二之高齡也。

《文》又稱公主「降於駙馬都尉、榮陽鄭君曰某……一男選尚順宗次女普安長公主。」案《新・公主傳》紀國之夫即鄭沛；普安乃梁國恭靖公主，夫曰鄭何者也。沛、何，無傳。

十八、《唐故岐陽公主墓誌》　杜牧撰　銘文見《全唐文》卷七五六。案，《新》卷一六六《杜悰傳》，謂：「（悰）冊拜邠國公，以檢校司徒爲鳳翔、荊南節度使，加兼太傅。會黔南觀察使秦匡謀討蠻兵敗，奔于悰，悰囚之，劾不能伏節。有詔斬之，悰不意其死；駭愕得疾卒，年八十，贈太師。」考《通

鑑》卷二五二，匡謀事在懿宗咸通十四年（873 A.D.）；悰卒於是歲，年八十，則其生當在德宗貞元十年（794 A.D.）。《誌》云：「元和八年（案，《舊》作「九年」）（813 A.D.）某月日，主下嫁于杜氏」，其時悰當爲二十歲也。《誌》又云：「憲宗皇帝即位八年，出嫡女，冊封岐陽公主。」案，憲宗即位在順宗永貞元年（805 A.D.）八月，逾年正月改元「元和」，則即位之八年，當元和七年（812 A.D.）也；若據唐律，多以十五出適，然則岐陽冊封之明年，乃降杜悰也，時年十五，其生當在德宗貞元十五年（799 A.D.）。《誌》又謂公主「以開成二年（837 A.D.）十一月某日，薨於汝州長橋驛，享年若干。」其享年當是三十九歲也，杜牧《銘文》謂「宜乎壽考」，蓋憫之歟？公主爲賢婦也。故牧之云：「杜氏大族，其他宜爲婦禮者，不翅數十人；主卑委怡順，奉上撫下，終日惕惕，屛息拜起，一同家人。禮度二十餘年，人未嘗以絲髮間指爲貴驕。」十五而降，三十九而薨，正所謂「禮度二十餘年」也。

十九、《大唐故清河長公主碑》　李儼撰　《唐文續拾》卷二。案，公主貞觀二年（628 A.D.）受封，卒年四十一。夷考《新・本傳》，謂「下嫁程懷亮，薨麟德時。」麟德止二年（664 A.D.～665 A.D.），是其生當在高祖武德七（624 A.D.）或八年（625 A.D.）也。懷亮，知節子，即處亮也。

二十、《大唐涇王故妃韋氏墓誌銘序》　張周撰　銘文見《金石續編》卷九。案，涇王，肅宗第七子也，《傳》云：「天寶中封東陽郡王（案，《玄宗紀》未明載某年月日，考肅宗本名紹，其改名亨，是在天寶三年（744 A.D.），且是年更「封讓皇帝男琳爲嗣寧王、故邠王守禮男承寧爲嗣邠王、讓帝男璹爲嗣申王、惠宣太子男珍爲嗣岐王、玼爲嗣薛王。」然則東陽郡王之封，或在是年歟？），授老祿卿同正員。至德二載（757 A.D.）十二月進封涇王，乾元三年（760 A.D.）領隴右節度大使。興元元年（784 A.D.）薨。」考《碑》云韋妃薨於建中二年（781 A.D.）十二月己酉，則早涇王三年，故《碑》云：「存不育男孕女，沒無主祀執喪，有足悲夫！」《宗室世系表》謂涇王有子名迨，爲延德郡王，然則非出於韋氏明矣。

韋妃祖湜、父昭訓，兩書俱無《傳》；而《宰相世系表》《勛王房》之後則載湜爲齊州刺史、昭訓爲太子僕，據《本誌》湜爲「中散大夫、穎王府司馬、贈光祿卿」，昭訓爲「中散大夫、太子僕、贈衛尉卿」可補正史闕也。

妃四十六歲薨，則當在於開元二十二（734 A.D.）；涇王晚其後三年，則壽或不過六十歟？

二十一、《賢力毗伽公主阿那氏墓誌》　《八瓊齋金石補正》卷五十二。案，見本章後文《釋例》。

二十二、《豫章公主造象》　銘文見《十二硯齋》卷九。案，全上。

二十三、《涼天水姜夫人誌銘》　銘文見《石刻叢鈔》。案，全上。

二十四、《唐故東光縣主神道碑銘》　李華撰　銘文見《全唐文》三一九卷。

二十五、《大唐故文安縣主墓誌銘》　銘文見《金石續編》卷四。案，縣主之父爲巢刺王劼，考《新》卷七九《高祖諸子》，巢刺王即元吉，小字三胡；元吉與三胡，義不相侔，「三胡」或爲小名歟？劼，有慎固意，能慎固則吉，然則巢刺王或本名「劼」，字「元吉」耶？而以字行。元吉與建成玄武門之變，事在高祖武德九年（626 A.D.），元吉卒年纔二十四，則其生當在隋文帝仁壽三年（603 A.D.）。《誌》謂縣主卒於貞觀二十二年（648 A.D.）二月三日，年二十六，是其生在高祖武德六年（623 A.D.），則元吉抄家之時，縣主已四歲矣。《高祖諸子》謂巢刺王卒，其五子皆伏誅，則縣主殆與其母巢刺王妃楊氏沒入宮掖，爲太宗所鍾愛者歟？《通鑑》卷一九八，貞觀二十一年（647 A.D.）丁酉「立皇子明爲曹王。明母楊氏，巢刺王之妃也，有寵於上；文德皇后之崩也，欲立爲皇后。魏徵諫曰：陛下方比德唐、虞，奈何以辰嬴自累！乃止，尋以明繼元吉後。」可以爲證。而事在縣主卒前一年，故有陪葬昭陵之恩也。

《誌》又謂縣主「貞觀十五年（641 A.D.）正月五日封文安縣主……以其月十四日降姻於工部尚書駙馬都尉紀公之世子段儼。」時縣主年當十八歲也。

工部尚書駙馬都尉紀公，查《元和姓纂》卷九《二十九換段氏》：「……又居北海期原，生確、綸……綸，工部尚書駙馬都尉紀國公。」《寶刻叢編》卷九《京兆府下》著錄：「唐駙馬都尉工部尚書杞國公段倫碑」（碑文不錄）「紀」作「杞」，「倫」作「綸」，與《新》卷八十三《諸公主傳》之高祖女《高密公主傳》所載同，文云：「高密公主下嫁長孫孝政，又嫁段綸；綸，隋兵部尚書文振子，爲工部尚書杞國公。永徽六年（655 A.D.）主薨，遺命：吾葬必令墓東向，以望獻陵，冀不忘孝也。」以茲對照，杞國、紀國，倫、綸殆同一人也，而《會要》卷六《公主條》、卷九十八《西爨條》皆作「綸」；《古泉山館金石文》云：「《傳》作杞國公，實紀國公之誤字也。」今從之作「工部尚書

紀國公段綸」云。上引《西爨條》云：「子震翫統其眾，高祖受禪；拜翫字宏達昆州刺史，令持其父屍歸葬本鄉，益州刺史段綸又遣俞大施至南寧諭之。」段綸爲益州刺史，又見於《續高僧傳》：「釋道會，姓史，犍爲武陽人。初出家，住益州嚴遠寺……于時國初，僧尼道士所在多度，有道士宋冀，是彼梁棟，於隆山縣下新立道觀，屋宇成就置三十人，會經總管段綸陳牒改觀爲寺。」（卷二四《道會傳》）段綸之信佛，全書卷十四《釋三慧傳》亦載：「武德九年（626 A.D.），遠朝京闕，勅見勞問，任處黃圖。工部尙書段綸，宿樹善因，造寧化寺，欽慧道素，上奏任之。」綸爲工部尙書，嘗奏進巧匠以娛帝意：「貞觀七年（633 A.D.），工部尙書段綸奏進巧人楊思齊；至，太宗令試，綸遣造傀儡戲具。太宗謂綸曰：所進巧匠，將供國事；卿令先造此物，是豈百工相戒，無作奇巧之意耶？乃詔削綸階級，以禁斷此戲。」（《貞觀政要》卷六）以故許敬宗有《爲工部尙書段綸請致仕表》，署謂：「……犬馬將暮，沈疴歲積，悁耄日侵，雖復年未杖鄉，而疾乖陳力。」（《全唐文》卷一五一）案，《禮記·王制》：「六十杖於鄉」是段綸致仕之時，年未六十也。

　　段儼，史傳不載，然即此亦足補史之不錄段綸之後之漏也。

　　《唐會要》云：「凡公主封，有以國名者，鄎國、代國、霍國是也；有以郡名者，平陽、宣陽、東陽是也；有以美名者，太平、安樂、長寧是也；惟玄宗之女，皆以美名名之。」（卷六）今案，自世祖至昭宗，唐室公主之封，大體確如王溥氏所言，然有二點值得在意者，即：一、除王氏所謂「郡名、縣名、美名」之外，猶有「仙道名」，如睿宗女金仙、玉眞二公主，玄宗女上仙，代宗女靈仙、永清、華陽、玉虛等是也；二、王氏謂玄宗諸女皆「美名」，是不盡然，如常山、上仙、高都（《新》作「晉國」）、臨晉、建平（《新》作「衛國」）、壽春（《新》作「楚國」）、平昌（《新》作「宋國」）、興信（《新》作「齊國」）、樂城、新平等，或以郡縣名，或以仙道名者是也。

第二章　宮人之研究

第一節　宮人之由來

　　內侍省監掌內侍，奉宣制令，其六局之屬，曰掖庭、宮闈、奚官、內僕、內府、內坊。奚官局則「令二人，正八品下；丞二人，正九品下。掌奚隸、工役、宮官之品，宮人病則供醫藥，死給衣服，各視其品。陪陵而葬者，將作給匠戶、衛士、營冢。三品，葬給百人；四品，八十人；五品，六十人；六品、七品，十人；八品、九品，七人；無品者，斂以松棺、五釘，葬以轜車，給三人。皆監門校尉直長涖之。內命婦五品以上無親戚者，以近家同姓中男一人主祭于墓，無同姓者春秋祠以少牢。（原注：有書令史三人、書吏六人，典事、藥直、掌固各四人）」（《新》卷四七《百官志》；《舊》卷四四《職官志》則於「死給衣服，各視其品」下加注云：「仍於隨近寺觀爲之修福，雖無品亦如之」夷考諸誌文銘詞，並不見有寺觀修福事，宜永叔爲之刪減也）。蓋謂「奚官局」爲專掌宮人之職司，生養死葬之務者也，而「奚官」二字之意義及其由來則未嘗言之。《通志·職官略》第四《奚官局條》則云：「令二人。《周禮》酒人、漿人、邊人（案，當做「籩」）、醢人、醯人、鹽人、幕人、女祝、司服、守祧，並閹宦所職，皆有奚奴。或曰：奚，官女也。齊、梁、陳、隋有奚官令，掌宮人疾病醫藥、喪葬罪罰等事。唐置二人。」此於「奚」字下加「奴」字，又謂「奚，官女也」已稍示之矣。今析其由來，略有以下諸端：

一、因罪沒官

　　夷考《周禮·家宰》第一云：「酒人，奄十人、女酒三十人、奚三百人。」

鄭注：「奄，精氣閉藏者，今謂之宦人，《月令》：仲冬，其器閎以奄。女酒，女奴曉酒者。古者從坐，男女沒入縣官爲奴，其少才知以爲奚，令之侍史、官婢。或曰奚，官女。」賈疏云：「奄十人，以其與女酒及奚同職，故用奄人。」奚爲沒官之奴，《秋官・司厲》：「掌盜賊之任器、貨賄，辨其物皆有數，量賈而楬之，入于司兵。其奴，男子入于罪隸，女子入于舂槀；凡有爵者，與亡十者，與未齔者，皆不爲奴。」言之甚明，即自其字形，亦可從知，吳大澂《奚字說》已發其意：「……奚字最古者作𡘹，見潘伯寅師所藏拓本卣文，象人戴窶數形，今朝鮮民俗負戴於道者，男子多負，婦人多戴，童僕亦有戴者，猶有三代之遺風，故女奴爲奚，童僕亦稱奚。」（《說文解字・詁林》十下《大部》引）《文源》：「按：大，象人形，此象系繫人頭，不持之。」又《殷虛文字》：「𡘹卷一第三葉𡘹卷二第四十二葉𡘹卷六第十九葉𡘹同上𡘹《後編》下第三十三葉，《說文解字》：奚，大腹也。予意罪隸爲奚之本誼，故從手持索以拘罪人。其從女者，與從人同，《周官》有女奚，猶奴之從女矣。」（引全上）是也，故《說文》有「娭」字，謂「女隸也」（見十二下《女部》）。

有此等沒官爲奴之傳統作爲，故唐律有：「諸謀反及大逆者，皆斬；父子年十六以上皆絞，十五以下及母女、妻妾（原注：子妻妾亦同）、祖孫、兄弟、姊妹若部曲、資財、田宅並沒官。」（《故唐律疏議》卷第十七《賊盜條》）而《唐六典》載之更悉：「都官郎中、員外郎，掌配沒隸簿錄俘囚以給衣粮、藥療，以理訴競雪免，凡公私良賤必周知之，凡反逆相坐，沒其家爲官奴婢。」原注：「反逆家，男女及奴婢沒官，皆謂之官奴婢。男子十四以下者配司農；十五已上者，以其年長，命遠京邑，配嶺南爲城奴。」又云：「凡初配沒，有伎藝者，從其能而配諸司。婦人工巧者入于掖庭，其餘無能，咸隸司農。凡諸行宮與監牧，及諸王、公主應給者，則割司農之戶以配。其餘雜伎，則擇諸司之戶教充。」原注：「官戶皆在本司分番，每年十月，都官按比：男年十三已上，在外州者十五已上，容貌端正，送大樂；十六已上，送鼓吹及少府教習。有工能官奴婢亦准此。業成，準官戶例分番。其父兄先有伎藝堪傳習者，不在簡例。」（《大唐六典・尚書邢部》卷第六）今檢《兩書》、《通鑑》，皆可以爲證：

> 貞觀二年，十二月、壬午，以黃門侍郎王珪爲守侍中。上嘗閒居，
> 與珪語，有美人侍側，上指示珪曰：「此盧江王瑗之姬也。瑗殺其夫

而納之。」珪避席曰：「陛下以盧江納之爲是邪？非邪？」上曰：「殺人而取其妻，卿何問是非！」對曰：「昔齊桓公知郭公之所以亡，由善善而不能用，然棄其所言之人，管仲以爲無異於郭公。今此美人尚在左右，臣以爲聖心是之也。」上悅，即出之，還其親族。（卷一九三，《唐紀》九）

又，

上使太常少卿祖孝孫教宮人音樂，不稱旨，上責之。溫彥博、王珪諫曰：「孝孫雅士，今乃使之教宮人，又從而譴之，臣竊以爲不可。」（仝上）

又，

（元和）十四（819 A.D.）年，誅李師道。上顧謂宰丞曰：「李師古雖自襲祖父，然朝廷待之始終。其妻於師道，即嫂叔也；雖云逆族，若量罪輕重，亦宜降等。又李宗奭雖抵嚴憲，其情比之大逆，亦有不同；其妻士族也，今其子女俱在掖庭，於法皆似稍深，卿等留意否？」群對曰：「聖情仁惻，罪止元兇，其妻近屬儻獲寬宥，實合弘煦之道。」於是師古妻裴氏，女宜娘詔出於鄧州安置，宗奭妻韋氏及男女先沒掖廷（庭？），並釋放，其奴婢資貨皆復賜之。（《舊》卷一五九《崔群傳》，《新》卷一六五亦載其事，然不若是之詳也）

李肇《國史補》載嚴武事足見其情：「嚴武少強俊，知名。蜀中坐衙，杜甫祖趺登其机案；武愛其才，終不害。然與韋彝素善，再入蜀，談笑殺之。及卒，母喜曰：而今而後，吾知免官婢矣。」（卷上）

二、戰俘沒官

因罪沒官，多指本國人言；戰俘沒官，則多指外敵言。《說文》：「俘，軍所獲也。」（八上《人部》。吳楚氏謂「俘」當作「捊」；俘，蓋「保」之重文。辨析甚精，見《詁林》上引）軍所捊獲，在男曰虜（字或做「仄」），在女曰奴。此例數見於經傳子史，不繁舉焉，即唐史亦不乏其例，姑舉數則於後：

貞觀十八年（644 A.D.），太宗將伐高麗，其莫離支遣使貢白金。黃門侍郎褚遂良諫曰：「離支虐殺其主，九夷所不容，陛下以之興兵，將事弔伐，爲遼東之人，報主辱之恥。古者討弒君之賊，不受其賂……
貞觀十九年（645 A.D.），高麗王高藏及莫離支蓋蘇文，遣使獻二美女。太宗謂其使曰：「朕憫此女離其父母兄弟於本國，若愛其色而傷

其心，我不取也。」並卻還之本國。(《貞觀政要》卷八)

又，

　　大足元年（701 A.D.）五月三日勑：西北緣邊州縣，不得畜突厥奴
　　婢。(《唐會要》卷八六《奴婢條》)

又，

　　大中五年（851 A.D.）二月勑：邊上諸州鎮，送到投來吐蕃、回鶻
　　奴婢等，今後所司勘問了，宜並配嶺外，不得隸內地。(仝上)

碑誌中更有突厥公主沒為宮婢，卒於漢地之遺，如：《唐故三十姓可汗貴女賢
力毗伽公主雲中郡夫人阿那氏之墓誌并序》云：「……須屬家國喪亂，蕃落分
崩，委命南奔，歸誠北闕。家聓（案，即「婿」字）犯法，身入宮闈；聖渥
曲流，齒妃嬪之倖女住（？）。」(《金石補略》卷二)

　　又阿布思妻沒入掖庭為優，見下節所引《因話錄》。與《毗伽公主誌》詳
見《后妃公主考釋示例》章。

三、掠奪販賣而入宮

　　清趙翼《二十二史箚記》謂唐宦官多閩廣人，其言曰：「唐時諸道進閹兒，
號「私白」。閩嶺最多，如高力士本高州馮盎之後，嶺南討擊使李千里進之。
後吐突承璀及楊復光皆閩人，時號閩為中官區藪。咸通中，杜宣猷為閩中觀
察使，每歲時遣吏致祭其先，時號為敕使墓戶。」（卷二十）

　　既能掠賣為宦，則販為奴婢者宜焉。《唐會要》卷八六《奴婢條》云：

　　元和四年（809 A.D.）閏三月勑：嶺南、黔中、福建等道百姓，雖
　　處遐俗，莫非吾民，多罹掠奪之虞，豈無親愛之戀？緣公私掠賣奴
　　婢，宜令所在長吏切加捉搦，并審細勘責，委知非良人百姓，乃許
　　交關；有違犯者，準法處分。

又，

　　（大中）九年（855 A.D.）閏四月二十三日勑：嶺南諸州貨賣男女，
　　奸人乘之，倍射其利。今後無問公私土客，一切禁斷，若潛出券書，
　　暗過州縣，所在搜獲，以強盜論。如以男女傭賃與人，貴分口食，
　　任以當年立年限為約，不得將出外界。

然掠賣、傭賃之奴婢，固不以嶺南、黔中、福建為限；亦有來自外夷者，如
前引之突厥、吐蕃、回鶻等是，而以新羅之受害最深切！如：

　　長慶元年（821 A.D.）三月，平盧軍節度使薛苹奏：應有海賊誘掠

新羅良口，將到當管登萊州界，及緣海諸道，賣爲奴婢者。伏以新羅國雖是外夷，常稟正朔，朝貢不絕，與內地無殊；其百姓良口等，常被海賊掠賣，於理實難。緣有制勅禁斷，緣當管久陷賊中，承前不守法度，自收復以來，道路無阻，遞相販鬻，其弊尤深。伏乞特降明敕，起今已後，緣海諸道，應有上件賊詃賣新羅國良人等，一切禁斷。請所在觀察，使嚴加掠搦，如有違犯，便使法斷。

又，

三年（823 A.D.）正月，新羅國使金柱弼進狀：先蒙恩勅禁賣良口，使任從所適。有老弱者栖栖無家，多寄傍海村鄉，願歸無路。伏乞牒諸道傍海州縣，每有船次，便賜任歸，不令州縣制約。勅旨：禁賣新羅。尋有正勅：所言如有漂寄，固合任歸，宜委所在州縣，切加勘會，責審是本國百姓情願歸者，方得放回。（同前引）

唐傳奇裴鉶撰《崑崙奴》，法國漢學家伯希和氏作《交廣印度兩道考》（馮承鈞氏譯，商務印書館梓行）推論崑崙，地在怒江 Salouen 之口附近，而「居住怒江口者爲何種氏族歟？余以爲其必 Tenasserim 無疑。緣其爲較特別的猛 Môn 種國家也。此種今日漸爲緬人驅出白古 Pegou 之外，未流徙於暹羅者，人口聚合頗爲稠密，則處東亞貿易假道 Kra 之時，此地峽之猛種首至交廣。由是以其崑崙之名，代表其他崑崙諸國；質言之，越南半島南部與夫馬來半島是已。」（葉七一）證諸李肇《國史補》：「南海舶，外國船也。每歲至安南、廣州。師子國舶最大，梯而上下，數丈皆積寶貨；至則本道奏報，郡邑爲之喧闐。有蕃長爲主領市舶使，藉其名物，納舶腳，禁珍異。蕃商有以欺詐入牢獄者，舶發之後，海路必養白鴿爲信；舶沒，則鴿雖數千里亦能歸也。」（卷下）則伯希和氏之說，頗可信也。余因文中謂「蕃商有以欺詐入牢獄者」之語，以爲此等蕃商或有販賣奴隸，或入牢獄之後，乃充爲奴隸而沒官者乎？而其中當有女奴也。《玉泉子》云：「李相福妻裴氏，性妬忌，姬侍甚多；福未嘗敢屬意。鎮滑臺日，有以女奴獻之者，福欲私之而未果。一日乘間言於妻曰：某官已至節度使矣，然所指使者不過老僕，夫人待某，無乃太薄乎？裴曰：然。不能知公意所屬何人？福即指所獻女奴也。裴許諾，爾後不過執衣侍膳，未嘗一得繾綣。福又囑妻之左右曰：設夫人沐髮，必遽來報我。既而，果有以夫人沐髮來告者；福即僞言腹痛，且召其女奴。既往，左右以裴方沐，不可遽已，即白以所疾，裴以爲信然，遽出髮盆中，跣問福所苦。福

既給以疾爲言，即若不可忍狀，裴極憂之，由是以藥投兒溺中進之。明日，監軍使及從事，悉來候問，福即具以事告之。因笑曰：一事無成，固當其分；所苦者，虛咽一甌溺耳。聞者莫不大笑之。」案，滑墓即今直隸大名府滑縣，宋樂史《太平寰宇記》屬之河南道，其第九卷《滑州條》云：「滑州（原注：靈昌郡今理白馬縣），禹貢兗州之域，星分角宿一度，春秋時爲衛國……後魏孝文帝遷都於洛，廢兗州，以東郡屬司州。後周建德六年（577 A.D.）改爲杞州；隋開皇中改爲滑州，取滑臺爲名，煬帝初又爲郡而州廢；唐武德四年（621 A.D.）王世充，復立滑州，領白馬、衛南、韋城、匡城、靈昌、長桓、酸棗七縣……天寶元年（742 A.D.）改爲靈昌郡，乾元元年（758 A.D.）復爲滑州；本義成軍節度，光啓二年（887 A.D.）改爲宣義軍，避梁祖諱；後唐同光元年（923 A.D.）復爲義成軍……黃河去外城二十步（原注：原本訛十二步，據《元和郡縣志》改正），州城即古滑臺城。城有三重，又有都城周二十里，相傳云衛靈公所築小城，滑氏爲壘，後人增以爲城，甚高峻堅險，臨河亦有臺……滑臺，按《水經注》云河水右經滑臺城北小城，外大城高昌所築……又《周書》：滑臺貯粟以擬白馬津。《述征記》云：登滑臺城，西北望太行山白鹿巖，王莽領寇於眾山表也……八角井在州子城外北濠下，即唐貞觀元年（627 A.D.）節度使賈耽所鑿。公自爲記云：滑城控白馬之津邇，斥鹵之溢里，居者井無良焉，宰夫司庖汲用自遠，人則勞止，心曷以寧？乃相土宜，視水脈，因使道求美泉，得之於城濠之右，闢成八隅，合爲一甃之云。」賈耽鑿井，事亦見《玉泉子》。耽，字敦詩，滄州南皮人，好地埋學，著有《關中隴右及山南九州等圖》六卷、《通錄》四卷，《海內華夷圖》及《古今郡國縣道四夷述》四十卷，惜皆散佚；其《貞元十道錄》賴有《太平寰于記》之引述而幸存一二者，然亦往往有誤，如耽生於玄宗開元十八年（730 A.D.）卒於順宗永貞元年（805 A.D.），年七十六，則其爲滑臺節度使不應在貞觀元年也，《合鈔》正做貞元二年（786 A.D.）。又前引《玉泉子》李福妻妬故事，《合鈔》卷二二三本傳，謂彼大中時檢校工部尚書、滑州刺史兼御史大夫、充義成軍節度、鄭滑觀察使，又嘗拜劍南西川節度使。劍南西川，即今四川省，其與外國交通，自蜀漢諸葛武侯已然矣。又賈耽、李福皆嘗爲義成軍節度，一者受獻女奴，一者繪《華夷圖》，似可證女奴或有得之於崑崙者。晉釋道安人稱「崑崙子」「漆道人」，正合義淨《南海寄歸內法傳》「唯此崑崙頭捲體黑」（案，《舊》卷一九七云「自林邑以南皆拳髮黑身，通號爲崑崙」云）所述同，則崑崙深

至北地也久矣。更有進者，杜工部自謂貧病相累，然其家猶畜獠奴，如：《示獠奴阿段》（原注：獠乃南蠻別種。無名字，男稱阿蒨、阿段，女稱阿夷、阿等之類）云：「山木蒼蒼落日曛，竹竿裊裊細泉分，郡人入夜爭餘瀝，豎子尋源獨不聞。病渴三回成白首，傳聲一注濕青雲，曾驚陶侃胡奴異（原注：陶侃有一胡奴，胡僧見之曰：此海山使者也。是夜即失所在），怪爾常穿虎豹群。」此可反映：獠奴價賤，畜之者眾，并已深入中原矣。

　　然則此等女奴，可能爲宮婢乎？史雖無明言，然余以爲自以下諸事，或可見其端倪也。

　　《因話錄》卷一云：政和公主，肅宗第三女也，降柳潭。肅宗宴于宮中，女優有弄假官戲，其綠衣秉簡者，謂之參軍樁。天寶末，蕃將阿布思（案，突厥九姓者首領也）伏法，其妻配掖庭，善爲優，因使隸樂工，是日遂爲假官之長，所爲樁者。上及侍宴者笑樂，公主獨俛首顰眉不視，上問其故，公主遂諫曰：禁中侍女不少，何必須得此人？使阿布思眞逆人也，其妻亦同刑人，不合近至尊之座；若果冤橫，又豈忍使其妻與群優雜處，爲笑謔之具哉？妾雖至愚，深以爲不可。上亦憫惻，遂罷戲，而免阿布思之妻。由是賢重公主。又，

> 《杜陽雜編》卷中，寶歷二年（826 A.D.）渵東國〔註1〕貢舞女二人，一曰飛鸞，二曰輕鳳，修眉黰首，蘭氣融冶，冬不纊衣，夏不汗體。所食多荔枝、榧實、金屑、龍腦之類。衣靬羅之衣，戴輕金之冠，表異國所貢也。靬羅衣無縫而成，其紋巧織，人未之識焉。輕金冠，以金絲結之，爲鸞鶴狀，仍飾以五彩細珠，玲瓏相織，可高一尺，秤之無二三分。上更琢玉芙蓉，以爲二女歌舞臺，每歌聲一發，如鸞鳳之音，百鳥莫不翔集其上：及觀於庭際，舞態艷逸，更非人間所有。每歌罷，上令內人藏之金屋寶帳，蓋恐風日所侵故也，由是宮中語曰：寶帳香重重，一雙紅芙蓉。

夷考「渵」字，蓋水名也。《莊子·外物篇》：「自渵河以東，蒼梧以北，莫不厭若魚者。」唐成玄英疏：「渵，浙江也；蒼梧，山名，在嶺南，舜葬之所。」

〔註1〕渵東國，《舊》卷一九七《南蠻傳》有《東女國》，《新》則列之於卷二二一《西域傳》；兩書所記，其事同，而種落之分類乃相異若是。余以爲《新》較可信，蓋《舊》云「文字同於天竺」，又云：「西羌別種也」則非南蠻可知也；且《新》云「東女亦曰蘇伐剌拏瞿呾羅，羌別種也」，蘇伐剌拏瞿呾羅 Suvarnagotra《大唐西域記》做「金氏國」，《印度大史頌》亦言雪山之北有女國 Strirajya（見馮承鈞《西域地名》），亦可知其非南蠻也。雖然，亦非渵東國也。

清郭慶藩《集釋》:「淛河之淛，《釋文》諸設反，字當作浙，謂浙水以東也。古淛聲與浙同，《論語・顏淵篇》片言可以折獄者，鄭注曰：魯讀折爲制。《書・呂刑》：制以刑，《墨子・尚同篇》制作折。」浙江，亦見於《山海經》第十三《海內東經》:「岷三江……浙江出三天子都，在其（蠻）東。」三天子都則見於本經第十《海內南經》:「三天子鄣山在閩西海北，一曰在海中。」又第十八《海內經》:「南海之內有衡山，有菌山，有桂山，有山名三天子之都。南方蒼梧之丘、蒼梧之淵，其中有九嶷山，舜之所葬，在長沙零陵界中。」以是證之，則正爲《莊子》之淛河無疑，淛既聲同於浙，古亦多作浙字，唐人避高宗李治之諱，乃作浙字矣，李吉甫《元和郡縣志・江南道・越州蕭山條》乃作浙字，後人遂襲而不改也。《咸淳臨安志》卷二十二《三江考》云：「浦陽乃今富陽，即錢塘江也……錢塘江自古曰淛河，見於《莊子》，其爲東南巨浸，昭昭也……浙江地勢窪下，距海尤近。」《讀史方輿紀要》卷九十《浙江杭州府錢塘江條》言其沿革綦詳，茲不贅引。故知「淛東國」者，浙東之蠻國也。此自《杜陽雜篇》言飛鸞、輕鳳之嗜食荔枝、榧實，益可證彼爲南蠻國女也。蓋荔枝、榧實，乃南方之產也。李時珍《本草綱目》卷三十一《果部》:「榧實。時珍曰：《別錄・木部》有榧實，又有棑華……文木斐然章采，故謂之榧。信州玉山縣者爲佳。」案，信州之名多處可見，然證諸玉山縣及《別錄》所謂：「榧實生永昌，彼子生永昌山谷」之語，則以廣東、廣西爲其產地者是也。又仝卷仝部《荔枝條》云：「荔枝生嶺南及巴中，今閩之泉福、漳州、興化軍，蜀之嘉蜀、渝、涪州，及二廣州郡皆有之。其品以閩中爲第一，蜀州次之，嶺南爲下。」可爲余說之證，然則斯二女者，固南蠻所貢女奴而留於宮中者也。《通鑑》卷二四三《敬宗寶歷元年條》:「上（敬宗）遊幸無常，昵比群小，視朝月不再三，大臣罕得進見。二月壬午，浙西觀察使李德裕獻《丹扆六箴》：……三曰罷獻，以諷徵求玩好……六曰《防微》，以諷輕出遊幸……」然則小說家言，未必皆嚮壁者也。又，

> 仝卷：上降日：大張音樂，集天下百戲於殿前。時有妓女石火胡，本幽州人也。挈養女五人，纔八九歲，於百尺竿上張弓絃五條，令五女各居一條之上，衣五色衣，執戟持戈，舞《破陣樂》曲，俯仰來去，赴節如飛，是時觀者目眩心怯。火胡立於十重朱畫牀子上，令諸女迭踏以至半空，手中皆執五彩小幟牀子，大者殆一尺餘。俄而手足齊舉，爲之踏《渾脫》，歌呼抑揚，若履平地。上賜物甚厚。文宗即位，惡其太險傷神，遂不復作。

自以上諸例觀之，外國女奴之留置宮中者，可以知矣。

四、揀選良家女而入宮

　　揀擇良家女子入爲宮人者，史書、小說亦多可見，如武則天之得入唐宮，即其著例也。《新》卷四《則天本紀》云：「后年十四，太宗聞其有色，選爲才人。」又卷七六《后妃傳》：「太宗賢妃徐惠，湖州長城人也。生五月能言，四歲通《論語》、《詩》，八歲自曉屬文。父孝德嘗試使擬《離騷》，爲《小山篇》……孝德大驚，知不可掩，於是所論著，遂盛傳。太宗聞之，召爲才人。」又卷七七：「代宗睿貞皇后沈氏，吳興人，開元末，以良家子入東宮。太子以賜廣平王，實生德宗。」又，「尚宮宋若昭，貝州清陽人，世以儒聞。父廷芳能辭章，生五女，皆警慧，善屬文。長若莘、次若昭、若倫、若憲、若荀，莘、昭文尤高。皆性素潔，鄙薰澤靚妝，不願歸人，欲以學名家。家亦不欲與寒鄉凡裔爲姻對，聽其學……貞元中，昭義節度使李抱眞表其才，德宗召入禁中，試文章，并問經史大誼，帝咨美，悉留宮中。」又《因話錄》卷第一《宮部》：

> 「玄宗柳婕好，生延王玢（原注：婕好有學問，玄宗甚重之），肅宗每見王，則語左右曰：我與王兄弟中更相親。外家皆關中貴族，柳氏乃尚書右丞範之女，睦州刺史齊物之妹也。（原注：……（睦州君）嘗因調集至京師，有名娼嬌陳者，姿藝俱美，爲士子所奔走。睦州君請之，悅焉。嬌陳曰：第中有錦帳三十重，即奉事終身。蓋將以斯言戲之耳。翌日遂如數，載席帳以行；嬌陳大驚，且賞其奇特，竟如約入柳氏之家，執僕媵之禮，爲中表所推。玄宗在人間，常聞嬌陳名，訪之，及召入宮，涕泣稱痼疾且老，上知其不可強也，許其歸。因語曰：我聞柳家多賢子女，可以稱內職者，可言之。嬌陳以睦州君女弟對，遂納之，立婕好，生延王及一公主焉）。」

雖然，此等良家女多爲宮官，而其苦痛則何有異於宮女者乎？白樂天《上陽人》：「未容君王得見面，已被楊妃遙側目；妒令潛配上陽宮，一生遂向空房宿……今日宮中年最老，大家遙賜尚書號。」最爲彼等之寫照也。

第二節　宮人之生活

　　亡宮人墓誌，不論階位品秩之高低貴賤，恆作「○○○宮人者，不知何

許人，莫詳其氏族」云云，其生之淒涼，死之孤寂，可以想見也。白樂天《後宮詞》：「雨露由來一點恩，爭能偏布及千門？三千宮女胭脂面，幾箇春來無淚痕！」（《全唐詩》卷四四二）是矣。而其《上陽白髮人》（原注：一無「白髮」字）最爲深切動人：

原序：天寶五載以後，楊貴妃專寵，後宮人無復進幸矣。六宮有美色者，輒置別所，上陽是其一也，貞元中尙存焉。

上陽人，紅顏闇老白髮新，綠衣監使守宮門，一閉上陽多少春！玄宗末歲初選入，入時十六今六十，同時采擇百餘人，零落年深殘此身。憶昔吞悲別親族，扶入車中不教哭，皆云入內便承恩。臉似芙蓉胸似玉，未容君王得見面，已被楊妃遙側目，妬令潛配上陽宮，一生遂向空房宿。宿空房，秋夜長，夜長無寐天不明，耿耿殘燈背壁影，蕭蕭暗雨打窗聲。春日遲，日遲獨坐天難暮，宮鶯百囀愁厭聞，梁燕雙棲老休妬，鶯歸燕去常悄然。春往愁來不記年，唯向深宮望明月，東西四五百迴圓，今日宮中年最老，大家遙賜尙書號。小頭鞋履窄衣裳，青黛點眉眉細長，外人不見見應笑，天寶末年時世妝。上陽人，苦最多：少亦苦，老亦苦，少苦老苦兩如何？君不見昔時呂向《美人賦》（原注：天寶末，有密采艷色者，當時號花鳥使，呂向獻《美人賦》以諷之）？又不見今日上陽《白髮歌》！（《全唐詩》卷四二六）

案，此歌可注意者五：一、宮人之住居形同牢獄，有人看守，所謂「綠衣監使守宮門，一閉上陽多少春」。二、此等牢獄，蓋無期徒刑也，以其「入時十六今六十……零落年深殘此身」故也。三、牢獄之禁閉也，當有罪者始得入；今此宮人何咎？特以紅顏受騙耳：「臉似芙蓉胸似玉」乃「扶入車中不教哭，皆云入內便承恩」也。四、其苦如何？曰爭寵遭妬之苦「未容君王得見面，已被楊妃遙側目」，曰寂寞度日之苦「妬令潛配上陽宮，一生遂向空房宿」。五、及至年老，或誥封一、二品，位階雖崇，寂寥依舊，竟不知時移世異，而猶「小頭鞋履窄衣裳，青黛點眉眉細長，外人不見見應笑，天寶末年時世妝」。以上所言，皆屬事實，蓋自詩文之中，猶可見官宦子女有才色者被選入宮時，其父母聞之驚懼、悲痛之情，可以觀知，如：太宗賢妃徐氏八歲好屬文，「父孝德嘗使試擬《離騷》爲《小山篇》，曰：仰幽巖而流眄，撫桂枝以凝想，將千齡兮此遇，荃何爲兮獨往。孝德大驚，知不可揜……太宗聞之，納爲才人。」（《合鈔》卷一〇一《后妃上》）又《武則天傳》：「太宗聞（武）士彠女美，召爲才人，方十四。母楊慟泣與訣，后獨自如，曰：見天子，庸

知非福？何兒女悲乎！母鑒其意，止泣。」（《新》卷七六《后妃傳》）元稹《上陽白髮人》亦亟寫其悲懼：「天寶年中花鳥使，撩花狎鳥含春思，滿懷墨詔求嬪御，走上高樓半酣醉，醉酣直入卿士家，閨闈不得偷迴避。良人顧妾心死別，小女呼爺血垂淚。」（《全唐詩》卷四一九）是以民間聞宮中選女，則群議洶洶，乃有開元二年（714 A.D.）「民間訛言，上采擇女子以充掖庭」之事，而「上聞之，八月乙丑，令有司具車牛於崇明門，自選後宮無用者載還其家，敕曰：燕寢之內，尚令罷遣；閭閻之間，足可知悉。」（《通鑑》卷二一一）之安撫。故方玄宗幸忠王邸，見左右無嬪侍，乃愀然謂高力士曰：「兒居處乃爾，將軍豈使我知乎？」詔選京兆良家子五人虞侍太子。力士憂對曰：「京兆料擇人，得以藉口（以擾民），不如取掖庭衣冠子。」（以上見《金鈔》卷一○二《后妃下》）然則宮中之苦況，可以知矣。

　　宮人之苦，特以不易望幸，青春易逝，秋草易萎之悲耳〔註2〕，至若宮中職務，雖繁劇，而各有分司，應非苦差使也。茲據《兩書》《百官》、《職官志》、《大唐六典》、《會要》等，製一對照表，以明其沿革與異同焉（見後之《附表》）。實則內官之設，早見於《左傳》〔註3〕、《儀禮》〔註4〕、《周禮》〔註5〕等書矣；而隋仿《周禮》，唐因隋制，其損益變革，有得而言者。

〔註2〕　《大唐六典》卷六《尚書別部》云：「男女既成，各從其類，而配偶之。」李林甫注：「並不得養良人之子，及以子繼入。」然則職給較低之宮奴婢亦得婚配也，非特帝王一人之私歟？

〔註3〕　《左》昭三年云：「齊侯使晏嬰請繼室於晉，曰：寡君使嬰曰：寡人願事君，朝夕不倦。將奉質幣以無失時，則國家多難，是以不獲。不腆先君之適，以備內官，焜燿寡人之望，則又無祿，早世隕命，寡人失望。君若不忘先君之好，惠顧齊國，辱收寡人，徼福於大公、丁公，照臨敝邑，鎮撫其社稷，則猶有先君之適，乃遺姑姊妹，若而人。君若不棄鄙邑，而辱使董振擇之，以備嬪嬙，寡人之望也。」杜注：「先君之適，夫人之女也；嬪嬙，婦官也。」蓋皆所謂內官者也。

〔註4〕　《儀禮》卷二十五《公食大夫禮》第九：「公升二等，賓升。大夫立于東夾南，西面北上；士立于門，東北面西上；小臣東堂下，南面西上；宰東夾北，西面南上；內官之士，在宰東北，西面南上。」鄭《注》：「夫人之官，內宰之屬也。」賈公彥《疏》云：「《經》云內官。按《周禮》《天官》：『內宰，下大夫已下』彼天子內官，諸侯未必有；內宰，以其言內官之士，以士為之，明當天子內宰，故舉內宰況之也。」

〔註5〕　《周禮‧天官‧冢宰》：「內宰：下大夫二人、上士四人、中士八人、府四人、史八人、胥八人、徒八十人。」鄭《注》：「內宰，宮中官之長。」賈《疏》：「名內宰者，對大宰治百官，內宰治婦人之事故名。」

內官沿革及異同表

	《舊唐書》	《新唐書》	《大唐六典》	《唐會要》
妃三人	正一品，佐后坐而論婦禮者也。其於內則無所不統，故不以一務名焉。	貴妃、惠妃、麗妃、華妃各一人，正一品，掌佐皇后論婦禮，於內無所不統。	隋氏依《周官》立三夫人，皇朝上法古制而立四妃，今上以為后妃四星其一也，因定三妃焉。	龍朔二年，置贊德二人，正一品以代夫人。〔註6〕
六儀六人	正二品，《周官》九嬪之位也。掌教九御、四德，率其屬以贊導后之禮儀。	淑儀、德儀、賢儀、順儀、婉儀、芳儀各一人，正二品，掌教九御、四德，率其屬以贊后禮。	夏后氏三夫人增以三三而九列九嬪之位。漢初無聞，至武帝始制婕妤等，數不至九。今上改制六儀之位，以備其職焉。	昭儀、昭容、昭媛、修儀、修容、修媛、充儀、充容、充媛各一人為九嬪。〔註7〕
美人四人	正三品，《周官》二十七世婦之位也。掌率女官、修祭祀、賓客之事。	全上	殷人因九嬪，增以三九二七，列二十七世婦之位，其制增損累代不恒，皇朝初因隋制二十七人，今上改置是焉。	美人九人，正四品。〔註8〕
才人七人	正四品，《周官》八十一御女之位也。掌敘宴寢、理絲枲以獻歲功焉。	全上	周人因廿七世婦增以三二十七，列八十一女御之位。隋氏依《周官》制寶林、御女、采女等，皇朝初因之，今上改置以備職焉。	才人九人，正五品。〔註9〕

〔註6〕《新唐書》之立四妃，蓋從玄宗之制；《舊唐書》、《大唐六典》皆稱三妃，《六典》釋之曰：「皇朝上法古制而立四妃（案，古制者，謂帝嚳也），其位：貴妃也、淑妃也、德妃也、賢妃也。今上（案，即玄宗）以為后妃四星，其一后也：既有后位，復立四妃，則失其所法象之意焉，因省嬪婦、七御之數，改定三妃、六儀、美人、才人四等，共二十人以備內官。其位：惠妃也、麗妃也、華妃也，婦德、婦容、婦言、婦功可以坐而論禮者則進，無則闕焉。」其後，玄宗復立貴妃，仍為四人云。及高宗永徽之後，政出宮中，內官之罷黜也宜矣。

〔註7〕九嬪之制，蓋唐初因隋之舊：玄宗乃改為淑儀等六人，龍朔二年，嘗省併為宣儀四人而已。

〔註8〕《會要》所記與他書不侔者，殆因唐初隨順前隋之制立為二十七人，則是合昭儀等正二品之九嬪、正三品之婕妤九人、正四品之美人九人之數也。是於九嬪之下，美人之上，增設正三品之婕妤也。龍朔二年改承閨五人以代之。又美人之職，在「掌率女官」，「官」字《舊唐書》做「冠」，「二十七世婦」注做「三十七」，當是筆誤也。

〔註9〕美人以下，《會要》有：「才人九人，正五品；寶林二十七人，正六品；御女二十七人，正七品；采女二十七人，正八品，以備《周禮》六宮之數。」又云：「龍朔二年，改易官名……承旨五人，正五品，以代才人；衛僊六人，正六品，以代寶林；供奉八人，正七品，以代御女；侍櫛二十人，正八品，以代采女：又置侍巾三十人，正九品。咸亨二年，復舊。」又「以獻歲功」《舊唐書》做「以歲獻功」，當亦是筆誤。

此外，猶有「宮官」之設，位較卑職較繁，蓋佐美人、才人以執事者也。若設一譬喻，則妃、六儀、美人、才人或如中央官吏，宮官則猶如地方官員耳。然其制則始乎《周禮》，《宗伯篇》云：「世婦，每宮卿二人、下大夫四人、中士八人、女府二人、女史二人。」鄭《注》云：「世婦，后宮官也。王后六宮，女府、女史、女奴之有才智者。」蓋以有才智學養之女子為宮官也，故魏明帝游宴在內，多選女子知書可付信者為女尚書，以省覽奏事（見《魏畧》）。其後晉、宋以迄於隋，率有損益，如隋文帝有「六尚」之置，煬帝擴充之，加其品秩而稱為「局」，唐制因之，此《大唐六典》載之甚詳，茲錄其言於后：

> 「一尚言（原注：言當作官，尚言以下至于女史七處，以隋《后妃傳校注》）局，管司言，掌宣傳、啓奏；司簿，主名錄計度；司正，主格式推罰；司闈，主門閤管鑰。二尚儀局，管司籍，主經史教學；司樂，掌音律；司賓，主賓客；司贊，主贊相導引。三尚服高，管司璽，主琮璽符節；司衣，掌衣服；司飾，主湯沐巾櫛玩弄等物；司仗，主仗衛戎器。四尚食局，管司膳，主膳羞；司醞，主酒醴醯醢；司藥，主醫巫藥劑；司饎（原注：饎當作饎），主廩餼柴炭。五尚寢局，管司設，主牀席帷帳，鋪設洒掃；司輿，主輿輦扇傘，執持羽儀；司苑，主園圃，種植蔬菜瓜果；司燈，主燈火（原注：燈火作火燭）。六尚工（原注：工當作功）局，管司製，主營造裁縫；司寶，主金玉錢貨；司綵，掌繒帛；司織，掌織染。

> 六尚，十二人，從五品；司，二十八人，從六品；典二十八人，從七品；掌，二十八人，從九品；女史（原注：史作使）流外量事而置，多者十人。」（卷十二《宮官條》）

亡宮人墓誌中，有典饎一職，見《毛本》第五冊四四六誌：《唐故七品亡典饎墓誌銘》。夷考宮官六尚，實不見此職典者也。余意以為或當屬尚食局，其職掌略如上引《大唐六典》矣；而《合鈔》卷六六《職官志·內官》言之甚詳，其言曰：「尚食二人，司膳四人（原注：《新書》二人）、典膳四人、掌膳四人（原注：女史四人）、司醞二人、典醞二人、掌醞二人（原注：女史二人）、司藥二人、典藥二人、掌藥二人（原注：女史四人，《新書》二人）、司饎二人、典饎二人、掌饎二人（原注：女史四人）。」又述其職掌，曰：「尚食之職掌：供膳羞品齊之數，總司膳、司醞、司藥、司饎四司之官屬。凡進食，

先嘗之。司膳掌制烹煎和（原注：品羞米麵薪炭，凡供奉口味皆種別封印；典膳、掌膳，調和御食溫涼寒熱，以時供進則嘗之。）司醞掌酒醴酏飲，司藥掌方藥（原注：凡藥外進者，簿案種別），司饎掌給宮人廩饎飯食薪炭（原注：皆有等級，受付則旬別案託）。」案，《說文》五下《食部》云：「饎，酒食也。從食喜聲。《詩》曰：可以饋饎。」司饎，若掌酒食之職，則與司醞重矣；故或當如《周禮》饎人之職，其《注》云：「炊官也。」、《儀禮·特牲禮》：「主婦視饎爨於西堂下」注：「炊黍稷曰饎。」又《說文》七上《米部》：「氣，饋客芻米也。從米气聲⋯⋯餼，氣或從食。」芻米，即黍稷，然則「典饋」或即「典饎」，掌宮人廩饎、飯食、薪炭之供給之職者歟？《大唐六典》云：「六尚，十二人，從五品⋯⋯典，二十八人，從七品。」（見上引）正與《誌題額》合也。

實則宮人亦未嘗無閒瑕玩樂，如諸家所作之《宮詞》（《全唐詩》卷帙多載）即頗有言之者，今試為類別如次：

一、擊毬戲

> 對御難爭第一籌，殿前不打背身毬；內人唱好《龜茲》急，天子鞦回過玉樓。

又，

> 殿前鋪設兩邊樓，寒食宮人步打毬；一半走來爭跪拜，上棚先謝得頭籌。

又，

> 自教宮娥學打毬，玉鞍初跨柳腰柔；上棚知是官家認；遍遍長贏第一籌。

二、放假出宮

> 殿前明日中和節，連夜瓊林散舞衣；傳報所司分蠟燭，監開金鎖放人歸。

又，

> 五更三點索金車，盡放宮人出看花；仗下一時催立馬，殿頭先報內園家。（以上王建詩）

案，《大唐六典》且明訂假日規矩，曰：「凡元冬、寒食、喪婚、乳免（娩？），咸與其假焉。」李林甫注云：「官戶奴婢，元日、冬至、寒食放三日假，產後

及父母喪、婚放一月，聞新喪放七日。」（卷六《尚書刑部》宮人何嘗皆住永巷耶？）

三、圍　獵

射生宮女宿紅妝，把得新弓各自張；臨上馬時齊賜酒，男兒跪拜謝君王。

又，

內鷹籠脫解紅條，鬥勝爭飛出手高，直上碧雲還卻下，一雙金爪掬花毛。粟金腰帶象牙錐，散插紅翎玉突枝；放獵一邊還引馬，歸來雞兔遶鞍垂。（以上王建詩）

四、競　渡

競渡船頭掉采旗，兩邊濺水溼羅衣；池東爭向池西岸，先到先書上衣歸。（王建）

又，

宮娥解禊艷陽時，鸂𪆫蘭橈滿鳳池；春水如藍垂柳醉，和風無力裊金絲。（以上和凝詩）

五、垂　釣

春池日暖少風波，花裏牽船水上歌；遙索劍南新樣錦，東宮先釣得魚多。（王建詩）

六、寫真搨圖

燈前飛入玉階蟲，未臥常聞半夜鐘；看著中元齋日到，自盤金線繡真容。

又，

避暑昭陽不擲盧，井邊含水噴鴉雛；內中數日無呼喚，搨得滕王《蛺蝶圖》。（以上王建詩）

七、投壺下棋

分朋閒坐賭櫻桃，收卻投壺玉腕勞；各把沈香雙陸子，局中鬥壘阿誰高？

又，

　　春來睡困不梳頭，懶逐君王苑北遊；暫向玉花階上坐，簸錢贏得兩
　　三籌。

又，

　　彈棋玉指兩參差，背局臨虛鬥著危；先打角頭紅子落，上三金子半
　　邊垂。

又，《夜看美人宮棋》

　　宮棋布局不依經，黑白分明子數停；巡拾玉沙天漢曉，猶殘織女兩
　　三星。（以上王建詩）

八、閒　適

　　盡送春來出內家，記巡傳把一枝花；散時各自燒紅燭，相逐行歸不
　　上車。

又，

　　樹葉初成鳥護窠，石榴花裏笑聲多；眾中遺卻金釵子，拾得從他要
　　贖麼？

又，

　　錦褥花明滿殿鋪，宮娥分坐學樗蒲；欲教宮馬闌關過，呪願纖纖早
　　擲盧。（以上和凝）

又，

　　後宮宮女無多少，盡向園中笑一團；舞蝶落花相覓著，春風共語亦
　　應難。（以上王建）

又，

　　三月櫻桃乍熟時，內人相引看紅枝；回頭索取黃金彈，遠樹藏身打
　　雀兒。

又，

　　薄羅衫子透肌膚，夏日初長枝閣盧；獨自憑欄無一事，水風涼處讀
　　文書。（以上花蕊夫人詩）

花蕊夫人《宮詞》中，有一首寫宮中發放例錢之情形，除傳神之外，猶予人
以知宮例之一班。詩云：

　　月頭支給買花錢，滿殿宮人近數千；遇著唱名多不語，含羞走過御
　　妝前。（《全唐詩》卷七九八）

自詩之描述，可知：一、例錢之發放，爲按月且於月初者也；二、其名目爲「買花錢」；三、宮人數近乎數千，則花費必鉅也；四、唱名發放，既可知名點數，又可使君王觀賞其含羞不語，忸怩作態之情；五、放例前，小事耳，竟由君王監臨點放，孟昶之不亡國，豈可得乎？

「買花錢」又稱「脂粉費」，《合鈔》卷一〇一《后妃上》：「韓虢三夫人，歲給錢千貫，爲脂粉之費。」《金石萃編》卷七三《奉先寺像龕記》：「大唐高宗天皇大帝之所建也（案，此蓋指河洛上都龍門之陽盧舍那佛像）……皇后武氏助脂粉錢二萬貫。」又稱「妝粉錢」，《會要》卷六《雜錄》：「仍準舊例，春秋兩限支付。四年五月，敕出降縣主妝粉錢，宜令所司，自今以後，從出降日支。」而所謂「所司」者，蓋謂尙食局之司饎也，前文已引錄其職掌，曰：「給宮人廩饎、飯食、薪炭之事」是也。《大唐六典》卷二《太子家令寺注》：「太子家令……又知官奴婢月用錢，內庫米鹽、車牛、刑獄。」太子府署如是，宮人當亦比照其例，可以想見也。

至若例錢發放之時日，唐人略分三個時段：或以月爲準，如《會要》卷六：「（貞元）六年十一月，詔郡主壻檢校四品京官者，戶部月給俸錢三十千文。」或以季爲準，如全書全卷：「（貞元）五年十二月十八日，諸郡縣主壻每停官後，郡主每季給錢七十千文，縣主每季五十千文。」又，「勅諸公主，每年各給封物七百段疋，此依舊例，春秋兩限支給。郡主每季各支給賜錢一百貫文，諸縣主每季各賜錢七十貫文。」或以歲爲準，如前引《合鈔》卷一〇一之文者是也。

第三節　宮人之歸宿

彼等之歸宿，或老死宮中，一坏黃土，如誌銘所云：「與善無徵，殲良俄逮，春秋若干，卒於坊所」又云：「風日已逝，閱水空驚；一隨往化，千秅飛名。」而通常之歸宿，略有三端：

一則出宮之後適人。《唐會要》卷三《出宮人條》云：「武德九年（626 A.D.）八月十八日詔……朕顧省宮掖，其數實多，憫茲深閉，久離親族，一時減省，各從娶聘。」又，「貞觀二年（628 A.D.）春三月……今將出之，任求伉儷，非獨以省費息人，亦得各遂其性。」又，「元和八年（813 A.D.）六月，出宮人二百車，任其嫁配。」又，「長慶四年（824 A.D.）二月，勅先在掖庭宮人，

及逆人家口，并配內園者，並放出外，任其所適。」又，「寶曆二年（826 A.D.）十二月，勅在內宮女，宜放三千人，願嫁及歸近親，並從所便，不須尋問。」等是也。

故唐人傳奇、詩文乃往往有敷演其事者，如孟棨《本事詩》載：「開元中，頒賜邊軍纊衣，製於宮中。有兵士於短袍中得詩曰：沙場征戍客，寒苦若爲眠？戰袍經手作，知落阿誰邊！畜（蓄？）意多添線，含情更著綿。今生已過也，重結後身緣。兵士以詩白於帥，帥進之，玄宗命以詩遍示六宮，曰：有作者勿隱，吾不罪汝。有一宮人，自言萬死。玄宗深憫之，遂以嫁得詩人，仍謂之曰：我與汝結今身緣。邊人皆感泣。」（《情感第一》之四條）

白樂天《琵琶行》之商人婦，固膾炙人口矣；而李青蓮亦有《邯鄲才人嫁爲廝養卒婦》之悲焉，其詞曰：「妾本崇臺女，揚蛾入丹闕，自倚顏如花，寧知有凋歇？一辭玉階下，云若朝雲沒，每憶邯鄲城，深宮夢秋月，君王不可見，惆悵至明發。」（《全唐詩》卷一六四）

一則入道爲女冠。《唐會要》卷五十《雜錄》：「文明元年（684 A.D.）二月十一日，金闕亭置一女冠觀，並度內人。」又《尊崇道教條》：「長慶二年（822 A.D.）五月敕，諸色人中，有情愿入道者，但能暗記《老子經》及《度人經》，灼然精熟者，即任入道；其《度人經》情愿以《黃庭經》代之者，亦聽。宣令所司，具令立文狀條目，限降誕月內投名請試，今年十月內試事。」而公主之爲女冠，幾成一時之風尚焉，如：咸亨元年（670 A.D.）九月二十三日，皇后爲母度太平公主爲女冠，因置觀。又，太極元年（712 A.D.）四月十七日制，爲金仙、玉眞出家造觀，報先慈也。又，天寶六載（747 A.D.）新昌公主因駙馬蕭衡亡，奏請度爲女冠，遂立此觀（案，即新昌觀）。（案，以上所引，具見《唐會要》卷五十《觀條》）

故唐人《送宮人入道詩》特多焉，如：戴叔倫《送宮人入道》：「蕭蕭白髮出宮門，羽服星冠道意存；霄漢九重辭鳳闕，雲山何處訪桃源？瑤池醉月勞仙夢，玉輦乘春卻帝恩；回首吹簫天上伴，上陽花落共誰言？」（《全唐詩》卷二七三）又如殷堯藩《宮人入道》：「卸卻宮妝錦繡衣，黃冠素服製相宜；錫名近奉君王旨，佩籙今參老氏師。白晝無情趨玉陛，清宵有夢步瑤池；綠鬟女伴含愁別，釋盡當年妬寵私。」（全書卷四九二）又如花蕊夫人《宮詞》：「會仙觀內玉清壇，新點宮人作女冠；每度駕來羞不出，羽衣初著怕人看。」又，「老大初教學道人，鹿被冠子淡黃裙，後宮歌舞今拋擲，每日焚香事老君。」

（全書卷七九八）

　　一則因罪或因老而爲雜役、墓守，則凄涼之生活，尤過於前二者。如王建《舊宮人》：「先帝舊宮宮女在，亂絲猶掛鳳凰釵；霓裳法曲澤拋卻，獨自花間掃玉階。」（全書卷三〇一）白樂天《陵園妾》：「陵園妾，顏色如花命如葉，命如葉薄將奈何？一奉寢宮年月多，年月多，時光換，春愁秋思知何限？青絲髮落叢鬢疏，紅玉膚銷繫裙慢。憶昔宮中被妬猜，因讒得罪配陵來，老母啼呼趁車別，中官監送鎖門迴，山宮一閉無開日，未死此身不令出。松門到曉月裴回，柏城盡日風蕭瑟，松門柏城幽閉深，聞蟬聽燕感光陰。眼看菊蕊重陽淚，手把梨花寒食心，把花掩淚無人見，綠蕪牆繞青苔院。四季徒支妝粉錢，三朝不識君王面，遙想六宮奉至尊，宣徽雪夜浴堂春，雨露之恩不及者，猶聞不啻三千人，三千人，我爾君恩何厚薄，願令輪轉直陵園，三歲一來均苦樂。」（全書卷四二七）

　　雖然，被出宮之原因，亦可析爲如下諸端：

　　一、帝王恩典而放出者。如《唐會要》卷三《出宮人條》云：「武德九年（626 A.D.）八月十八日詔：王者內職，取象天官，上備列宿之序，下供掃除之役，肇自古昔，具有節文。末代奢淫，搜箕無度；朕顧省宮掖，其數實多，憫茲深閉，久離親族，一時減省，各從娶聘。自是中宮前後所出，計三千餘人。」又貞觀二年（628 A.D.）春三月「上謂侍臣曰：婦人幽閉深宮，情實可愍；隋氏末年，求采無已，此皆竭人財力，朕所弗取。且灑掃之餘，更何所用？今將出之……於是命尙書左丞戴胄、給事中杜正倫等，於掖庭宮西門簡出之。」又，「貞元二十一年（805 A.D.）三月，出後宮人三百人，其月，又出後宮及教坊女妓六百人，聽其親戚迎於九僊門。百姓莫不叫呼大喜。」等是也。

　　一、祈禳而出宮人者。如太宗文德順聖皇后染疾危惙，太子承乾即嘗「密啓后曰：醫藥備盡，尊體不瘳，請奏赦囚徒，并度（宮？）人入道，冀蒙福助。」（《合鈔》卷一〇一《后妃上》）度宮人入道，當爲出宮人之另一形態也。又則天皇后親生女太平公主，爲后所傾愛；后母榮國夫人楊氏死，后丐公主爲道士，以幸冥福，而儀鳳中吐蕃請主下嫁，「后不欲棄之夷，乃眞築宮如方士薰戒，以拒和親事。」公主入道，必非一人而已，其必帶宮人自隨以服侍者也（全書卷一〇三《公主》）。《會要》卷三《出宮人條》：「開成三年（838 A.D.）二月，文宗以旱出宮人劉好奴等五百餘人，送兩街寺觀，任歸親戚。」

一、宮中有所變故。或因穢亂，不欲宮女知聞者，如中宗在房州時，數為武后迫不自安，每聞制使至，輒惶恐欲自殺，皆賴韋后勸慰而免，乃謂后曰：「一朝見天日，誓不想禁忌。」「及得志，受上官昭容邪說，引武三思入宮中，升御牀，與后雙陸，帝為點籌，以為歡笑。醜聲日聞於外，乃大出宮女，雖左右內職而許時出禁中。」或因穢亂而無心力裁制，如上述情形，於焉而「四年正月望夜，帝與后微行市里，以觀燒燈，又放宮女數千，夜遊縱觀，因與外人陰通，逃逸不還。」（《合鈔》卷一〇一《后妃上》）或因國家瀕於危亡而逃散，如玄宗貴妃馬嵬之死，「虢國夫人聞難作，奔馬至陳倉，縣令薛景仙率人吏追之，走入竹林。」（全上引）又，「黃巢之難，天子出蜀，倉卒妃不及從，遂流落閭里，不知所終。」（全書卷一〇二后妃下）張祐《退宮人詩》道盡此中酸辛：「開元皇帝掌中憐，流落人間二十年；長說承天門上宴，百官樓下拾金錢。」（《全唐》卷五二）

一、乞恩赦出者。如王建《宮詞》：「步行送人長門裏，不許來辭舊院花；只恐他時身到此，乞恩求赦放還家。」

一、老病而放出者。《會要》卷三《出宮人條》：「長慶四年（824 A.D.）二月，敕文宮中老年及殘疾不任使役，并有父母者，並委所司，選擇放出。」廖融《退宮妓詩》：「神仙風格本難儔，曾從前皇翠輦遊；紅蹋蹋繁金殿暖，碧芙蓉笑水宮秋。寶箏鈿剝陰塵覆，錦帳香消畫燭幽；一旦色衰歸故里，月明猶夢按梁州。」（《全唐詩》卷七六二）又王建《宮詞一百首》：「因喫櫻桃病放歸，三年著破舊羅衣；內中人識從來去，結得金花上貴妃。」（全書卷三〇二）又如張祐《退宮人詩》云：「歌喉漸退出宮闈，泣話伶官上許歸；猶說入時歡聖壽，內人初著五方衣。」（全書卷五一一）等皆是也。

第三章　列女之研究

漢劉向《列女傳》分「列女」為母儀、賢明、仁智、貞順、節義、辯通等六類，其後史家之為女子作傳者，乃因之不替焉，如明茅坤之《補列女傳》者，是也。《新》、《舊》兩《唐書》之《列女傳》雖無若是之條分縷析，亦師其意而撰者也，余就其序而為之爬梳，略得以下諸例，即：

1. 女子之行於親也，孝婦也、節母也，義而慈止矣。（《新書》《序》）
2. 前代誌貞婦烈女，蓋喜其能以禮自防。（《舊書》《序》）
3. 至若失身賊庭，不污非義，臨白刃而慷慨，誓丹衷而激發，粉身不顧，視死如歸；雖在壯夫，恐難守節，窈窕之操，不其賢乎？（仝上）
4. 其次梁鴻之妻，無辭偕隱；共姜之誓，不踐二庭。婦道母儀，克彰圖史，又其長也。（仝上）

然則史臣氏之旨趣從可知矣。余於《兩書・列女傳》所載列女事蹟，就前述體例鉤稽之——列女總數凡四十八人，《合鈔》卷二五四注明據「《新書》增」者，略得二十三人——得以下之情況：書才女、識見者各一人，忠於國家、母儀閨壼者各三人，烈女者十一，貞妻者十三，孝婦者十六。是為史者之心跡，可得而明焉。

近人徐天嘯書《神州女子新史》，其《序》云：「予嘗讀西國近數百年史，其可歌、可泣、可矜式者，不一而足；而其愛國之大英雄、大豪傑，足令人思之、夢之、崇拜之者，不一而足；而其以一女子，投身社會中，其一舉一動之或成或敗，皆於世界之進化、民族之強弱，有絕大之關係，如彼其人，又不一而足。斯誠世界之英雌，斯誠世界之女傑，而其旨趣之高尚，其思想

之奇特，其主義之獨立，其事業之偉大，抑何若是之轟轟，若是之烈烈，足令世人讀其書，生敬愛心，而感想之，讚美之，謳歌之，崇拜之而不能已也。」是以是書乃就吾國上古、中古、近古史中，尋索其人，而爲之作傳、書評也。

凡此之撰作旨趣，各有其著眼所在，皆是也。然余本章所欲論述者，特在就碑誌所留之資料，以究知彼時女子於社會上活動之情況如何，蓋所重者在「史」之實情也。故蒐羅較彼其寬，取捨較彼其大，如以下諸般，皆在討論之列也：

> 《館陶郭公姬薛氏墓誌銘》：「姬人姓薛氏，本東明國王金氏之允也。昔金氏有愛子，別食於薛，因爲姓焉，世不與金氏爲姻。其高曾皆金王貴臣大人也，父永沖，有唐高宗時，與金仁問歸國，帝疇厥庸，拜左武衛大將軍，姬人幼有玉色，發於穠華，若彩雲朝升，微月宵映也，故家人美之，少號仙子。聞嬴臺有孔雀鳳凰之事，瑤情悅之，年十五，大將軍薨，遂翦髮出家，將學金仙之道，而見寶手菩薩：靜心六年，青蓮不至。乃謠曰：化雲心兮思淑眞，洞寂滅兮不見人，瑤草芳兮思蓋蓋，將奈何兮青春？遂返初服，而歸我郭公。郭公豪蕩而好奇者也，雜佩以迎之，寶瑟以友之，其相得如青鳥翡翠之婉孌矣。苹繁艷歌，樂極悲來，以長壽二年太歲癸巳二月十七日，遇暴疾而卒於通泉縣之官舍。鳴呼哀哉，郭公恍然猶若未亡也。寶珠以含之，錦衾而擧之：故國途遙，言歸未逮，留殯於縣之惠普寺之南園，不忘眞也。」

銘曰：

> 高丘之白雲兮，願一見之何期？哀淑人永逝，感紺園之春時，願作青鳥長比翼，魂魄歸來遊故國。（《全唐文》卷二一六）

案，姬人，即侍妾。《燕丹子》有「遣『姬人』鼓瑟」語。薛姬之父官拜「左武衛大將軍」，乃位居「從一品」也，而其女竟爲人姬侍，則其夫郭氏必有過人者。夷考郭氏者，殆即郭待封也。《新》卷一一一《郭孝恪傳》云：「郭孝恪，許州陽翟人。少有奇節，不治貲產，父兄以爲無賴。隋亂，率少年數百附李密，密喜謂曰：世言汝穎多奇士，不謬也」與《誌銘》所言：「郭公豪蕩而好奇」者正同，蓋待封有其父之風耶？《傳》又云：「次子待封官左豹韜衛，咸亨初，副薛仁貴討吐蕃，戰大非川；敗績，貸死爲民。」又全書卷二一六上、《吐蕃傳》：「咸亨元年，詔右威衛大將軍薛仁貴爲邏娑道行軍大總管，左

衛員外大將軍阿史那道眞、左衛將軍郭待封副之，出討吐蕃，并護吐谷渾還國……」郭待封官拜左豹韜衛、左衛將軍，亦「從一品」銜也；然薛永沖，特外夷歸附之官耳，烏足與待封比；且《誌文》明言待封「豪蕩而好奇」，何事不敢爲乎？故乃「雜佩以迎之，寶瑟以友之」矣。又考東明國金仁問者，《新》卷二二〇《東夷傳・百濟傳》云：「……（蘇）定方執義慈隆及小王孝演、首長五十八人，送京師，平其國五部、三十七郡、二百城，戶七十六萬，乃析置熊津、馬韓、『東明』、金漣、德安五都督府，擢酋渠長治之……是時新羅彊，隆不敢入舊國，寄治高麗死。武后又以其孫敬襲王，而其地已爲新羅、渤海、靺鞨所分，百濟遂絕。」則薛永沖蓋亡國餘種，仰人鼻息，其敢言乎？故陳子昂撰本誌銘，乃極言薛姬貌美心蕩，所謂：「姬人幼有玉色，發於穠華，若彩雲朝升，微月宵映……靜心六年，青蓮不至……瑤草芳兮思荙藍，將奈何兮青春？」云云，語涉不莊，豈唐人富強，待外夷之心態若是耶？全書《新羅傳》又云：「新羅，弁韓苗裔也。居漢樂浪地……王姓金、貴人姓朴，民無氏有名……龍朔元年（春秋死，案，蓋唐所立之新羅王也），法敏襲王，以其國爲雞林州大都督府，授法敏都督咸亨五年，納高麗叛眾，略百濟地守之。帝怒，詔削官爵，以其弟右驍衛員外大將軍、臨海郡公仁問爲新羅王……法敏遣使入朝謝罪，貢篚相望，仁問乃還辭王，詔復法敏官爵，然多取百濟地，遂抵高麗南境矣。」則東明國者，實百濟五部之一，非眞爲「國王」也；永沖若氏金姓，則王者之允，當爲新羅人也。而東明實百濟之併入新羅者，非舊族大姓也。誌銘旌人之善，掩人之惡，故曰「別食於薛，因以爲姓焉」蓋爲其諱也。史、誌對讀，可以證史，可以明誌也。又，

> 柳宗元撰太府《李卿外婦馬淑誌》：「氏曰馬，字曰淑，生廣陵；母曰劉，客倡也。淑之父曰總，既孕而卒，故淑爲南康謳者。李君爲睦州，詆狂客見誣，左官爲循州錄，過而慕焉，納爲外婦，偕竄南海上。及移永州，州之騷人多李之舊，日載酒外焉，聞其操鳴絃爲新聲，撫節而歌，莫不感動其音，美其容，以忘其居之遠而名之辱。方幸其若是也，元和五年五月十九日，積疾卒於湘水之東，葬東岡之北垂，年二十四。」

銘曰：

> 容之丰兮藝之工，隱憂以舒和樂雍，佳冶彫殞逝安窮，偕鼓瑟兮湘水滸，嗣靈音兮永終古。（全上卷五九〇）

案，外婦，外妻也，養置於外之妾也。自古有之。《漢書》卷三八《高五王傳》：
「齊悼惠王肥；其母高祖微時『外婦』也。」顏師古注云：「謂與旁通者。」
王先謙《補注》云：「沈欽韓曰：《小雅》，求爾新特。《傳》：新特，外婚也。
《列女傳・賢明篇》：宋鮑蘇仕衛，三年而娶外妻。外婦與外婚、外婦同義。」
客倡，住在客舍之倡妓也。唐之倡妓，名目繁多，或曰「營妓」（見《北夢瑣
言》），或曰「官使婦人」（見《舊》《宇文融傳》），或曰「風聲婦人」（見《唐
語林》），或曰「宮妓」（見《樂府解題》），或曰「官妓」（見《新・張延賞傳》），
凡此諸妓，各具身價，亦各不得自由之身。如：「韓晉公鎮浙西，戎昱爲部內
刺史，矢州名。郡有酒妓，善歌，色亦爛妙，昱情屬甚厚。浙西樂將聞其能，
白晉公，召置籍中。昱不敢留，餞於湖上，爲歌詞以贈之。且曰：至彼令歌，
必首唱是詞。既至，韓爲開筵，自持盃，命歌送之，遂唱戎詞。曲既終，韓
問曰：我使君於汝寄情邪？悚然起立，曰：然。淚下隨言。韓令更衣待命，
席上爲之憂危。韓召樂將責曰：戎使君名士，留情『郡妓』，何故不知而召之
置，成余之過！乃十笞之；命妓，與百縑，即時歸之。」（孟棨《本事詩》）
妓爲郡之所有，故謂之「郡妓」，樂將可隨意「召置籍中」，即名士如昱者，
亦「不敢留」，則其任人擺布，可以得見。又，范攄《雲溪友議》載：「池州
杜少府愃、亳州韋中丞任符，二公皆長年務求釋道，『樂營』子女，厚給衣糧，
任其外住，若有飲宴，方一召來柳際花間，任其娛樂。譙中舉子張魯封爲詩
謔其賓佐，兼寄大梁李少白。詩云：杜叟學仙輕蕙質，韋公事佛畏青娥；『樂
營』都是閒人地，兩地風情日漸多。」「樂營」而任其外住，任其娛樂，即召
人之戲謔如此；他將之「樂營」之不得外住，不得任其娛樂，可以想見矣。
又，《北里志》云：「京中飲妓，籍屬教坊。凡朝士宴聚，須假諸曹署行，然
後能置於他處。」然則不屬「教坊」、「樂營」、「郡妓」者，當可自由其身，
謂之「客倡」歟？《北里志》載福娘之欲適孫棨，乃曰：「某幸未列教坊籍，
君子倘有意，一二百之費爾。」此蓋可以隨時贖身也，《因話錄》即載陳嬌如
事：「睦州刺史柳齊物少而俊邁，家富於財，因調集至京師，有名倡陳嬌如者，
姿藝俱美，柳詣悅焉。陳云：第下錦帳二十里，即奉事終身。本易其言戲之
耳。翌日遂如數載錦帳以行。陳大驚，且賞其奇特。竟納入柳氏家執媵僕之
禮。」劉氏能與馬總情好永日，蓋以其「客倡」也，而其女馬淑亦始能與李
卿竄南海上也。從此誌，可以見唐士子狎妓之風焉。至其所謂「李卿」者，
余以爲或即子厚所撰《唐故邕管經略招討等使朝散大夫持節都督邕州諸軍事

守邕州刺史兼御史中丞賜紫金魚袋李公墓誌銘》者歟？又，

> 韓愈撰《女挐壙銘》：「女挐，韓愈退之第四女也，慧而早死。愈之
> 為少秋官，言佛夷鬼，其法亂治：梁武事之，卒有侯景之敗，司一
> 掃刮絕去，不宜使爛漫。天子謂其言不祥，斥之潮州漢南海褐陽之
> 地。愈既行，有司以罪人家不可留京師，迫遣之。女挐年十二，病
> 在席，既驚痛其父訣，又與致走道撼頓。失食飲節，死於商南層峰
> 驛，即瘞道南山下。五年，愈為京兆，始令子弟與其姆易棺衾，歸
> 女挐之骨於河南之河陽韓氏墓葬之。女挐死，當元和十四年二月二
> 日，其發而歸，在長慶三年十月之四日，其葬在十一月之十一日」。

銘曰：

> 汝宗葬於是，汝安歸之，惟永寧。（全上卷五六六）

案，元和十四年（819 A.D.）女挐卒，則其生當在元和三年（808 A.D.）。女挐
之事，固無可說者；而愈之憐惜痛悔之情，可以感人，《祭女挐子文》：「……
實非其命，不免水火，父母之罪，使汝至此，豈不緣我？……魂單骨寒，無
所託依，人誰不死？於汝即冤！……致汝先墓，無驚無恐，安以即路……」
血淚交迸，則父女深情；讀此，亦可為唐女子之在當代之社會地位，做一定
點矣。又，

> 李翱撰《高愍女碑》：「愍女姓高，妹妹名也。生七歲，當建中二年，
> 父彥昭，以濮陽歸天子。前此，逆賊質妹妹與其母兄，而使彥昭守
> 濮陽，及彥昭以城歸，妹妹與其母兄皆死。其母，李氏也。將死，
> 憐妹妹之幼無辜，請獨免其死，而以為婢於官，眾皆許之。妹妹不
> 欲，曰：生而受辱，不如死。母兄且皆不免，何獨生為？其母與兄
> 將被刑，咸拜於四方，妹妹獨曰：我家為忠，宗黨誅夷，四方神祇
> 尚何知？問其父所在之方，西嚮哭，再拜，遂就死。明年，太常諡
> 之曰愍。當此之時，天下之為父母者聞之，莫不欲愍女之為其子也；
> 天下之為夫者聞之，莫不欲愍女之為其室家也；天下之為女與妻者
> 聞之，莫不欲愍女之行在其身也。昔者曹娥思盱，自沈於江；獄吏
> 呼囚，章女悲號；思唁其兄，作詩《載馳》；緹縈上書，乃除肉刑。
> 彼四女者，或孝或智，或義或仁。噫，此愍女，厥生七歲，天生其
> 知，四女不倫，向遂推而布之於天下，其誰不從而化焉。雖有逆子，
> 必改行；雖有悍妻，必易心。賞一女而天下勸，亦王化之大端也。

異哉，愍女之行，而不家聞戶知也。貞元十三年，翶在汴州，彥昭
時爲潁州刺史，昌黎韓愈始爲余言之，余既悲而嘉之，於是作《高
愍女碑》。」（仝上卷六三八）

案，建中二年（781 A.D.）事，當指田悅、李正己、李寶臣、梁崇義等之亂。
事詳《通鑑》卷二二六《德宗建中二年條》。

以上所述，或爲義烈，或爲妾侍，或爲倡妓，或爲愛女，要皆當時社會
之面影也，是因作「列女」以爲論述之資焉。

下篇／生活考

第一章　名字之研究

　　名者，自命也。其起源頗早，金良年《姓名與社會生活》即云：「姓和名不是同時出現的，以歷史淵源而言，名的源頭遠較姓爲古老。在殘留至今的原始部族中，我們可以觀察到有名無姓的現象，但很少見到有姓無名的情況。人類最古老的名字，究竟是什麼樣子，由於材料的匱乏，已經無法描述了。據人類學家推斷，原始的澳大利亞人還在中石器時代的發展階段時，就以個人名字作爲複雜的典禮和禁忌制度的核心了。由此可知，名字至少在舊石器時代已經產生了〔註1〕。在動物界中，某些動物已可能用某種固定的聲音來指稱與自身關係密切的某一特定的外界對象，盡管這種聲音與最原始的人名兩者之間有本質的不同，但人類彼此取名的現象，正是從第一動物行爲逐漸發展而來的。」（一、《姓名制度及其歷史演變》）故「名」者，多含有某種意義。是以《禮記‧曲禮》曰：「名子者，不以國，不以日月，不以隱疾，不以山川。」（卷一）《左傳》申之更詳，《桓公六年》曰：「公問名於申繻。對曰：名有五：有信，有義，有象，有假，有類。以名生爲信，以德命爲義，以類命爲象，取於物曰假，取於父爲類。」杜預注云：「以名生爲信，若唐叔虞、魯公子友；

〔註1〕　許進雄《中國古代社會序繪》云：「近年一些出土的材料，對於討論中國文字產生的時代可能有所啓發。在好些個仰韶文化的遺址，都發現刻有各種記號的陶器。根據碳十四年代測定，這些遺址的年代距今已有六千多年。它與某些人根據甲骨文的成熟度，所猜測的中國文字的萌芽年代相若……這些記號幾乎都刻在相同的部位，即在早期類型的直口鉢的外口緣上，充分說明它們不是任意刻劃的，而是具有某種作用的……它們或以爲是器物所有者、或製造者的花押、族徽一類的記號……」此等「花押」、「族徽」，或等於後世之「名字」者耶？是可證明人類「名字」產生之早也。

以德命爲義，若文王名昌、武王名發；以類命爲象，若孔子首象尼丘；以取於物曰假，若伯魚生，人有饋之魚，因名之曰鯉；以取於父爲類，若子同生，有與父同者。」左氏又曰：「不以國，不以官，不以山川，不以隱疾，不以畜牲，不以器幣。周人以諱事神，名終將諱之，故以國則廢名，以官則廢職，以山川則廢主，以畜牲則廢祀，以器幣則廢禮。」（卷六）則名字所含之個人感情、社會關係等等意義，俱涵蓋於其中矣，故自所命之名，略可知其人、其家、其社會，以至於一國家之意識形態也。

名，通常連「姓」而言，曰「姓名」；《說文》云：「姓，人所生也。」《白虎通義》云：「人所以有姓者何？所以崇恩愛，厚親親，遠禽獸，別婚姻也。故紀世別類，使生相親，死相愛，同姓不得相娶者，皆爲重人倫也。」故其於討論探究先秦氏族之社會生活，頗不失爲一重要資料與線索；及其既定之後，其作用乃微矣（唐史所傳外夷歸化、賜姓者，當不在此列，然亦非本文所欲論列者也），故不論焉。

另則，有名，或多有「字」；《說文》云：「字者，孳也，言孳乳而浸多也」，故男子二十而字，可以有家，女子十五而笄，可以待字閨中以適人矣。其取「字」之原則，多與「名」相應，而「相應」之原則有二：或正面相應，如：孔子名丘，字仲尼，以其禱於尼山而生也；老子姓李氏，名耳，字聃，以其耳漫而垂也。或反面相應者，如：陶淵明，名潛；朱熹，字元晦，蓋不欲其過甚、過顯也。韓愈，字退之，則欲其知退而不求躁進兼人也。本論文所欲探討者，限乎女子而已；故凡男子者，則請略之，以俟他日。

至於唐時女子之命名取字，略有以下諸端現象：

一、以數目字標其行輩，而成其名字者

不過此名字多爲其小名、或暱稱。唐之男女盛行此習，然猶守《禮記·曲禮》之制：「男女異長」，鄭注：「各自爲伯季也」。如：

> 《大同懷州獲嘉縣朱四娘爲女造浮圖銘》：「清信女張氏，懷州獲嘉縣人……以垂拱二年二月十八日，因遊此寺，遂自投此崖，殉身飢獸……母朱氏恨起漢皋之珠，怨起秦樓之鳳，乃發茲弘願，造浮圖五級……敢以此福，上爲聖神皇帝陛下，下及□□七代祖，神德祖□高，父言堪、見存母朱、姊『大娘』、『二娘』、妹『娘子』、弟知微，并諸眷屬……」（《金石萃編》卷六一）

案，自其題名之排行，知張氏女子行三，而姊妹四人也。又如：

> 《馮善廓造浮圖銘》：「……父諱敬，夫人沈氏……孤子善廓等哀縜
> 露蔓，痛軫風林，追念二親，願從三寶，所冀先靈納祐……遂造浮
> 圖一所，石像□軀……佛弟子馮善廓、妻王，弟善宏、妻樂，弟善
> 慶、妻張，姊『二娘』、『四娘』，孫男嘉會……『五娘』、『阿六』、『八
> 兒』、『九娘』、『十娘』，先亡姊『大娘』、『三娘』、『五娘』，及見存
> 兒女等。」（仝上，卷六十二）

案，馮氏姊「大娘、三娘、五娘」先亡，故其見存姊乃曰「二娘、四娘」，此
益可證余前段謂「朱四娘女張氏行三」之說也。又以題名驗之，馮善廓必為
五姊三兄弟；三兄弟中，彼亦必長子，易言之，即善廓蓋姊弟之中行六，兄
弟之中行大者也。又如：

> 《李柟玼功德廟碑》：「維大唐開□七年歲次巳未二月乙酉朔六日庚
> 寅……尅斯金石三尊，□置八陪，來臻四眾……大像主王馬生、『李
> 大娘』、薛薛生、『李二娘』、李定娃、妹『四娘』，大像主徐黑妻『李
> 二娘』……薛洪瓚妻『李大娘』、王侍封妻『李五娘』、伊文□妻『趙
> 二娘』，伊豈百妻『李三娘』、伊方德妻『李大娘』、徐法智妻『李三
> 娘』、徐務其妻『李大娘』……」（《與齋藏石記》卷二十二）

案，此中李氏「大娘」四、「二娘」二、「三娘」二，知當非同一人，同一家
也，則唐女子之盛行以數目字排行之風習，從可見也。

　　排行中有以雙名而取其中一字相同以表行輩之法，此於男子之習甚夥；
女子則史料多缺，未得多證，然亦嘗一見，惟碑誌無其例耳。如《新·后妃
傳》謂宋廷芬「生五女，皆警慧善屬文，長若莘（或作「若梓」）、次若昭、
若倫、若憲、若荀，莘、昭文尤高。」（卷七十七）以「若」字表其同輩者是
也，惜類此之資料甚鮮，未得做一定論，然猶見其風向焉。其所以未能多得
女子名字之此等資料者，或受禮制之影響耶？《禮記·曲禮》云：「男女不雜
坐，不同椸枷，不同巾櫛，不親授，嫂叔不通問，諸母不漱裳。外言不入於
梱，內言不出於梱。女子許嫁，纓，非有大故，不入其門；姑姊妹、女子子，
已嫁而及，兄弟弗與同席而坐，弗與同器而食。父子不同席。男女非有行媒，
不相知名；非受幣，不交不親。」然金良年氏以為所以有此等現象者，端在
原始禁忌之作祟耳，其言曰：「如果我們除去濃厚的封建倫理觀念（案，即指
《曲禮》所言者），其實質還是名字與人為一體，知其名即如同相互接觸的原

始思維方式在作怪。我們還沒有直接的材料說明此俗起於何時，但有充分理由認為，這種習俗很可能是遠承原始姓名禁忌習俗而又被加上舊式倫理觀念。」（上引全書《四、姓名與宗教迷信》）或為理由之一耶？

　　該書《四、姓名與宗教迷信》之《1.原始社會的姓名禁忌及後世的餘風》，開宗即言：「姓名禁忌，是原始時代各民族中曾經普遍流行的一種習俗。我國早在先秦時代的古籍《山海經》中就記載了好幾種有關姓名的巫術；在原始時期以後的歷代社會中還存在著各種有關姓名的禁忌和巫術，尤其是由原始形態的姓名禁忌衍化而來的避諱現象又是世界上最為發達的……由此推測，我國原始的時代，不僅也有姓名禁忌，而且還頗為發達呢！類似弗雷澤所說的那種人名觀念，我國古代也有類似的看法。如《西遊記》中說到唐僧師徒路經平頂山，妖怪以瓶和葫蘆喊人名施術，被喊到者若應其呼喚，就會被裝入法器之中……在另一部神魔小說《封神演義》中，還載有這樣一個故事。殷商大將張桂芳向周軍挑戰，出戰將領凡被張桂芳喊一聲『某某不下馬更待何時』，便會滾下馬來……後來，哪吒出陣與張桂芳交戰，張無論怎麼喊，哪吒就是不掉下來。這是因為，『凡精血成胎者，有三魂七魄，被桂芳叫一聲，魂魄不居一體，散在四方，自然落馬；哪吒乃蓮花化身，渾身俱是蓮花，哪裏有三魂七魄，故此不得叫下輪來。』這兩個故事，雖然是談神說妖，但所反映的人名觀念，卻是弗雷澤所述原始人認為姓名乃人的一個組成部分的觀念相吻合。」

　　名與字間之關聯既如上述有其相應之關係，而其關係多以之表德者，故表德之方法乃有多種，或藉儒、釋、道之經義、典籍，或藉美物，或藉先賢古德之名；且字數亦有多種，或一名一字，或一名二字，或一名三字、四字者；唐人頗存古風，名多取一字者；然間亦有「名二字，字亦二字」者，如大鄭上柱國鄧國公故太夫人義安郡夫人元氏，即名買得，字亦買得，然此例極少。今分述如下：

（一）單名單字者

　　《唐朝請大夫試絳州長史上柱國趙郡李君故夫人京兆杜氏墓誌
　　銘》：「夫人諱瓊，字瓊，本京兆杜陵人，後因家邢州，遂為邢州堯
　　山焉……」（《全唐文》卷七六五）
又，
　　《唐將作監主簿孟友直女墓誌》：「女十一娘，字心，河閒人也。年

十九，適馮貞祐，敬極如賓……」（《金石萃編》卷七十）

又，

《唐張君夫人王氏》：「夫人諱媛，字□，瑯琊臨沂人也……」（《毛本》三四九）

又，

《大唐洛州陸渾縣處士張兄仁故夫人成公氏墓誌銘》：「夫人諱義，字提，東郡白馬人也……」（《毛本》六一七）

又，

《大唐黃府君夫人孫氏墓誌銘》：「夫人諱智，字三，富春人也……父智，唐任岐州司馬、上護軍……」（全上，六三二片）

案，夫人字三，與其名「智」似不相干，然則或其排行歟？又其父亦名「智」，斯乃犯諱者也，似唐人不嚴於避諱耶？《毛本》六四九片《大唐洛州河南縣南斌故妻高氏墓誌》載：「夫人姓高，諱五子……」之「五子」，或同「字三」之以排行爲名字例耶？

（二）單名雙字者

《大唐武昌監丞韓行故夫人解氏墓誌》：「夫人姓解，名摩，字弘妃，鴈門人也……」（《毛本》四一二片）

又，

《梁夫人姚氏墓誌》：「夫人諱弟，字令珪，安定人也……」（全上，四二七片）

又，

《大唐故夫人竹氏墓誌銘》：「夫人諱妙，字須摩，遼西人也。孤竹君之後……」（全上，四五一片）

又，

《大唐故張府君夫人喬氏墓誌銘》：「夫人諱娥，字留女，沛國譙人……」（全上，四六二片）

（三）名或字為三字者

《大唐故興聖寺主尼法澄塔銘》：「法師諱法澄，字无所得，俗姓孫氏，樂安人也……」（《金石萃編》卷七十八）

又，

《有唐薛氏故夫人實信優婆夷未曾有功德塔銘》：「優婆夷諱未曾
有，俗姓盧氏，范陽人……」（《唐文拾遺》卷十九）

案，此多與宗教教名有關者，由之亦可見其於宗教之理念爲何也。譬如釋法
澄字无所得，蓋取之於《心經》：「……無智亦無得，以無所得故，菩提薩埵，
依《般若婆羅密多》故，心無罣礙，無罣礙故，無有恐怖……」之「無所得」
也。而經文之意，蓋以「得」訓「貪」，無所貪著，故無罣礙，當亦無有恐怖
也。然則釋法澄之理念，從可知也。

又盧未曾有之名，似亦來自佛經，然彼蓋一副詞，如云「○○得未曾有」，
意謂某事（譬如佛之神變、說經之柔軟音等）於此世界、彼世界，甚而十方
三世之眾生得未曾有所見聞也。且「優婆夷」本在家修習佛法之女眾之梵文
名稱，原無所謂「俗姓」與否之可言也，則盧未曾有之佛教理念，亦從可知
也。又如「陀羅尼」，咒也，其例：

《朗州員外司户薛君妻崔氏墓誌》：「……（薛）巽之他姬子：丈夫
子曰老，女子曰張婆；妻之子：女子曰『陀羅尼』，丈夫子曰某，實
後子……」（《全唐文》卷五八九）

名爲四字者，除翻譯之外國人名不計外，實綦少見；而於碑誌中，亦得一例，
亦與佛教有關，然則當日佛教影響之深廣，由可知矣，其例後文多舉之。此
則舉名爲四字例者：

《大唐故范氏夫人墓誌銘》：「夫人姓范，諱如蓮花懷，河內人也……」
（《全唐文》卷九九五）

懷如蓮花，取其出污泥而不染，《佛說阿彌陀經》云：「……池中蓮花大
如車輪，青色青光、黃色黃光、赤色赤光、白色白光，微妙香潔……」然則
范如蓮花懷蓋修淨土者歟？

二、教　名

由此可以窺見其時、其人之宗教信仰，上文已略述及矣，今且分三項明
之：

（一）佛　教

《僧法惠經幢》：「大唐大和七年……奉爲□國及法界建立《尊勝陀
羅尼幢》一所，伏願國泰民安，干戈休息……女弟子『寶眞如』……」
（《金石萃編》卷六十六）

案，「寶眞如」，當爲法名，「寶」非姓也。眞如本性，佛家譬之如自身之寶而己不知耳。

又如：

> 《李義豐造像記》：「咸亨元年十二月二十二日，佛弟子李義豐爲□皇帝陛下、法界眾生、合家大小、先祖墳靈、亡父亡叔，見存母敬造彌勒像一區……處節妻『趙蒲提』、承業妻『樂含眞』……」（全上，卷五十八）

又如：

> 《聖容寺碑像記》：「神龍二年十月三日，灑掃僧舍，於家和頓進口聖容寺額，至十二月五日□勅依所請置寺，仍度七僧……感男『佛奴』……『員優曇』、女『劉等慈』……女人『上妙定』……參軍張大謙妻『董法力』……」（全上，卷六十八）

又如：

> 《那羅延經幢》：「大唐元和八年癸巳之歲八月辛巳朔五日乙酉，女弟子那羅延建《尊勝碑》，打本散施同願授（？）持。」（全上，卷六十六）

案，那羅延 Nârâyaṇa，蓋梵天之名，彼天人多力故名那羅延，華言「金剛」是也。《慧琳音義》六，謂：「那羅延，欲界中天名也，一名毗紐天。欲求多力者，承事供養，若精誠祈禱，多獲神力也。」那，爲姓，則此女弟子名姓相合，恰爲一佛教天界名也，命此名者，必熟佛典者也。

（二）道　教

> 《楊滿造天尊像》：「聖曆元年歲次乙未四月戊寅朔二月己卯，楊滿爲亡女二人，敬造天尊一區供養……女『觀官』、要兒……」（《匋齋藏石記》卷二十）

案，『官』字多爲道教徒所樂用，殆源於《老子》：「聖人用之以爲『官』長」者歟？女道士乃稱「女官」，如：《南史·梁高祖紀》云：「海中浮鵠山，去餘姚岸可千里，上有女人，年三百歲，有『女官』、道士四、五百人，年並出百。」後引女官玄眞，亦可證。女官，亦作「女冠」。故『觀官』，殆道教影響而有者歟？

又如：

> 《上智爲玄眞造像》：「大唐故女官，諱『玄眞』，大上仙苗，隴西懿

族⋯⋯」（仝上，卷二十一）

又如：

《唐故清河張氏女殤墓誌銘》：「女殤，韋出也。慕道受籙，因名容
成。丁□太夫人憂，號泣過禮，哀瘵成疾⋯⋯」（仝上，卷二十八）

案，容成，蓋道教之神仙，行採陰補陽之術者也。《列仙傳》云：「容成公自
稱黃帝師，見於周穆王，善輔導之術者也。」是矣。

（三）儒　家

《唐故河南府司錄盧公夫人崔氏誌銘》：「元和甲午歲，有夫人崔氏，
粵華宗令人，德門賢婦⋯⋯諱績，號尊德性，博陵安平人也⋯⋯」
（《金石萃編》卷一〇六）

案，我國本以儒家思想爲承襲正統，故取儒家經典、名義者，本極自然之事；
而本段所特爲留意者，蓋其較異於常名者也，易言之，乃較偏於剛性名字而
與儒者思想相近者。

又如：

《李氏張夫人墓誌銘》：「臨淄李伯魚妻者，范陽張氏女，諱德性。
孝悌柔婉，能日誦數千言，習《禮》明《詩》⋯⋯」（《全唐文》卷
二三二）

又如：

《唐故使持節上柱國□君夫人邱氏墓誌銘》：「⋯⋯夫人諱教，字
教⋯⋯□溫和之心，承柔順之教，忠以□于□陵（案，下泐）。」（《唐
文拾遺》卷二十）

又如：

《唐朝議郎行鳳州司倉參軍上柱國司馬君夫人新安孫氏墓誌銘》：
「夫人字堅靜，建業人也⋯⋯行合規矩，言堪典模⋯⋯」（仝上，卷
二十五）

《大唐清河長公主碑》：「⋯⋯公主諱敬，字德賢，隴西狄道人也⋯⋯
□□花分態，驕禽亂曲，公主尤非所樂，恬然自處，傷彼華侈，務
茲儉約⋯⋯」（《唐文續拾》卷二）

三、女而男名

趙翼《陔餘叢考》卷四十二《男人女名女人男名條》考之頗詳，其於「女

人男名」項，自黃帝至於南齊，舉證歷歷，而獨缺唐代之例，今爲之作補云。
如：

> 《馬氏女雷五葬誌》：「馬室女『雷五』，父曰師儒，業進士……」（《全唐文》卷五八九）

又如：

> 《唐故密亳二州刺史贈安州都督□□碑》：「公諱仁愷，字仁愷……乃表奏男智度、女『光嚴』出家，以申追福……」（《金石萃編》卷六十八）

又如：

> 《唐玢書經幢》：「……大唐大曆六年歲次辛亥十月癸丑朔十四日丙寅建……孫女（曹）『八八』。」（仝上，卷六十六）

又，

> 《馮善廓造浮圖銘》：「……孫女：金妃、要妃……『阿六』、『八兒』……」（仝上，卷六十二）

又如：

> 《李義豐造像記》：「……女『提兒』……妹『難兒』……李瓚妻『王呆兒』……」（仝上，卷五十八）

案，唐女子之名，好用「兒」字者，頗不乏其例，如：

> 《周村十八家造象塔記》：「……段文基妻張、男許弘、妻趙、孫知十、女『要兒』……周子政妻路……女『光兒』……周買體妻馬……女『匡兒』……」（《金石續編》卷五）

又如：

> 《唐故淮南支使試大理評事監察御史杜君墓誌銘》：「君諱顗，字勝之……一男曰麟師，一女曰『署兒』，始五歲……」（《全唐文》卷七五五）

又如：

> 《唐故清河郡張氏夫人墓誌銘》：「噫，夫人姓張氏……隟影難留，逝波不回。男一人『高姐』，電影未分，槿花已落；女二人，長曰『奴哥』，穠花未開，嚴霜暗墮；次曰『郭兒』，丱髮未總，繼我門嗣……」（《全唐文》卷八一九）

案，女則曰奴哥、郭兒；男則曰高姐，實不與慣例同。然「男人女名」，其例

猶夥，雖非本論文之討論重點，姑存其例耳。如：

> 《唐故左拾遺魯國孔府君墓誌銘》：「……公娶京兆韋氏，山東清甲
> 家也。有二子，男曰『鐵婢』，始十歲……」（《金石萃編》卷一一七）

又如：

> 《洞清觀鐘欵識》：「……爲亡昆『蔡妃』……」（全上，卷八十四）

又如：

> 《蜀州青城縣令達奚君神道碑》：「……有第二女，道光柔順，德
> 備幽閑，雖栽柳絮之篇，未獻椒花之頌，適太原郭氏，左衛府亭
> 別將長上『如玉』之妻，牆宇端嚴，風神爽邁……」（《全唐文》卷
> 一六五）

又如：

> 《唐故潁川陳氏墓記》：「陳氏諱蘭英……先有一女曰婆女，五歲不
> 育；今有一男曰『貂蟬』，年未成童……」（《唐文續拾》卷五）

又如：

> 《陳少公亡太夫人蔣氏墓誌銘》：「……有子二人：一男一女，女出
> 侍江家，男季端娶故徐州彭城縣尉劉氏第三女也。有孫四人：長孫
> 師貞、次孫宮十、李老、『金娘』等……」（《匋齋臧石記》卷三十二）

案，「男人女名，女人男名」之現象，由來舊矣（請參閱趙翼《陔餘叢考》卷
四十二）；金良年以爲此等現象，蓋源於「性逆轉心理」之反應，且舉魏晉六
朝社會風尚爲證，此固一理也。然余以爲國家正處於富裕之際，社會群眾之
心態，固難勉有脫軌、異常之事體，譬如今日臺灣之生活，不過一富裕之假
象耳，而人妖者有之、同性戀者有之，寧非「逸居而無教，則同於禽獸」之
驗證耶？

至若「女而男名」，則正可見出有唐國力強盛所致，亦使女子而有鬚眉義
烈之氣之表現也，此亦可自以下諸事得證。

《新》卷八十三《平陽昭公主傳》：「平陽昭公主，太穆皇后所生，下嫁
柴紹。初，高祖兵興，主居長安，紹曰：尊公將以兵清京師，我欲往，恐不
能偕，奈何？主曰：公行矣，我自爲計。紹詭道走并州，主奔鄠，發家貲，
招南山亡命……分定京師，號『娘子軍』……武德六年薨，葬加前後部羽葆
鼓吹、大路麾幢、虎賁甲卒、班劍；太常議：婦人葬，古無鼓吹。帝不從，
曰：鼓吹，軍樂也。往者主身執金鼓，參佐命，于古有邪？宜用之！」

又，

> 全書卷二○五《列女傳》：「衛孝女，絳州夏人，字無忌。父爲鄉人衛長則所殺，無忌甫六歲，無兄弟，母改嫁。逮長，志報父仇：會從父大延客，長則在坐。無忌祗以覽殺之，詣吏稱父冤已報，請就刑。巡察使褚遂良以聞，太宗免其罪，給驛從雍州，賜田宅，州縣以禮嫁之。」

又，

> 《虬髯客傳》：「……衛公李靖以布衣來謁（楊素），獻奇策……當公之騁辯也，一妓有殊色，執紅拂，立於前，獨目公。公既去，而執拂者臨軒指吏曰：問去者處士第幾？住何處。吏具以對，妓誦而去。公歸逆旅，其夜五更初，忽聞叩門而聲低者，公起問焉，乃紫衣戴帽人，杖揭一囊。公問誰？曰：妾，楊家之紅拂妓也……妾侍楊司空久，閱天下之人多矣，無如公者。絲蘿非獨生，願託喬木，故來奔耳……乃雄服乘馬，排闥而去。將歸太原，行次靈石旅舍，既設牀，爐中烹肉且熟；張氏以髮長委地，立牀前梳，公方刷馬。忽有一人，中形，赤髯而虬，乘蹇驢而來，投革囊於爐前，取枕敧臥，看張梳頭。公怒甚，未決，猶刷馬。張氏熟視其面，一手握髮，一手映身搖示公，令勿怒……」（《太平廣記》卷一九三）

於今讀之，兩間猶生風虎虎，則唐之女子好以男名，或可從而得知其心理由來歟？

碑誌中所見女子之命名，既如上述，則可歸納當時之女子之心態，曰：不讓鬚眉也。蓋男子以序次排行，彼亦如之；男子以信仰之教爲名，彼亦同之；男子之名固帶陽剛之氣，彼亦不遑多讓。名者自命也，可以觀一身，可以觀一家，可以觀一社會，亦可以觀一國家，信然。

第二章　婚姻之研究

第一節　婚　俗

　　婚姻固是「合二姓之好」之手段，實亦是社會人倫之肇端，故特爲學者、有司所重視，是以《詩》始《關雎》，《禮》重《昏義》也。近人陳顧遠氏，更於其《中國婚姻史》中爲之闡釋，曰：「按我國向之所謂婚禮，無論在婚義或婚儀方面，除有類於現代民事法者外，實即當時代社會意識之結晶，此與社會現象爲有關者。」（《序言》）是也。

　　學者於本時期（唐代）婚姻之諸般研究，可謂詳矣、盡矣；然本節之論述，特就碑誌所見，爲諸家之證明或補苴耳，初不能有若何之創見或貢獻也。請從以下諸端述之：

一、婚姻之年齡

　　近世人口過度膨漲，早婚固無法令之明文禁止，遲婚亦並世俗之進步觀代矣；實則何時爲「早」，何時爲「遲」，恐亦受時代環境所左右、干涉也。毋寧，則余以爲古禮所訂，或較合今所謂「優生學」者乎？《周禮》卷十四《地官・媒氏》：「媒氏掌萬民之判，凡男女自成名以上，皆書年月日名焉，令男三十而娶，女二十而嫁。凡娶，判妻、入子者皆書之。」案，妻爲夫之半，故曰：「判妻」；「入子」者，鄭康成云：「容媵姪娣不聘者」，賈公彥《疏》，引《春秋》經傳事實以釋之，曰：「成公九年、春、二月，伯姬歸于宋；夏，晉人來媵。是媵也。姪娣而書者，謂待年於父母者也。隱二年、冬，伯姬歸于紀；七年、春、三月，叔姬歸于紀。何休云：叔姬者，伯姬之媵也，至是

乃歸者，待年父四也。」至若何以男必三十而娶？女必二十而嫁？《疏》引
《尚書大傳》曰：「孔子曰：男三十而娶，女二十而嫁，通於織紝紡績之事，
黼黻文章之美；不若是，則上無以孝於舅姑，下無以事於夫養子。」又《禮
記》卷二十八《內則》云：「（男子）二十而冠，始學《禮》，可以衣裘帛，舞
《大夏》，惇行孝悌，博學不教，內而不出。三十而有室，始理男事，博學無
方，孫友視志……（女子）十有五年而笄，二十而嫁；有故，二十三年而嫁
（鄭康成注：『故，謂父母之喪。』）。」皆合於今日「優生學」之理念也，然
後世卒無一實行者，特世代環境不同有以致之也；他且不論，即以唐代而例
之，則太宗、玄宗之制，乃有不同。《唐會要》卷八十三，《嫁娶條》：「貞觀
元年（627 A.D.）二月四日，詔曰……其庶人男女無室家者，並仰州縣官人，
以禮聘娶，皆任其同類相求，不得抑取。男年二十，女年十五已上，及妻喪
達制之後，孀居服紀已除，並須申以婚媾，令其好合。若貧窶之徒，將迎匱
乏，仰於親近鄉里，富有之家，裒多益寡，使得資送。」此是從三十、二十
降而為二十、十五，頗有鼓勵婚媾之意在。至玄宗朝，其適婚年齡益降，全
書全卷云：「開元二十二年（734 A.D.）二月，勅：男年十五，女年十三以上，
聽婚嫁。諸州縣官人在任之日，不得共百姓部下交婚。」然則唐人之婚齡是
否即稟遵詔書之制耶？李樹桐氏《唐史研究·唐代婦女的婚姻》一文，即據
《兩書》、《通鑑》、《全唐文》等隨意取樣，做一統計，曰：「據此表（案，李
氏取二十五則以為統計表，此處省略不贅）看出來出嫁最早的十一歲，最遲
的二十四歲。人數最多的是十四歲、十五歲的，各為五人，各佔百分之二十，
合佔百分之四十。其次多的是十七歲……再其次為十八歲……十三歲以下，
十九歲以上的則佔少數了。值得注意的是：表中十九歲、二十一歲、二十四
歲的雖各一人，但都有特殊原因。」是知唐人婚齡，多在十四、五歲之間也。
以余所見碑誌資料證之，信然！試引其例以證，如：

　　《唐故河南府司錄盧夫人崔氏誌銘》：「……夫人諱績，號尊德性，
　　博陵安平人也……年十有一，歸于范陽盧公……」（《金石萃編》卷
　　一〇六）

又如：

　　《唐路基妻河東解氏墓誌銘》：「夫人諱□□，河東聞喜人……十三
　　之歲，齊醮路門……」（《毛本》卷二七五）

又如：

《隋滄州饒安縣令侯君妻劉夫人墓誌銘》：「夫人姓劉，魏郡安陽人也……年十四嫡於侯氏……」（全上，卷七十三）

《梁太子洗馬祕書丞仁化侯隋博州深澤縣令蕭公夫人袁氏墓誌銘》：「夫人諱客仁，字令姿，陳郡陽夏縣人也……夫人年十有四，禮備外成，移天有屬，言歸于蕭氏……」（全上，卷三九九）

《故張君夫人秦氏之銘》：「夫人諱詳兒，字尼子，懷州妵山人也……十五之年，言歸君子……」（全上，卷六十四）

《魏府君夫人雷氏墓誌銘》：「夫人姓雷，同州白水人也……年十五適于鉅鹿魏氏……」（全上，卷六十六）

《□□趙夫人墓誌銘》：「夫人諱摩，隴西人也……年十五，姻于韓氏……」（全上，卷二四二）

《唐故劉夫人墓誌銘》：「夫人姓劉，諱妙姜，并州晉陽縣人也……年十六，從祖在任，即於洛州姻媾楊氏……」（全上，卷二八四）

《唐故李府君夫人安平鄉君呂氏墓誌》：「夫人諱葦，其先東海人也……年登二八，適于隴西李氏……」（全上，卷二九九）

《隋燕王府錄事段夫人之誌銘》：「夫人姓段，隴西武威人也……年十七，適於高平竺氏……」（全上，卷一六一）

《大唐故徐氏路夫人墓誌銘》：「夫人路氏，洛州河南人也……年甫十八，出適於同縣徐氏……」（全上，卷三八七）

《大唐故臨清縣令琅邪王君妻李氏墓誌銘》：「夫人諱，字總持，高平人，姓徐氏……年十八，歸于琅邪王氏……」（全上，卷三三七）

《大唐□□陳公故夫人劉氏墓誌之銘》：「夫人諱□，字孃孃，徐州彭城人也……二九早筓，娉歸陳氏……」（全上，卷五十四）

《大唐朝散大夫行晉安縣令蕭府君故夫人柳氏墓誌銘》：「夫人諱□，字□，河東解縣人也……年十有九，言歸蕭氏……」（全上，卷四〇一）

《大唐吏部將仕郎范陽盧府君妻馮氏墓誌銘》：「夫人姓馮氏，長樂

信都人也……春秋二十，歸於盧族……」（仝上，卷八十一）

《大唐洛州陸渾縣處士張兄仁故夫人成公氏墓誌銘》：「夫人諱義，字提，東郡白馬人也……年二十有一，娉於張氏……」（仝上，卷六一七）

以上十六則，得自《毛本》者凡十五則，其中十四、十六、十八歲者各二則，十五歲者三則，以是計之，其結婚年齡當以此階段者不誤也。余又從二千餘片碑誌中，擷取明載結婚、死亡年齡，如上引各則之型式者，凡五百十六片，統計其結婚年齡（案，若該片僅有死亡年齡之記錄者，則不在五百十六片之總數中；反之，若僅有結婚年齡之記錄者，亦不在五百十六片之總數中。故兩者之和，或各個之和，乃不能與五百十六片之總數合，然無礙其正確度也）。之情況，略爲：

十、十一、二十一歲者，各一人。

十三歲者，二人。

十七、十八、二十歲者，各三人。

十九歲者，四人。

十四歲者，十人。

十六歲者，十四人。

十五歲者，五十二人。

以上九十四人，十五歲結婚者，占二分之一強，十四、十六歲則各占一成有奇，是知唐女子之適婚年齡，一般觀念，咸以十五歲爲準也。其有逾此歲數者，可謂變例者也，且不多覯焉。如義陽、宣城二公主之四十歲而不嫁，是以待罪之身囚掖庭者也；或以山東士族，禁婚之家，寧可女老不嫁；或以貧寒，無以爲嫁。凡此特例，不在此限也。

死亡年齡之統計，亦頗值一述；然與本小節所論無涉，故此不贅，請參閱後文。

二、門第觀念

此等觀念之形成，論者皆謂始俑於六朝，前此則無有，觀趙甌北《二十二史箚記・漢初妃后多出微賤條》，可概其餘：「高祖薄姬，先在魏豹宮；漢擊虜豹，姬入織室，高祖納之，歲餘不得幸。先是姬與管夫人趙子兒相約，先貴者毋相忘，已而二人先幸，相與笑姬初約時。高祖問之，以實對，高祖

憐之，乃召幸，遂生男，後爲文帝，尊薄姬爲皇太后。武帝母王太后，先嫁爲金王孫婦，后母臧兒卜此女當大貴，乃從金氏奪歸；景帝時，爲太子后母，以后納太子宮，生男，景帝即位，立爲太子，遂立王夫人爲后；太子即位，是爲武帝，尊王后爲皇太后。武帝衛皇后，本平陽主家謳者名子夫；帝過主家，悅之，遂進入宮，後生男據，乃立子夫爲皇后，據爲皇太子。兩太后一皇后，皆出身微賤，且多有其夫者。其後成帝時，趙飛燕亦由陽阿主家謳者得幸，立爲皇后，其妹亦進爲昭儀。」（卷三）余案，此風氣唐帝室未嘗不如是，此所以女之爲「禍」歟？

至於魏晉六朝，乃有「高門士女」之風，前引全書卷十五：「《北齊書》：郭瓊以罪死，其子婦范陽盧道虔女也，沒官；齊神武以賜陳元康爲妻，元康地微，時人以爲殊賞（《元康傳》）。孫搴爲神武所寵，賜妻韋氏，既士人女，兼有色貌，時人榮之（《搴傳》）。魏太常劉芳女，中書郎崔肇師女，其夫家皆坐事，齊文宣並以賜魏收爲妻，人比之賈充置左右夫人（《收傳》）。此風煽至於唐，更形熾烈，至有帝王下詔禁止，而修姓譜者，貞觀十二年（638 A.D.）「吏部尚書高士廉、黃門侍郎韋挺、禮部侍郎令狐德棻、中書侍郎岑文本撰《氏族志》成，上。先是，山東人士崔、盧、李、鄭諸族，好自矜地望，雖累葉陵夷，苟他族欲與爲婚姻，必多責財幣，或捨其鄉里而妄稱名族，或兄弟齊列而更以妻族相陵。上惡之，命士廉等徧責天下譜諜，質諸史籍，考其眞僞，辯其昭穆，第其甲乙，褒進忠賢，貶退姦逆，分爲九等。以皇族爲首，外戚次之，凡二百九十三姓，千六百五十一家，頒於天下。」（《通鑑》卷一九五）然此等風氣，馴至根深蒂固，豈一、二道詔制所能廢者哉？高宗顯慶四年（659 A.D.）：「初，太宗疾山東士人自矜門地，婚姻多責資財，命修《氏族志》例降一等；王妃、主婿皆取勳臣家，不議山東之族。而魏徵、房玄齡、李勣家皆盛與爲婚，常左右之，由是不減舊望；或一姓之中，更分某房某眷，高下懸隔。李義府爲其子求婚不獲，恨之，故以先帝之旨，勸上矯其弊。壬戌，詔後魏隴西李寶、太原王瓊、榮陽鄭溫、范陽盧子遷、盧渾、盧輔、清河崔宗伯、崔元孫、前燕博陵崔懿、晉趙郡李楷等子孫，不得自爲婚姻。」（全書卷二〇〇）禁不得爲婚姻，而風氣非特不能熄，更有煽之之勢，全書全卷又云：「然族望爲時所尙，終不能禁。或載女竊送夫家，或女老不嫁，終不與異姓爲婚。其衰宗落譜，昭魏所不齒者，往往及自稱禁婚家，益增厚價。」此等現象表現於碑誌者，乃益顯然，蓋必敘其三代先祖、郡望以增光也。后妃、

命婦固無論矣，即一般列女，亦莫不然，姑舉數則以例之：

　　《大唐朝散大夫行晉安縣令蕭府君故夫人柳氏墓誌銘》：「夫人諱
　　□，字□，河東解人也。自公孫得姓，傳遠構於西周；柳下垂仁，
　　播奇聲於東魯。亦有平陽作守，見重於當時；驃騎論功，流芳於來
　　葉。國華人傑，史冊詳焉。迺祖悷，梁尚書右僕射、安南將軍、相
　　州刺史，贈撫軍將軍，曲江縣穆公，雅道光朝，清風振俗……父尚
　　眞，司門員外郎、殿中丞、洛陽縣令……自致青雲，家聲不墜。」
　　（《毛本》四〇一）

　　《唐故濟陽蔡府君夫人清河張氏墓誌銘》：「夫人清河張氏，即燕公
　　之裔也。洎乎枝葉分散，葩蕊流芳，歷代多高名達官喧于聖朝，夫
　　人即其一枝也。曾祖昭、皇祖虞、皇考贄，皆著述篇史，高臥雲泉，
　　厭爵位以羈身，狎鷗群而逸志。」（《江蘇金石志》卷六）

　　《唐朝議郎行鳳州司倉參軍上柱國司馬君夫人新安孫氏墓誌銘》：
　　「夫人字堅靜，建業人也。曾王父瑜，睦司馬，即吳之洪胤矣。祖
　　從朗，錄事；父愿，皇尉……」（《八瓊室金石補正》卷七十）

　　《唐故潁川陳夫人墓誌銘》：「夫人潁川郡人也，其源流枝裔，系在
　　譜諜，故得而略焉。曾祖遠，皇在千牛衛長史、祖琚……」（《吳中
　　冢墓遺文》）

　　《唐故盧氏夫人墓誌銘》：「誌所以紀年月也，銘所以讚德行也。故
　　請述作者，若不以文葉光稱，則以能文彰美……夫人滎陽鄭氏，其
　　先周之分姓……十二代祖暉事魏，爲汝陰太守……」（《匋齋臧石記》
　　卷三十三）案，此片有舛誤，前人已辨之矣；本文所以採錄者，以
　　其言「十二代祖」云云，見撰碑誌者與乎時人於門第之心態也。

　　唐朝請大夫試絳州長史上柱國趙郡李君故夫人京兆《杜氏墓誌銘》：「夫
人諱瓊，字瓊，本京兆杜陵人，後因家邢州，遂爲邢之堯山人焉。曾祖知愼，
皇將仕郎守冀州南宮縣尉，祖昌運……」（《古刻叢鈔》）此片因誌主家邢州，
恐人不知其郡望，爰特表而明之，其心理益可見也。

三、公主、郡縣主多驕矜

　　士人重門第之觀念固不是，然致此之由，實因王室不守禮法，余已於

《公主后妃章》析之矣；而彼公主、郡縣主之驕矜於夫家，亦爲時人所忌憚。如：《新》卷八十三《公主傳》：「合浦公主始封高陽，下降房玄齡子遺愛。主，帝所愛，故禮異它婿；主負所愛而驕。房遺直以嫡當拜銀青光祿大夫，讓弟遺愛，帝不許。玄齡卒，主導遺愛異貲，既而及譖之，遺直自言，帝痛讓主，乃免。自是稍疏外，主怏怏，會御史劾盜，得浮屠辯機金寶神枕，自言主所賜……至是浮屠殊死，殺奴婢十餘。主益望，帝崩，無哀容。」合浦，太宗第十八女即若是矣，他則可知。又如中宗第二女：「宜城公主始封義安郡主，下嫁裴巽。巽有嬖妹，主恚，刵耳劓鼻，且斷巽髮；帝怒，斥爲縣主。」又如宣宗第二女：「初，（于）琮尚永福公主。主與帝食，怒折匕筯，帝曰：此可爲士人妻乎？更許琮尚主（案，即廣德公主也）。」故識者多不欲尚主焉，《新》卷一一九《白敏中傳》：「初，帝愛萬壽公主，欲下嫁士人，時鄭顥擢進士第，有閥閱，敏中以充選。顥與盧氏婚，將授室而罷，銜之。」案，此事唐裴庭裕《東觀奏記》言之更晰：「萬壽公主，上愛女，鍾愛獨異，將下嫁，命擇郎婿。鄭顥相門子，首科及第，聲名籍甚，婚盧氏。宰臣白敏中奏選上，顥銜之。上未嘗言，大中五年（851 A.D.），敏中免相，爲邠寧都統，行有日，奏上曰：……顥不樂國昏，銜臣入骨……」宣宗何嘗不知？故賜敏中以鄭顥之謗書，曰：「朕知此事久，卿何言之晚耶？」《幽閑鼓吹錄》亦載其事，云：「駙馬鄭尚書顥之弟顗，嘗得危疾，上使訊之。使迴，上問（萬壽）公主視疾否？曰：無。何在？曰：在慈恩寺看戲場。上大怒，且嘆曰：我怪士大夫不欲與我爲親，良有以也。」不欲尚主，除公主驕矜外，且多淫亂，合浦公主即一著例：「初，浮屠廬，主之封地。會主與遺愛獵，見而悅之（案，指浮屠辯機），具帳其廬，與之亂，更以二女子從遺愛，私餉億計……又浮屠智勖迎占禍福，惠弘能視鬼，道士李晃高醫，皆私侍主……」肅宗女郜國公主亦如是：「郜國公主始封延光，下嫁裴徽，又嫁蕭升。升卒，主與彭州司馬李萬亂，而蜀州別駕蕭鼎、澧陽令韋愔、太子詹事李昪，皆私侍主……」等是也。

　　然公主之中，未嘗無良善守禮者，如高祖平陽昭公主、常樂公主、太宗晉陽公主、肅宗和政公主等是也。余於碑誌中亦得其二例：杜牧撰《唐故岐陽公主墓誌銘》：「……主以一女之愛，降于杜氏，逮事舅姑；杜氏大族，其他宜爲婦禮者，不翅數十人。主卑委怡順，奉上撫下，終日惕惕，屛息拜起，一同家人。禮度二十餘年，人未嘗以絲髮間指爲貴驕……尚書讀書，考今古

治亂；主職婦事，承奉夫族，時歲獻饋，吉凶賻助，必親自經手。池塞館陊，闢毬場種樹，不數十年，縉紳間雜然稱尚書有賢婦。」（《全唐文》卷七五六）又呂溫《大唐故紀國大長公主墓誌銘》記其賢德云：「公主輔佐君子，周旋禮經，盡志以奉舅姑，降心以諧姻族。夙興夜寐，能服澣濯之衣，殷祭大賓必躬蘊藻之事。」

四、再醮問題

帝室之女再醮，本不是問題，蓋彼不以為非也。余於《后妃公主章》之論列，未及本問題，蓋欲見之此也。李樹桐氏據《新》卷八十三《公主傳》作《唐代公主改嫁事蹟表》云：

高祖女

　高密公主：下嫁長孫孝政，又嫁段綸。

　長廣公主：下嫁趙慈景，更嫁楊師道。

　房陵公主：下嫁竇奉節，又嫁賀蘭僧伽。

　安定公主：下嫁溫挺，又嫁鄭敬玄。

太宗女

　襄城公主：下嫁蕭銳，銳卒，更嫁姜簡。

　南平公主：下嫁王敬直，以累斥嶺南，更嫁劉玄意。

　遂安公主：下嫁竇逵，逵死，又嫁王大禮。

　晉安公主：下嫁韋思安，又嫁楊仁輅。

　城陽公主：下嫁杜荷，又嫁薛瓘。

　新城公主：下嫁長孫詮，更嫁韋正矩。

高宗女

　太平公主：初嫁薛紹，紹死，更嫁武承嗣，會承嗣少疾，罷婚，后殺武攸暨妻以配主（可謂三嫁）。

中宗女

　安定公主：下嫁王同皎，又嫁韋濯，三嫁崔銑。（三嫁）

　長寧公主：下嫁楊慎交，開元十六年（728 A.D.），慎交死，主更嫁蘇彥伯。

　安樂公主：下嫁武崇訓，又嫁武延秀。

睿宗女

　　涼國公主：下嫁薛伯陽，後嫁溫義。（《會要》）

　　薛國公主：下嫁王守一，更嫁裴巽。（《新傳》）

　　郜國公主：下嫁薛敬，又嫁鄭孝義。

玄宗女

　　常山公主：下嫁薛譚，又嫁竇澤。

　　平昌公主：下嫁溫西華，又嫁楊徽。

　　興信公主：下嫁張垍，又嫁裴潁，三嫁楊敷（三嫁）。

　　咸直公主：下嫁楊洄，又嫁崔嵩。

　　廣寧公主：下嫁程昌胤（案，或作「裔」），又嫁蘇克貞。

　　萬春公主：下嫁楊朏，又嫁楊錡。

　　新平公主：下嫁裴玲，又嫁姜慶初。

　　建平公主：下嫁豆盧建，又嫁楊說。

　　眞陽公主：下嫁源清，又嫁蘇震。

肅宗女

　　蕭國公主：下嫁鄭巽，又嫁薛康衡；乾元元年（758），降回紇英
　　　　　　　武威遠可汗。

　　延光公主：下嫁裴徽，又嫁蕭升。

　　據上表，唐代公主改嫁的共計二十八人，內三嫁的四人。

　　觀此，可見帝室諸女再醮之普遍，亦證彼之不以爲非也。太宗《詔書》已明示之矣，其言曰：「妻喪達制之後，孀居服紀已除，並須申以婚媾，令其好合。」則烏有「從一而終」之貞節理念在耶？原太宗之意，蓋以爲初唐之時，際亂離之後，人口不足三百萬，生產力大受影響，乃鼓勵百姓生育，以足國力，故其言曰：「刺史縣令以下官人，若能婚姻及時，鰥寡數少，量准戶口增多。」然此詔令猶如曹操之《求賢詔》也，風氣一煽，遂不能禁焉。《新》卷八十三，宣宗《萬壽公主傳》：「公主下嫁鄭顥。主，帝所愛。前此下詔：先王制禮，貴賤共之，萬壽公主奉舅姑，宜從士人法……帝遂詔：夫婦教化之端，其公主、縣主有子而寡，不得復嫁。」此詔可注意者二：一、「有子而寡，不得復嫁」，則寡而無子，當不在此限也。二、必是「有子而寡」而復嫁者夥，因有是詔。綜上二點，則其時之「貞節」理念，可以知之矣。

　　雖然，此殆王室（或曰少數士人）之風尚耳；庶人多不如是也，蓋以余所見再醮之事，除以下之碑誌外，幾不多覯焉。如：

> 《大唐故趙氏夫人墓誌銘》：「夫人姓趙……笄年十五，執事箕帚，而適于楊氏之門。如鳳之飛，雙鳴相應，周旋二十餘載，而楊君寢疾，去元和六年十一月，終于京兆府長安縣……夫人尋患腰腳，行李不逮，雖坐禦家事，猶慈和六親。春秋屢徂，容鬢衰改，且貧無以爲節，禮徇時宜，鰥寡多猜，迫以從事，方再行于吳郡顧氏……」
> （《唐文續拾》卷五）此是因貧而再醮也。

　　而矢志不改嫁者，其碑誌幾隨處可見焉，如：《唐故洛州河南縣崇政鄉君齊夫人墓誌銘》云：「夫人齊氏，東海人也……逮乎初笄，言歸張氏，母儀必達，朝事無違。而張氏早亡，誓心自守……」（《毛本》一〇一）又，《隋滄州饒安縣令侯君妻劉夫人墓誌銘》云：「夫人姓劉，魏郡安陽人也……年十四適於侯氏……忽喪天從，守節孀居，強逾數紀，等恭姬之志，同杞婦之心，親戚訝乎清貞，鄉黨嗟乎皎潔。」（全書七十三）又，《大唐故上護軍趙君夫人劉氏墓誌銘》云：「夫人諱寶，字令金，彭城人也……笄于趙氏，尋執箕帚。不謂匣唯一劍，奄喪所天，鸞乃孤飛，成哀恭室，自悲不貳，二紀於茲，撫育孩童，冰清玉潔。」（全書五五六）又，《唐故王夫人誌銘》云：「夫人姓王，太原人也……既乏慈訓，早適宋氏之門……乃爲銘曰：夫人稟質，比德坤儀。禮行君子，一醮不移。」（全書三四五）等等皆是也。甚而有欲助其改嫁而不肯者，如范傳正《贈左拾遺翰林學士李公新墓碑》，謂范氏訪得詩人李白之二女孫已嫁農夫，而生活艱辛，范氏乃欲爲之改適：「因告二女，將改適於士族。皆曰：夫妻之道，命也，亦分也。在孤窮既失身於下俚，仗威力乃求援於他門，生縱偷安，死何面目見大父於地下？欲敗其類，所不忍聞。」（《全唐文》卷六一四）此視帝室諸姬，爲何如哉？是知再醮之事，特貴族子女之風尚耳，民間猶篤守舊禮教也。

五、唐人初不以爲人「繼室」爲恥

　　毋論社會學者認爲我國婚姻制度、禮儀爲若何？然我爲「一夫一妻」制之婚姻原則，乃不容置疑。故《禮記・昏義》曰：「天子之與后，猶日之與月，陰之與陽，相須而后成者也。」是以「天子聽男教，后聽女順；天子理陽道，后治陰德；天子聽外治，后聽內職。教順成俗，外內和順，國家治理，此謂

盛德。」此等思想，依然從「天人合一」之理念來，《禮記・祭義》云：「祭日於東，祭月於西，以別內外，以端其位。」全書《禮器》亦云：「大明生於東，月生於西，此陰陽之分，夫婦之位也。」故凡違逆此自然之法則者，則變亂生，災異來矣。《周易・革卦・象辭》曰：「革，水火相息，二女同居，其志不相得。」《疏》云：「一男一女乃相感應，二女雖復同居，其志終不相得，則變必生矣，所以爲革。」因此，乃有「並后、匹嫡、兩政、耦國，亂之本也。」（《左傳》《桓公十八年》）之共識焉，更且由之而立爲法制者也。如《唐律疏議》卷十三《戶婚》謂：「諸有妻更娶者，徒一年；女家，減一等。若欺妄而娶者，徒一年半；女家不坐。各離之。」《議》曰：「依《禮》，日見於甲，月見於庚，象夫婦之義。一與之齊，中饋斯重。故有妻而更娶者，合徒一年。問曰：有婦而更娶婦，後娶者雖得離異；未離之間，其夫內外親戚相犯，得同妻法以否？答曰：一夫一婦，不刊之制。有妻更娶，本不成妻。詳求理法，止同凡人之坐。」

　　然則人既本乎自然，該當效法自然，則月亮固止一輪矣，而星宿無數，故《詩》之首章乃美后妃之德：「《關雎》，樂得淑女以配君子，愛在進賢，不淫其色。哀窈窕，思賢才，而無傷善之心焉。」《召南》更有《小星》之作：「嘒彼小星，三五在東。肅肅宵征，夙夜在公，寔命不同。嘒彼小星，維參與昴。肅肅宵征，抱衾與裯，寔命不猶。」朱子《詩經集傳》釋之曰：「南國夫人承后妃之化，能不妒忌以惠其下，故其眾妾美之如此……以得御於君爲夫人之惠，而不敢致怨於往來之勤也。」以其得御於君，乃夫人之惠，故不能無「寔命不同」、「寔命不猶」之嘆；雖然，妻之地位，依舊無可逾越，徒能嘆怨而已也。是以春秋之世，「以妾爲妻」，乃列爲罪而伐之，《孟子・告子下》：「孟子曰：五霸者，三王之罪人也；今之諸侯，五霸之罪人也……五霸，桓公爲盛。葵丘之會，諸侯束牲載書而不歃血。初命曰誅不孝，無易樹子，無以妾爲妻。」是也。故陳顧遠氏《中國婚姻史》乃曰：「中國禮制上之一夫一妻制，有時更指終身不能有二嫡而言，正與古代西俗每人祇可終世爲一次之婚娶相同。如周代，諸侯雖一娶九女，但依禮不再娶，於法無二嫡，媵祇能於嫡死後而攝其事，無論如何不得體君。後世，爲例稍寬，妻死，再娶一妻固係通常之舉，即扶妾於正位亦多有之。然稱『繼室』以『填房』或『接腳夫人』，與『元配』之地位仍覺有遜。」（第二章《婚姻人數》葉五十）

　　「繼室」之地位若是；然以余所見唐人碑誌，乃迥異於此者也。如：裴

行儉繼室庫狄氏，《全唐文》卷二二八張說撰《贈太尉裴公神道碑》：「……公元夫人河南陸氏，兵部侍郎爽之女也。陸氏卒，繼室以華陽夫人庫狄氏（案，「庫」不做「庫」，說詳《婚姻考》），有妊姒之德，班左之才。聖后臨朝，召入宮闕，拜爲御正。」馮昭泰繼室劉氏，全書二二九卷張說撰《故括州刺史贈工部尚書馮公神道碑》：「夫人瑯琊君，左相邢公（王）及善之女，垂拱二年、三十六而夭。後夫人彭城君，鴻臚卿（劉）善因之孫女，景龍三年五十有五而逝。所謂姜齊昭前，邦媛輝後；碧樹先落，悲同孫楚之妻；紅蘭漸苞，貴在馮勤之母。」戴叔倫繼室崔氏，全書卷五○二權德輿撰《朝散大夫使持節都督容州諸軍事守容州刺史兼侍御史充本管經略招討制置等使譙縣開國男賜紫金魚袋戴公墓誌銘》：「……公諱叔倫，字幼公，本譙國人……初公娶京兆韋氏，永州刺史采之女。繼室以博陵崔氏，殿中侍御史殷之女。皆淑明柔嘉……」韋丹繼室蕭氏，全書卷五六六韓愈撰《江西觀察使韋公墓誌銘》：「娶清河崔氏，故支江令諷之女……後夫人蘭陵蕭氏，中書令華之孫、殿中侍御史恒之女。皆先公而終……」等皆是；不特此也，更有爲第三繼室而無以爲忤者，如：李道古三娶，全書卷五六三韓愈撰《昭武校尉守左金吾衛將軍李公墓誌銘》：「公諱道古……公三娶：元配韋氏，諱修……夫人，隋雍州牧郹公叔裕五世孫，父士佺，蓬山令。次配崔氏，諱藥……夫人父昭，嘗爲京兆尹。今夫人韋氏，無子，父光憲，光祿卿……」又如郭思謨亦三娶，《金石萃編》卷七十三孫翌撰《大唐故蘇州常熟縣令孝子太原郭府君墓誌銘》：「公諱思謨，太原平陽人……公娶於彭城劉氏，無子而卒。再娶河南元氏，有二女，亦先朝露矣。琴瑟不可以終徹，享祀不可以無繼，又婚清河張氏，故江州刺史嘉言之孫，奉禮郎愼思之女。作配君子，休有列光……」夷考此輩爲人繼室者，若庫狄氏、彭城劉氏、博陵崔氏、蘭陵蕭氏、京兆韋氏、清河張氏等，皆郡望清貴之姓氏，而其家勢，如鴻臚卿、殿中侍御史、京兆尹、光祿卿、刺史、奉禮郎等，皆所謂華胄世家也，而其女或孫女，不以爲人「繼室」爲遜，則唐人此等理念，可以知焉。關於此景況，猶可以從以下二事實見之：一者繼室能恩養前妻之子也。如《金石萃編》卷一一三《唐處士包公夫人墓誌銘》云：

「夫人姓張，其清河人也。皇父諱隣。夫人生有妍姿，長終言行。包君前娶義陽朱夫人而生四子，不幸朱夫人中年下世。及終喪，親迎□夫人爲繼室。敬愛均乎長幼，周旋廣備親疎，撫育前男，恩通

己子……」又如《全唐文》卷二三二張說撰《右豹韜衛大將軍贈益
州大都督汝陽公獨孤公燕郡夫人李氏墓誌銘》:「初,汝陽公夫人元
氏,生一男四女而卒。繼室以夫人,封諸燕郡王。元生立,及長孫、
楊氏二女,秉蚤斯宜爾之德,著《鳲鳩》均養之仁,色無偏和,心
無私厚……」

　　一者自國君以至於家人子女,其於繼室,皆能同於元配之尊重、孝養也。
如上文:

「神龍元年十二月二十二日、(李氏)寢疾,終于洛陽之德懋里,春
秋若干。國墜邦媛,宗傾母儀,孤允孝孫,哀哀樂棘。有詔旨曰:
獨孤某妻亡,還京日,宜給靈輿并遞,悼舊襃德,矜孤恤喪,朝之
大經。」又如前引《唐處士包公夫人墓誌銘》亦云:「嗚呼!夫人行
年六十有六,以會昌三年十月九日,奄終錢唐縣方興鄉之私第。包
君以再傷齊體,追悼何心?盡禮居喪,卜時將葬。前男女哀慕(?)
無容……」

其他諸例證,具見於前引諸碑誌之中,不繁悉引也。雖然,唐人娶繼室,非
以前妻無子而然也;其藉辭乃曰:「琴瑟不可以終徹,享祀不可以無繼」而已
也。

六、合祔之事實

　　祔,《說文》一上《示部》:「祔,後死者合食於先祖。從示,付聲。」即
後死者祔食於廟,不祔葬於墓也;然《禮記‧檀弓上》:「舜葬於蒼梧之野,
蓋三妃未之從也。季武子曰:周公蓋祔。」意謂舜征有苗而死,三妃未及從
葬;季武子謂不從葬者,古無從葬之禮也,蓋合祔從葬之禮起於周公。故康
成注云:「祔謂合葬,合葬自周公以來。」(卷七)全書全篇卷六曰:「季武子
成寢,杜氏之葬在西階之下,請合葬焉。許之,入宮而不敢哭。武子曰:合
葬非古也,自周公以來,未之有改也。吾許其大,而不許其細,何居命之哭?」
故「孔子少孤,不知其墓,殯於五父之衢;人之見之者,皆以為葬也。其慎
也,蓋殯也。問於郰曼父之母,然後得合葬於防。」是知父母、夫婦之合葬,
蓋古禮也。古禮,自周公始;趙翼《二十二史箚記》駁之曰:「古不墓祭,惟
以立主於廟為重。蓋魂氣歸於天,體魄歸於地;招魂而葬,是欲以歸天之魂,
使之入地,理難強通。即葬衣冠而必先招魂於衣冠,然後葬之,是仍欲使魂

入地也；既莫知瘞所，似不必復設祔葬之虛禮，但奉主祔廟可耳。」譬如晉東海王越歿於項，其喪柩爲石勒所焚；後其妃裴氏歸於元帝，乃欲招魂而葬，博士傅純以爲不可，曰：「聖人制禮，設冢槨以藏形，事之以凶；主廟祧以安神，事之以吉。送形而往，迎精而返，此墓廟之大分，形神之異制也。室廟、寢廟祭處非一，所以廣求神之道，而不獨祭於墓，非神之所處也。」（以上所引，具見前書）故穆宗之妃韋氏，即不祔葬：「穆宗久葬，其妃韋氏生武宗，亦已久亡；武宗立，欲以母祔葬于穆宗之光陵。宰臣奏：神道安靜，光陵葬已二十年，不可更穿；太后所葬之福陵，亦崇築已久，不宜徙，請但奉主祔廟。穆宗從之。」（引同全）細審其意，蓋以墓葬日久，不宜擾神，故不合祔也。故唐人乃以合祔爲正例，不合祔爲變例。余歸納其所以不合祔之理由，略有以下諸端：

（一）因娶二妻，乃有一妻或二妻皆不合祔也

此例實不多覯，蓋唐人不以繼室爲意（此現象已析於前項矣），則何有於不合祔哉？譬如以下諸例，雖二妻、三妻，亦皆合祔焉。

> 張說撰《元城府左果毅贈郎將葛公碑》：「公諱咸德，字某，曰葛氏，京兆涇陽人也……開元九年二月九日，葬我郎將，君前夫人王氏、後夫人郭氏祔焉，禮也。」（《全唐文》卷二二七）

又如：

> 常袞撰《贊善大夫李君墓誌銘》：「……夫人滎陽鄭氏，明粹柔閑，配於君子，孝感於冬鯉，勤彰於夜螢。先公而終，其引蓋殯，有子二人……繼夫人滎陽縣鄭氏，輔佐之道，宜其家人，均養之德，愛猶己出，有男曰慶……以大歷三年五月日、葬我濟陰守於偃師縣東姑藏公之塋次，蓋二夫人祔焉……」（仝上，卷四二〇）

再如：

> 權德輿撰《唐故正議大夫衛尉少卿聞喜縣開國伯賜紫金魚袋裴君墓誌銘》：「君諱會，字某，河南聞喜人……再娶皆博陵崔氏，前夫人新繁令平之女，繼夫人大理評事陽元之女。咸有婦順，不幸早夭……以十月某日，返葬於東周萬安山之南原，二夫人祔焉……」（仝上，卷五〇六）

更如：

> 白居易撰《唐故溧水縣令太原白府君墓誌銘》：「公諱季康，字某，

太原人……前夫人河東薛氏，先公若干年而歿，生二子一女……後
夫人高陽敬氏……生一子二女，女皆早夭，子曰敏中，進士出身……
夫人以太和七年正月某日，寢疾，終於下邽別墅，享年若干。明年
某月某日，啓溧水縣府君、薛夫人宅兆而合祔焉，禮也。」（全上，
卷六八○）以下三娶而皆合祔例，如：《大唐故陪戎校尉崔府君墓誌
銘》：「君諱相，清河人也……以開元十年二月二十一日、終於私第，
春秋六十有八。夫人丁氏、蘇氏、李氏並母儀婉順，婦德惠和……
越開元十年三月八日，合祔於村西北二里平原，禮也。」（全上，卷
九九五）

以是覘之，知合祔者正例也；不合祔者，例之變也，此必有其原因焉，
如：

韓愈撰《河東節度觀察使滎陽鄭公神道碑文》：「……始娶范陽盧氏
女，生仁本、仁約、仁載……後娶趙郡李氏，生三女……遺命二夫
人各別爲墓，不合葬。」（《全唐文》卷五六二）

此是因「遺命」而不合葬，然則因何而有此「遺命」？不得知矣，豈韓
愈《銘文》所謂「若鄭公者，勤一生以得其位，而曾不得須臾有焉」，故心有
所慊，如齊人之有一妻一妾者歟？

遺言不合葬者，其例猶有：

張說撰《鄧國夫人墓銘》：「……恭惟夫人，宿精智刃；昭昭開士，
授之心印。古無合葬，遺言別墳；欒欒孝子，敢廢前聞？」（全上，
卷二三二）遵古禮而不合祔者，或爲藉辭，蓋周公已訂之，孔子已
行之矣：然藉之不合祔者，頗不乏人，再如：全上《節愍太子妃楊
氏墓誌》：「開元十有七年、二月癸未，中宗節愍太子妃楊氏薨於京
師太平里第之內寢，越五日景申，詔葬於新豐之細柳原。黃陵不從，
古之道也。」（全上）

更如：

全上《贈太尉裴公神道碑》：「開元五年四月二日，歸眞京邑，其年
八月，遷窆於終南山鳲鳴堆信行禪師靈塔之後。古不合葬，魂無不
之，成遺志也。」（全上，卷二二八）

類此之虔信，致遺言不與夫合祔者，猶得二例焉：一者杜昱撰《有唐薛
氏故夫人實信優婆夷未曾有功德塔銘》云：「優婆夷諱未曾有，俗姓盧氏，范

陽人……鳴環珮而有行，展如克家，實佐君子，尸季蘭之饋，賦採蘋之什，內睦伯姊，外和六姻，婦功嫻於昌族，芬譽騰於眾口……開元二十六年正月己卯，右脇而臥，告終於城南別業，春秋二十有二。是月景申，遷神於闕塞之西崗，禮也……先是未疾之辰，密有遺囑，令卜宅之所，要近吾師，曠然遠望，以慰平昔。後之慈悼兼極，不敢加焉……」（《唐文拾遺》卷十九）一者，薛良撰《唐故尚舍直長薛府君夫人裴氏墓誌銘》云：「夫人裴氏，河東聞喜人……義以奉外，執誼歸於我家。其初迓也，□璨珠玉以和禮容；其為婦也，諧琴瑟而偶君子……直長府君云亡，竟不聽絃管……聿脩三善，騰心入解，金仙聖道，味之及真；外身等物，不競以禮。放迹還俗，謂為全生，凝神寂寞，塊然而往。春秋五十有九，以開元十三年五月二十三日、考終於通利之里……以明年景寅二月二十三日、葬於河南龍門山菩提寺之後崗，明去塵也。先是遺付，不許從直長之塋，以其受誡律也……」（仝上）信教之虔誠，而致遺命不與夫合葬，亦可謂極矣。

　　若夫二妻而僅一妻合祔者，略可分為二類，一為與元配合祔，一為與繼室合祔。以余所見碑誌，凡此景況，多屬前者之例，余謂此或者嫡嗣之外，當別居之古例之遺形歟？《左傳·昭公十一年》載：「孟僖子會邾莊公孟於祲祥，脩好禮也。泉丘人有女……奔僖子，其僚從之……僖子使助薳氏之簉。」《注》：「簉，副倅也。薳氏之女為僖子副妾，別居在外。」是也。以下舉一妻合祔例，如：

> 穆員撰《福建觀察使鄭公墓誌銘》：「……公諱叔則，字某，滎陽人……夫人范陽盧氏，著作郎侑之女也……後夫人范陽郡夫人盧氏，華宗美行，與前人如一……是日，約奉范陽夫人命，舉前夫人柩，會公之喪，禮也。」（仝上，卷七八四）

又如：

> 張魏賓撰《唐故太原郡王處士墓誌銘》：「……君諱仲建，字彥初……娶清河張氏，乃班孟之名家，胎訓之清譽，蘋繁繼代中饋，祖禰之母儀耳，故能有子一人焉……繼夫人安氏，淑順閨閫，亦盡敬姜之禮……啟先夫人之舊塋，合祔於斯，禮也。」（仝上，卷八〇六）

再如：

> 韓愈撰《國子助教河東薛君墓誌銘》：「君諱公達，字大順，薛姓……初娶琅邪王氏，後娶京兆韋氏……以五月十五日葬於京兆府萬年縣

少陵原，合祔王夫人塋。」（全上，卷五六五）

更如：

> 全上《登封縣尉盧殷墓誌》：「元和五年十月日、范陽盧殷以故登封
> 縣尉卒登封，年六十五……十一月某日，葬嵩下鄭夫人墓中。君始
> 娶滎陽鄭氏，後娶隴西李氏……」（全上）

以上皆與元配合祔例，亦有合祔於繼室者，余得一人焉：白居易撰《唐
銀青光祿大夫太子少保安定皇甫公墓誌銘》：「公姓皇甫，諱鏞，字龢卿……
公先娶博陵崔氏，後娶范陽盧氏，二夫人皆有淑德，先公而歿……以盧夫人
合祔焉。」（全上，卷六七九）

不合祔則已；合祔，或者二妻（三妻）皆合，或者多以元配祔，是唐人
雖不諱爲繼室，猶深有嫡庶之觀念在耶？

（二）路途遙遠，不能或無力合祔者

> 李翱撰《故朔方節度掌書記殿中侍御史昌黎韓君夫人京兆韋氏墓誌
> 銘》：「夫人姓京兆韋氏，尚舍奉御說之次女也。年十三，執婦道於
> 昌黎韓氏，府君諱弇……殿中君之先葬於河陽；惟君之歿，不得其
> 喪，夫人是以不克葬於河陽而獨塳於陳留，弗克祔於殿中君之族，
> 而依於女子氏之黨，以從女子之懷，權道也。」（《全唐文》卷六三
> 九）案，韓弇貞元三年（787 A.D.）從朔方節度使盟吐蕃於塞上而
> 遇害，故曰「不得其喪」。其妻韋氏食貧，乃依婿李翱而卒，故曰「依
> 於女子氏之黨」也，乃不克歸葬焉。

又如：

> 穆員撰《陝虢觀察使盧公墓誌銘》：「……府君諱嶽，字周翰……前
> 娶隴西李氏，實姬姜之偶；先春早落，今也力不及遠，未遑合祔。
> 繼室以同宗同德，而年位異之，三子載、戣、戡長齒未童，幼哀及
> 禮，洎兄子嘉，猶秉伯父永州司馬嶠之命，泣血襄事。」（全上，卷
> 七八四）

再如：

> 柳宗元撰《故永州刺史崔君流配驩州權厝誌》：「博陵崔君，由進士
> 入山南西道節度府，始掌書記……夫人河東柳氏，德碩行淑，先崔
> 君十年卒，其葬在長安東南少陵北。君以竄沒家，又有海禍，力不
> 克祔；三年；將復故葬也，徒誌其一二大者云。鯤爲祖，曄爲父，

世文儒，積彌厚。簡其名，子敬字，年五十，增其二。葬湘溢，非
其地；後三年，辭當備。」（仝上，卷五八九）等等皆是也。

（三）從卜筮之言「吉」或「不吉」而不合祔者

徐浩撰《唐尚書右丞相中書令張公神道碑》：「……公諱九齡，字子
壽，一名博物，其先范陽方城人……夫人、桂陽郡夫人譚氏，循州
司馬府君誨之子也。淑慎宜家，齊莊刑國……深德婦禮。至德二年
十月六日，終於私第，春秋七十七。晝哭闔門，日月綿遠，同塋異
穴，卜兆從宜。」（仝上，卷四四○）

又如：

《唐故處士吳興施府君墓誌銘》：「府君諱昭，字昭，吳興人也……
君夫人潁川汪氏，婦德貞操，蘭桂同心……夫人先君而故，已五稔
焉，心喪之憂始平，昊天之痛旋迫。君以元和四年夏五月遘疾……
以其年秋七月十九日終于涇之南第，春秋七十有三。號天叩地，泣
血無訴……舉厝從時，塋兆將備，龜筮習吉，窀穸乃修……雖非合
葬，有若同穴……」（仝上，卷九五九）

實從直撰《唐故河南府司錄盧公夫人崔氏誌銘》：「……夫人諱績，
號尊德性，博陵安平人也……年十有一，歸于范陽盧氏……初，司
錄府君先卜梓栢谷口，因而祔焉；至是問從祔于筮龜，不剋；問改
祔于筮龜，襲吉。君子曰：《傳》無不之，今則何遠？乃歲十月六日、
奉夫人輴祾，啟府君東北九里合防。」（《金石萃編》卷一○六）

以上蓋謂卜筮以不合祔爲吉之例；以下則恰相反對，即卜筮之結果，爲
不宜合祔。如：

韓愈撰《朝散大夫贈司勳員外郎孔君墓誌銘》：「……孔君諱戡，字
君勝……君始娶宏農楊氏女，卒。又娶其舅宋州刺史京兆韋屺女，
皆有婦道……前夫人從葬舅姑兆次，卜人曰：今茲歲，未可以祔。
從卜人言，不祔。」（《全唐文》卷五六六）

又如：

沈亞之撰《涇原節度李常侍墓誌銘》：「府君諱彙，太尉武穆公光弼
之少子也……娶竇氏夫人，生嗣子罕。夫人卒，娶潭氏，潭氏亦早
卒。公將葬，使卜兆，兆言合葬不宜，罕從卜，竟祔先將軍太尉之
墓於莘原某原。」（仝上，卷七三七）

再如：

> 寇可長撰《唐故平盧軍節度押衙兼左廂兵馬使銀青光祿大夫雲麾將軍檢校國子祭酒兼御史中丞上柱國食邑二千五百戶劉公夫人隴西辛氏墓誌銘》：「夫人辛氏，隴西郡人也，父諱行儉，夫人即府君長女也。聘於彭城劉公，公不幸早薨……夫人六十有六，以大和九年、秋七月二十日而薨……當年冬十月七日，祔葬于青州益都縣永固鄉廣固之里，以先塋不利，故別遷宅兆，西據于麓，倚山邱之崇秀……」（仝上，卷七五九）

（四）歸葬父母之先塋，故不合祔者

禮，女子既適，非有大故，不得還父母之家，故《左傳・魯桓公十八年》：「春，公將有行，遂與姜氏如齊。申繻曰：女有家，男有室，謂之有禮，易此必敗。」魯桓果卒於齊，故非有大故，不返其家也。唐玄宗子棣王琰妃韋氏，以過置別室；而二孺人爭寵不平，乃求巫者以媚術。事發，棣王琰憂憤薨，其妃韋氏，縚之女也，以無子而還本宗，其卒固不得祔葬於棣王，可知矣。事見《新》卷八十二《帝室諸王傳》。其他因歸葬其家之例，如：

> 張說撰《李氏張夫人墓誌銘》：「臨淄李伯魚妻者，范陽張氏女，諱德性……夫人寡居無子，以歸宗焉。長安二年、四十有八，傾逝於康俗里，殯於永通門外。景龍三年，家疾居貧，季弟說齎詞取給。冬十月，安厝伯姊於萬安山陽，蒼梧不從，古之制也。」（《全唐文》卷二三二）

又如：

> 張師素撰《唐故東莞臧君夫人周氏墓誌銘》：「夫人姓周氏，其族望本乎汝南，今爲陽羨中江里人也……自禮歸臧氏之室，而琴瑟叶和……以元和十三年歲在戊戌三月四日，終於義興平西里之私第，享齡四十有四。亦以其月甲申二十六日己酉、安厝於中江瀆東北之平原，周氏祖業之園地，蓋從龜筮也。」（仝上，卷七二四）

另則歸葬祖塋而不與夫合祔者，則帝室之女陪葬陵寢也，亦當屬本類也。

如：

> 《涼國長公主碑》：「公主諱㝹，字花粧……故丞相虞公太原溫彥博曾孫曦，台揆門閥，風流儒雅，僉詣是圖，歷選伊尚……開元十二載八月辛巳，遘疾薨於京邸永嘉里第……其年仲冬壬午，陪葬于□

橋陵。」（《金石萃編》卷七十五）

又如：

> 《鄎國長公主碑》：「……皇后鄎國長公主者，睿宗之第七女也，母
> 曰崔貴妃……求之令族，嬪于薛氏……改降鄭氏……開元十三年二
> 月庚午、薨于河南縣之修容里，春秋三十有七……窆穸之禮，一如
> 涼國長公主故事。夏四月，恩旨陪葬于□橋陵，不祔，不從古之道
> 也。」（仝上）

案，涼國、鄎國二公主皆嘗再嫁，前者先降薛伯陽，後降溫彥博曾孫曦；後
者先降薛儆，後降鄭孝義。或以此不好歸祔，如安定公主之故事歟？乃陪葬
橋陵以解其紛擾也。然則因再嫁而不得不歸葬父母之家者，亦有一例：

> 顧方肅撰《唐故趙氏夫人墓誌銘》：「夫人姓趙，望在平原……笄年
> 十五，執事箕帚，而適于楊氏之門……禮徇時宜，鰥寡多猜，迫以
> 從事，方再行于吳郡顧氏……以元和十五年……歲在戊戌二月十五
> 日、歸窆于長安縣昆明鄉魏村，先妣段夫人之塋，禮也。」（《唐文
> 續拾》卷五）

（五）因宦者妻，而不願合祔者

> 《吳文碑》：「……吳公諱文，子才□，行內給事。父節，□皇朝金
> 紫光祿大夫、行內常侍……夫人恒國李氏……先公而殯……臥於平
> 生宦帳，殊於窆穸，則公夫人之顧命，願不合於雙棺焉……」（《金
> 石萃編》卷七十三）

又如：

> 《唐故銀青光祿大夫行內侍員外置同正員上柱國張公夫人鴈門郡夫
> 人令狐氏墓誌銘》：「惟天寶十有二載，十一月四日，夫人卒於京兆
> 府殖業里之私第，嗚呼，時載六十有三……就葬于京兆府三原縣之
> 分界。自阻以後，念趣來緣，每弘慈悲，常思不忘。以夫先偶，同
> 事幽泉，又歲月無良，遂別塋壞……」（《金石續編》卷八）

（六）其　他

> 《故司稼寺卿上柱國□□□杜夫人墓誌》：「夫人杜氏，京兆杜陵人
> 也……仙樹將暮，槿而同期。嗚呼哀哉，以長安三年五月二十八日，
> 終于幽州之官第，春秋六十有三。粵以長安三年，十月十五日，葬
> 于雍州長安縣高陽之原……」（《金石萃編》卷六十五）

又如：

> 《唐故瑯琊王氏夫人墓銘》：「夫人即故玉冊官內供奉，賜緋魚袋強瓊之妻。公先歿已十五年，葬在醴泉本鄉也。夫人年七十七，有子四人、女二人：乾符元年十二月二十二日，忽染膏荒（肓？）之疾，終群賢里第，三子一女，先□令幼男女共爲塋葬，禮。以三年二月二十四日，卜于祁村男側。」（仝上，卷六十七）

再如：

> 《唐故雲麾將軍行右龍武軍將軍上柱國開國侯南陽張公墓誌銘》：「……公諱安生……夫人太原郡君王氏，先公近歿，苫蘆猶新，縗絰重舉，地絕泣末，號天更哀。又以翌載春二月十二日別兆葬于龍首原之禮也……」（仝上，卷九十一）

以上皆其夫先卒，然皆不與合祔，而亦不書其原因者，乃歸諸此類焉。

七、冥　婚

冥婚，非制也，然由來舊矣，《周禮·地官·媒氏》有：「禁遷葬者與嫁殤者。」即因其非制而禁之也。所謂「遷葬」，鄭《注》云：「謂生時非夫婦，死既葬遷之，使相從也。」賈公彥《疏》云：「遷葬，誠成人鰥寡生時非夫婦，死乃嫁之。」所謂「嫁殤」，鄭《注》云：「殤，十九以下未嫁而死者，生不以禮相接，死而合之。」其所以非制，率不合禮而亂人倫也，然其爲俗也，蓋久矣，鄭《注》引鄭司農之言：「嫁殤者，謂嫁死人也。今時娶會是也。」可以知也。

冥婚之例所可考見者，最早殆見於《三國志·魏志·鄧哀王沖傳》：「沖，字倉舒，少聰察岐嶷……年十三，建安十三年疾病，太祖親爲請命，及亡，哀甚……哀則流涕，爲娉甄氏亡女與合葬（裴松之《注》云：『《邴原傳》：原女早亡，時太祖愛子倉舒亦沒，太祖欲求合葬；原辭，太祖乃止。』）」文帝之誄，亦言及之，殆銘誄之最早載冥婚事者歟？其辭曰：「……於惟淑弟，懿矣純良，誕豐令質，荷天之光……哀爾罔極，貽爾良妃，襚爾嘉服，越以乙酉……」（卷二十）其後明帝亦效之，仝書卷五《甄后傳》云：「太和六年，明帝愛女淑薨，追封諡淑爲平原懿公主，爲之立廟，取后亡從孫黃與合葬，追封黃列侯。」曹植亦誄之，曰：「……嗚呼哀哉！憐爾早歿，不逮陰光，改封大郡，惟帝舊疆，建土開家，邑移蕃王……哀爾孤獨，配爾名才，華宗貴

族，爵以列侯，銀艾優渥，成禮于宮，靈輀交轂。生雖異室，歿同山岳，爰搆玄宮，玉石相連……二柩並降，雙魂孰依？人誰不沒？憐爾尙微……」降至後世，無代無之，唐肅宗子倓即以興信公主季女張爲冥配，《新》卷八十二《肅宗諸子傳》：「承天皇帝倓，始王建寧，英毅有才略……爲張良娣、李輔國所譖，妄曰：倓恨不總兵，鬱鬱有異志。帝惑偏語，賜倓死，俄悔悟……大歷三年，有詔以倓當艱難時首定大謀，排眾議，於中興有功，乃進諡承天皇帝，以興信公主季女張爲恭順皇后，冥配焉，葬順陵……」又，《舊》卷八十六《中宗懿德太子傳》：「重潤，中宗長子也……大足元年爲人所搆，與其妹永泰郡主婿魏王武延基等竊議張易之兄弟，何得恣入宮中。則天令杖殺，時年十九……中宗即位，追贈皇太子，諡曰懿德，陪葬乾陵，仍爲聘國子監丞裴粹亡女爲冥婚，與之合葬。」又全書卷九十二《蕭至忠傳》：「韋庶人又爲亡弟贈汝南王洵，與至忠亡女爲冥婚合葬。及韋氏敗，至忠發墓，持其女柩歸。」

王室風尙如此，百姓當有過之，戴君孚《廣異記》載其俗云：

「長州縣丞陸某，家素貧，三月三日，家人悉遊虎邱寺。女年十五六，以無衣不得往，獨與一婢守舍。父母既行，慨嘆投井而死；父母以是爲感，悲泣數日，乃權殯長州縣後。

一歲許，有陸某者，曾省其姑，姑家與女嬪（殯？）同地。出經殯宮過，有女婢隨後云：女郎欲暫相見。某不得已，隨至其家。家門卑小，女郎靚粧，容色婉麗，問云：『君得非長州百姓耶？我是陸丞女，非人，鬼耳。欲請君傳語與贊府：今臨頓李十八求婚，吾是室女，義難自嫁，可與白大人，若許爲婚，當傳語至此。』其人尙留殯宮中，少時，當州坊正從殯宮過，見有衣帶出外，視之，見婦人，以白丞。丞自往，使開壁，取某置之廳上，數日能言。問焉得至彼？某以其言對，丞歎息。尋令人問臨頓李十八，果有之，而無恙自若，初不爲信。後數日乃病，病數日卒，舉家歎恨，竟將李子與女爲冥婚。」

余讀碑誌，亦見是例，如：

《大唐故賈君墓誌銘》：「君諱元叡，字元叡，河南洛陽人也……君生四歲而喪父，母乃撫養幼孤，保乂夫家，免諸艱艱（？）。君、秀而令問，學綜優長。方欲□□□於遐絕，奉慈母於育恩，天地無心，不幸而死。以顯慶五年正月二十二日，卒於清化里第，年十七。未

有伉儷焉，即以娉衛氏女爲暝婚。衛夫人也，淑姿艷發，令範閨闈，
遊洛浦之迴風，等秦娥之奔月，□同蕭史之□仙，豈謂共歸於萬里，
鳴呼哀哉！以其年二月三日合祔於北芒之嶺……」（《毛本》卷三九
六）

可以證其風俗之熾也。故後有爲之制禮儀者。《陔餘叢考》卷三十一《冥
婚條》云：「《五代史》鄭餘慶作書儀，以冥配爲定制；唐明宗深識其非，有
詔刪正。然康譽之《昨夢錄》：北俗男女未婚而死者，兩家命媒而求之，謂之
鬼媒人。通家狀，各以父母命卜之，得吉，即製冥衣。媒者就男墓設酒果，
以合婚。二座相並，各立一小幡，奠畢，二幡微動若相就；其有不動者，則
以爲不喜也。兩家各以幣帛酬鬼媒，鬼媒常藉此自給。」是也。

以上所論，皆關係於婚姻之習俗者也。至於婚姻之約制，亦有可資論述
者，茲舉二端以言之：

（一）同姓爲婚。本爲我國傳統禮俗所不許，唐律更懸爲厲禁：「諸同姓
爲婚者，各徒二年。總麻以上，以姦論。」《疏》曰：「議曰：同宗共姓，皆
不得爲婚，違者，各徒二年。然古者受姓命氏，因彰功德，邑居官爵，事非
一緒。其有祖宗遷易，年代浸遠，流源析本，罕能推詳。至如魯、衛、文王
之昭；凡、蔣、周公之胤。初雖同族，後各分封，並傳國姓，以爲宗本，若
與姬姓爲婚者，不在禁例。其有聲同字別，音響不殊，男女辨姓，豈宜仇匹，
若陽與楊之類。又如近代以來，特蒙賜姓，譜諜仍在，昭穆可知，今姓之與
本枝，並不合共爲婚媾。其有複姓之類，一字或同，受氏既殊，元非禁限。
若同姓總麻以上爲婚者，各依《雜律》姦條科罪。

問曰：同姓爲婚，各徒二年。未知同姓爲妾，合得何罪？答曰：『買妾不
知其姓，則卜之。』取決著龜，本防同姓。同姓之人，即當同祖，爲妻爲妾，
亂法不殊。《戶令》云：『娶妾仍立婚契。』即驗妻、妾，俱名爲婚。依準禮、
令，得罪無別。」（《故唐律疏議》卷十四《戶婚條》）

細按本條所述，略得以下之概念：（一）可以爲婚媾者：與姬姓爲婚者可，
蓋傳國之姓，祖宗遷易，雖同一源，罕能推詳也。此其一。複姓之中，或有
一字相同者，不禁。此其二。（二）不可以爲婚媾者：聲同字別者，禁，一也。
賜姓不得與本枝爲婚媾，二也；然本項若反觀之，即與賜姓之姓爲婚媾，當
不在此限，蓋本非同宗也。

然法禁雖嚴，率有例外者在，如《新》卷八十三《昭宗平原公主傳》：「平

原公主，積善皇后所生。帝在鳳翔，以主下嫁李茂貞子繼侃，后謂不可。帝曰：不爾，我無安所。是日宴內殿，茂貞坐帝東南，主拜殿上，繼侃族兄弟皆西向立，主偏拜之。」帝固姓李，茂貞亦姓李，此后之所以「謂不可」者歟？然當此情景，或可謂形勢使然，不得不爾，否則「無安所」矣，非有意犯科也。且李茂貞本不姓「李」，《五代史記》卷四十《李茂貞傳》：「李茂貞，深州博野人也。本姓宋，名文通，為博野軍卒，戍鳳翔，黃巢犯京師，鄭畋以博野軍擊賊，茂貞以功自隊長遷軍校。光啓元年朱玫反，僖宗出居興元，玫遣王行瑜攻大散關。茂貞與保鑾都將李鋌等敗行瑜于大唐峰，明年，玫遂敗死。茂貞以功自扈蹕都頭拜武定軍節度使，賜以姓名。」是又合於「賜姓可以與賜姓者為婚媾」之例也。

　　《金石續編》卷二《張三娘造象并鑴心經題記》云：「永隆二年四月五日，雍州好畤縣佛弟子張三娘為亡夫及父婆、男女眷屬，敬造彌勒世尊、觀音、地藏二菩薩及鑴《般若多心經》。息男張万基。」案，其子名「張万基」，其父照常理論，亦當姓「張」；則其母不應為「張三娘」，否則即犯「同姓通婚罪」也。陸增祥云：「《筠清館》作強三娘」若作「強」則是矣。雖然，下例則不可解也：

> 王博撰《文林郎馮慶墓誌銘》云：「馮君諱慶，字貞崧，冀州下博縣
> 人也，其源出自長樂郡，北燕文成帝跋之苗裔……唐咸亨四年五月，
> 終於莊第。鳴呼哀哉！時權殯於下博野縣北三十里，祖父塋內。大
> 周久視元年，歲在庚子十月二十日，改葬於冀州城西，與夫人馮氏
> 合葬於平原，禮也。」（《全唐文》卷二〇二）夫人姓「馮」，夫亦「馮」
> 姓，何「禮也」之有乎？

　　（二）《唐會要》卷八十三《嫁娶條》：「諸州縣官人，在任之日，不得共部下百姓交婚；違者，雖會赦，仍離之。其州上佐以及縣令，于所統屬官同；其定婚在前，居官在後，及三輔內官，門閥相當，情願者不在禁限。」《故唐律疏議》卷十四云：「諸監臨之官，娶所監臨女為妾者，杖一百；若為親屬娶者，亦如之。其在官非監臨者，減一等。女家不坐。」然亦有例外，而人目以為風流者，如杜牧事是也。《唐語林》卷七：「杜舍人牧，恃才名，頗縱聲色。嘗自言有鑒別之能，聞吳興郡有佳色，罷宛陵幕，往觀焉。使君聞其言，迎待頗厚。至郡旬日，繼以酣飲，睨官妓曰：未稱所傳也。將離去，使君敬請所欲，曰：願泛綵舟，許人縱視，得以寓目。使君甚悅。擇日，大具戲舟，

謳棹。捷較之樂，以鮮華相尙。牧循泛肆目，意一無所得。及暮將散，忽於曲岸見里婦攜幼女，年方十餘歲。牧悅之，召至，與語。牧曰：今未帶去，第存晚期耳！遂贈羅纈一篋爲質。婦辭曰：他日無狀，或恐爲所累。牧曰：不然。余今西行，求典此郡，汝待我十年不來而後嫁。遂書于紙而別。後四十（？）年始出刺湖州。臨郡三日，即命訪之；女已嫁三載，有子二人矣！牧召母及女詰問，即出留書示之。乃曰：其辭也直。因贈詩曰：自是尋春去較遲，不須惆悵怨芳時；狂風落盡深紅色，紅葉成蔭子滿枝。」（案，故事又見《唐詩紀事》卷五十六，較簡單耳。）或謂文人傳言談說，本不可信；而余讀碑誌，乃見一例，或可爲證：

> 《大唐故范氏夫人墓誌銘》：「夫人姓范，諱如蓮花懷，河內人也……
> 始以色事朝請大夫，行河內縣令、上柱國瑯邪王昇次子，前鄉貢明
> 經察。送深目逆，調切琴心……」（《金石萃編》卷八十六）夫人爲
> 河內人，王察爲河內縣令，明是犯律，而時人不罪，且書之於誌銘，
> 寧非虛設其律歟？

　　綜觀以上婚俗之分析，可得概念如下：一、唐女子以十五歲爲適婚年齡，雖不能盡如《周禮》之制，亦相去不遠也。二、唐帝室雖欲極力破除門等觀念，終見其力之乏，其原因固由於帝室之不守禮法然也。三、帝女之驕矜頗致各層面之反彈，故至宣宗時，其風稍戢矣。四、再醮之事實，多流行於貴族層面，人死合祔亦爲大眾所認同，冥婚之俗又自天子以及於庶人，皆唐世婚俗保守之一面也。五、不以繼室爲非，不以受監臨官不婚監臨地之女之制約，則又見其開放浪漫之一面也。至若相關之問題，請參閱其他章節云。

第二節　聯姻之研究
——唐新興士族薛氏聯姻之研究

　　毛漢光氏於《我國中古大士族之個案研究——瑯邪王氏》一文中，嘗言：「婚姻關係是研究家族社會地位的重要坐標，在非自由戀愛的社會中，門當戶對的觀念常常存在，相互婚嫁，至少表示兩家的社會地位相去不遠。王氏的婚嫁關係可得一例。即：『是時成帝舅安成恭侯，夫人放，寡居，共養長信宮，坐祝詛下獄，王崇奏封事，爲放言，放外家解氏與崇爲昏，哀帝以崇爲

不忠誠⋯⋯』。從這件婚姻關係中，瑯琊王氏在西漢時似乎已晉升於高階層的社會地位之中。」余於前編《后妃與公主章》中，嘗統計與帝室聯姻之士族，見薛氏最頻繁，乃因之作一探討焉。

據《新》卷七十三下《宰相世系表》，有唐一代之薛氏先祖，其近者，殆可推至薛齊。《表》云：「兗州別駕（薛）蘭爲曹操所殺，子永，字茂長，從蜀先主入蜀，爲蜀郡太守。永生齊，字夷甫，巴、蜀二郡太守；蜀亡，率戶五千降魏，拜光祿大夫，徙河東汾陰，世號蜀薛。二子懿、始；懿，字元伯，一名奉，北地太守，襲鄌陵侯。三子恢、雕、興，恢一名開，河東太守，號北祖；雕，號南祖；興，號西祖。雕生徒，徒六子：堂、暉、推、煥、渠、黃；堂生廣，晉上黨太守，生安都。」安都傳，見《魏書》卷六十一，有三子：曰道標、道異、道次。次卒於光祿大夫，子巒襲爵；異，早卒；標，子達，達子承華，承華子羅漢皆武夫；與《新宰相世系表》所載，頗不相侔；姑置不論，請從聯姻始。

今案，薛氏與帝室聯姻者，凡十二人；除少常卿薛紹女嫁爲玄宗子瑛爲太子妃外，皆尚帝室之女，則彼必有爲帝室所重者也。試分析彼等之出身，以探究其原因：

一、高祖第十五女丹陽公主降薛萬徹，《新·公主傳》云：「萬徹戇甚，公主羞，不與同席者數月。太宗聞，笑焉，爲置酒，悉召它婿，與萬徹從容語，握槊，賭所佩刀；陽不勝，遂解賜之。主喜，命同載以歸。」則是以丹陽公主酬萬徹汗馬功也。考《新》卷九十四《薛萬均、萬徹傳》云：「薛萬均，本燉煌人，後徙京兆咸陽。父世雄，大業末爲涿郡太守，萬均與弟萬徹因客幽州，以材武爲羅藝所厚善。」其後從李靖討突厥頡利可汗，副李勣擊薛延陀，貞觀二十二年（648 A.D.）以青丘道行軍總管帥師三萬伐高麗。後坐房遺愛謀反而誅，卒於寧州刺史，時高宗永徽二年（651 A.D.）。

二、太宗第十七女城陽公主降薛瓘，《公主傳》云：「麟德初，瓘歷左奉宸衛將軍，主坐巫蠱，斥瓘房州刺史，主從之官。咸亨中瓘卒，雙柩還京師。子顗封河東縣侯、濟州刺史，琅邪三沖起兵，顗與弟紹以所部庸調作兵募士且應之。沖敗，殺都吏以滅口；事泄，下獄俱死。」考《舊書》卷一八三《薛懷義傳》，謂：「薛懷義者，京兆鄠縣人；本姓馮，名小寶。以鬻臺貨爲業，偉形神，有膂力，爲市於洛陽，得幸於千金公主侍兒。公主知之，入宮言曰：小寶有非常材用，可以近侍。因得召見，恩義日深。則天欲隱其迹，便於出

入禁中，乃度爲僧。又以懷義非士族，乃改姓薛，令與太平公主婿薛紹合族，令紹以季父事之。」此可注意者：一、馮小寶本市井小民，改姓爲薛，冒爲紹之季父乃爲『士族』矣，則薛家（至少薛紹之家）於當時應爲一「士族」也。二、小寶改名懷義，而薛紹事之以季父，則紹之父執輩當爲「懷」字輩者也。查《新・宰相世系表》，紹之父瓘，瓘尚城陽公主，是薛家至少二代爲「士族」無疑矣。而其從父瑊，與瓘皆從「玉」字爲行輩；而瓘之父懷昱、瑊之父懷晏，乃以「懷」爲行輩，是紹以懷義爲季父者誤矣。然瓘之父執，包括懷悰、懷嘉、德晟、敏恭史書並不載其傳；然考《魏書・薛安都傳》，謂從祖弟眞度頗從魏孝文、宣武而有戰功，其子：懷徹、懷吉、懷直、懷朴、懷景、懷儁等並立因戰功得以襲封，史云眞度「有子十二人」，《魏書》所錄，才以上六人耳，史云：「眞度諸子既多，其母非一，同產相朋，因有憎愛。興和中遂致訴列，云以毒藥相害，顯在公府，發揚疵釁，時人恥焉。」然則懷昱、懷晏或爲懷徹等異母弟耶？瓘等是其後，則亦以功勳得立爲「士族」者也。

三、高宗第三女太平公主降薛紹；紹、顗之弟也。

四、睿宗第三女荊山公主、第六女涼國公主俱降薛伯陽。伯陽者，稷之子也。稷以書畫冠絕當世；時睿宗在藩，喜其書畫名，遂以仙源公主（即後之涼國公主）降其子伯陽也。稷之所以能以書畫名者，蓋其曾祖道衡，而其外祖魏徵也。《新》卷九十八《本傳》云：「稷，字嗣通，道衡曾孫。擢進士第，累遷禮部郎中、中書舍人，與從祖兄曜，更踐兩省，俱以辭章自名，景龍末爲諫議大夫、昭文館學士。初，貞觀、永徽間，虞世南、褚遂良以書顯家，後莫能繼；稷外祖魏徵家，多藏虞、褚書，故銳精臨倣，結體遒麗，遂以書名天下，畫又絕品。」是伯陽所以能兩尚荊山、涼國二公主者，蓋睿宗喜其書香門第也。夷考《隋書》五十七《薛道衡傳》（《北史》卷三十六同），謂道衡年十三作子產相鄭《國僑頌》，頗有詞致，其後才名益著，與盧思道、李德林齊名友善，並與諸儒修定《三禮》，有集七十卷行於世。

案，《傳》謂稷爲道衡曾孫，恐有缺漏；查《世系表》：道衡子大年，大年子行成，行成子仁偉，仁偉子稷，是道衡乃稷之五代祖也。以其譜系言，自道衡四代祖湖（《世系表》作「瑚」）即以好學仁孝傳家。《北史・湖傳》云：「洪隆弟湖，字破胡（案，洪隆與洪祚爲兄弟，同從「水旁」命名，則倣「瑚」字誤也，當從《北史》正之）。少有節操，篤志於學，專精講習，不干時務，

與物無競，好以德義服人。或有兄弟忿鬩，隣里爭訟者，恐湖聞之，皆內自改悔，鄉里化其風教，咸以敬讓爲先。」又云：「有八子，長子聰知名。聰，字延智，方正有理識，善自標致，不妄游處，雖在闇室，終日莊矜，見者莫不懍然加敬。博覽群籍，精力過人，於前言往行，多所究悉，詞辯占對，尤是所長。遭父憂，廬於墓側，哭泣之聲，酸感行路；友于篤睦，而家教甚嚴……」又云：「子孝通最知名。孝通，字士達。博學有儁才……文集八十卷行於世。」又云：「子道衡，字玄卿。六歲而孤，專精好學……」云云，以見其爲書香世家也。又湖官至後魏河東太守，諡曰簡；聰爲黃門侍郎，封簡懿侯；孝通，中書侍郎；道衡，隋益州總管，封臨河貞公；稷則相中宗、睿宗二朝。則爲世宦鉅族也，宜其姻於帝室——伯陽子談又尚玄宗女常山公主也。

五、睿宗第八女鄎國公主降薛儆。

案，《金石萃編》卷七十五，謂公主爲睿宗七女；又謂睿宗時封荊山公主，及開元乃晉封鄎國。又謂「求之令族，嬪于薛氏……有男子四、女子五。」儆，《唐會要》作「敬」（卷六《公主條》）。查《世系表》、儆蓋瓘、瑊從子，與顗、紹、綯同輩分，拜鄧州刺史、駙馬都尉。

六、玄宗第四女唐昌公主降薛鏽；鏽，儆之子也，拜光祿卿、駙馬都尉。然《全唐文》卷二十三玄宗《封唐昌公主等制》云：「邦女下嫁，義著《周經》；帝子建封，制存《漢傳》……第四女可封唐昌公主，第六女可封常山公主，第八女可封寧親公主，各食實封五百戶。唐昌公主出降張垍，俱用八月十九日，所司詳備禮物，式遵故事。」則是唐昌公主所降者，張垍也。然夷考《新》卷一二五《張垍傳》，乃謂：「垍尚寧親公主」寧親公主者，始封「興信」，又封「齊國」，《公主傳》云：「下嫁張垍，又嫁裴穎，末嫁楊敷，薨貞元時。」《唐會要》則「張垍」作「裴垍」；裴垍，憲宗時人，《新》卷一六九《裴垍傳》曰：「吐突承璀自東宮得侍，恩顧親渥，承間欲有關說，帝憚垍，誡使勿言。」若「上」指玄宗，垍既爲其婿，無由憚之若此也；唐昌公主爲玄宗女，至憲宗已相隔四、五十年，當六、七十歲矣；即卒於德宗貞元時，亦五、六十歲矣，恐無初嫁裴垍之理也。而《張垍傳》又云：「玄宗眷垍厚，即禁中置內宅，侍爲文章，珍賜不可數……垍嘗爲帝贊禮，舉止都雅，帝悅之，因幸內宅，顧垍曰：希烈辭宰相，孰可代者？垍錯愕，未得對。帝曰：無易吾婿。垍頓首謝……」以是寵眷，則玄宗本欲以唐昌降而改以寧親歟？或唐昌嘗降張垍，再醮薛鏽歟？然寧親爲唐昌女弟，寧親既死於貞元，後於垍之死三、

四十年，且嘗改嫁裴穎、楊敷，其間必無更尙唐昌之理也。至若張垍先尙唐昌，而垍既得玄宗寵眷，唐昌亦必無由再醮薛鏽之理也。以是析之，故知第一種可能——即玄宗本欲以唐昌降垍，竟不審何由而改降寧親，唐昌初未嘗降垍也——較爲合理也，即唐昌本薛鏽婦也。

又，垍本極爲玄宗所器重，及安祿山之亂，「帝西狩，至咸陽，唯韋見素、楊國忠、魏方進從。帝謂力士曰：若計朝臣，當孰至者？力士曰：張垍兄弟世以恩戚貴，其當即來；房琯有宰相望，而陛下久不用，又爲祿山所器，此不來矣！帝曰：未可知也。後琯至，召見流涕，帝撫勞，且問均、垍安在？琯曰：臣之西，亦嘗過其家，將與偕來。均曰：馬不善馳，後當繼行；然臣觀之，恐不能從陛下矣。帝悵顧力士曰：吾豈欲誣人哉？均等自謂才器亡雙，恨不大用。吾向欲始終全之，今非若所料也。垍遂與帝烈皆相祿山，垍死賊中。」垍之不能忠，其父說亦早知之，《全唐文》卷二二六載《爲男垍考語》，即頗警而教之；惜不能聽。此所以張氏（尤指說家）不能因戚屬而益貴如薛氏者耶？

七、玄宗第六女常山公主降薛談；談，伯陽子也。

八、玄宗第二十七女樂成公主降薛履謙，坐嗣岐王珍事誅。

案，嗣岐王珍事見肅宗上元二年（761 A.D.），《舊》卷九十五《惠文太子範傳》云：「珍與朱融善。珍儀表偉如，頗類玄宗。融乃誘崔昌、趙非熊等并中官、六軍人同謀逆；融謂金吾將軍邢濟。濟奏之，乃令御史中丞敬玥訊之，珍賜死……駙馬都尉薛履謙預逆謀，宜賜自盡……」以是覘之，薛氏出身或以功勳，非預文事歟？

九、肅宗第二女蕭國公主再降薛康衡（《唐會要》謂：再降回紇可汗，三降薛康衡），據《世系表》，作「康」，無「衡」字；薛邕弟，拜殿中監、駙馬都尉。

十、德宗第四女臨眞公主降秘書少監薛釗。

案，釗，史無傳；然《新》卷一九五《孝友傳》有「左千牛薛鋒」者，殆其行輩者耶？

十一、憲宗第八女眞寧公主降薛翃。

案，翃無傳。

又，薛伯陽一人而二尙公主，故計薛氏與帝室聯姻者，凡十二人也。而《世系表》載嗣先之子蒼，拜光祿卿、駙馬都尉，竟不知尙何公主耶？再薛

綰女嫁玄宗太子瑛，又薛收子元超尚巢王女和靜縣主，則薛氏與帝室聯姻凡十五人矣。夷考此十五人之與帝室聯姻者，其家庭背景除無傳可查者外，略有二端：一則以功勳見重，如：薛萬徹、薛瓘、薛紹是也；一則以文學見賞，如：薛伯陽、薛談是也。若兩者相較，是功勳之姻戚多於文學之賞識也。余以爲致此之由，或有二端：一則唐室締造伊始（中經平亂亦當涵括於內），不能不以之爲籠絡手段也；一則功臣之中，本乏如范陽盧氏、博陵崔氏等之名門大戶也。然帝王心目之中，實偏好於文學之士，此可從薛收、稷、伯陽等之備受禮遇，與乎玄宗之深器張垍都雅、憲宗擇婿之語等見其證驗也。

薛氏自薛齊徙河東汾陰後，枝分爲三：曰北祖恢（一名闓）、南祖雕、西祖興，恢之一系不知所終，雕、興則枝葉繁茂，蔭敝千里；而以西祖較見興旺，他不必論矣，即《表》言：「薛氏定著二房，一曰南祖，二曰西祖，宰相三人。南祖有訥，西祖有稷、元超。」可以證也。然猶有可說者，即二祖之後，其遷徙之情形，據《兩書》薛氏諸傳及碑誌所載，略爲：

一、西祖之留於河東汾陰之祖籍者，三家：

（一）邁，生元敬，秦府學士、太子舍人，子象之，絳州刺史，子恣。

（二）大年，生行成易令，子仁偉，子稷，相中宗、睿宗，子伯陽，左千牛將軍、駙馬都尉，子談，衛尉卿、駙馬都尉。

（三）收，生振（字元超），相高宗，子耀，給事中，襲爵汾陰男，子黃童，滑州司功參軍。

三家皆道衡之後，或以其定居祖地，浸然衍爲大族，遂以書香門第者歟？

另遷於河中寶鼎者，有五家：

（一）文思，生希莊，撫州刺史，子元暉，什方令，子播，水部郎中；據，禮部侍郎，子公達。

（二）謇，生勝，左拾遺，子存誠，給事中；子庭老，吏部侍郎；子保遜，司農卿；子昭緯，御史中丞。

（三）待詔，生侃，陝州司馬；子順先，奉先尉；子萊，莘、苹、浙西觀察使；子膺，婺州刺史；子調。

（四）珏，生存慶；子耽，東川節度使。

（五）縑，生同（案，同與珏行輩等），湖州長史；子戎，浙東觀察使；放，江西觀察使。

五家雖皆爲西祖房，而父祖各異。或本非讀書種子，乃向往求發展歟？

故觀其官職，多非純然文士也，此於南祖房薛仁貴系更見顯然。而於此當先進一言者，即《新・薛元賞》等傳，謂彼不知其里所；以余觀之，元賞、元龜蓋與元嗣、元宗同行輩，景山之子，或之後耶？崇簡則駙馬都尉紹之子，太僕卿、立節王；思行，仁惠子，右金吾將軍，皆西祖房派下也。

　　二、南祖房史無明言其留於河東汾陰否？然有一支遷徙於絳州龍門，蓋道龍之後，五傳至於仁貴，家道或頗沒落，其妻乃勸彼從軍，因發展而爲一豪門。其傳承之譜系、官秩如下：

　　仁貴，松漠道大總管，生訥，相玄宗；楚玉左羽林將軍、汾陰縣伯；子嵩，相衛節度使、平陽郡王；子平，左龍武大將軍、韓國公；而訥子暢，左羽林將軍。

　　至於薛舉，《本傳》（《合鈔》卷一〇六）云：「薛舉，河東汾陰人也，其父汪徙居金城（《新》作「蘭州金城」）。舉容貌瓌偉兇悍，善射，驍武絕倫……」云云，余頗疑即薛氏北祖房之一支也；《世系表》謂：「忠惠公與北祖、南祖分統部眾，世號『三薛』」，而《表》竟不載其後，殆以舉僭號稱帝，事敗降於太宗，其後世乃諱言系譜者耶？

　　又，薛萬徹兄弟，則或爲外蕃。《合鈔》卷一二〇《薛萬徹傳》云：「薛萬徹，雍州咸陽人，自燉煌徙焉（案，以是，故《新》稱彼「本燉煌人」也），隋左禦衛大將軍世雄子也。世雄大業末卒於涿郡太守，萬徹少與兄萬均隨父在幽州，俱以武略爲羅藝所親待。」夷考《魏書・官氏志》：「叱干氏後改爲薛氏」《疏證》云：「案，叱、薛一聲之轉，《晉書・赫連勃勃傳》記勃勃奔叱干部，《太祖紀》載此事作薛干部，《劉虎傳》同。」又云：「叱干氏以登國六年歸魏，八年叛歸秦，至神䴥元年復歸魏也。」稽諸《魏書》卷四十四《薛野腊傳》，謂其先代人，父達頭歸姚萇，封聊城侯；而野腊子虎子，姿貌壯偉，明斷有父風，卒贈相州刺史。有子六人：長子世遵，遵弟曇慶、曇寶、曇尚、曇珍（即瑓），史載僅此五人，其缺者，豈世雄乎？

　　以上蓋就書傳所載薛氏作一推測如此，至於碑誌所見，請述之如下：

　　　《大唐太子左衛杜長史故妻薛氏墓誌銘》：「夫人諱瑤華，河東人也……曾祖胄，大理卿、刑部尚書、内陽文公；祖獻，工部侍郎、泉、資、定、隴西州刺史，贈洪州都督、内陽穆公；父元嘏，通事舍人、朝散大夫行益州晉令……太子左衛長史、上輕車都尉京兆杜延基……求我令德，宜其室家……」（《毛本》三六二片）

又，

《唐故張府君墓誌銘》：「⋯⋯父諱達，隋任□陽縣令⋯⋯夫人，河
東薛氏⋯⋯」（仝上，六二五片）案，右片張府君名鬼，清河人。

《大唐故徐羅母薛氏墓誌》：「總章二年十二月二十五日，兗州金鄉
縣前蘭州錄事參軍徐羅母薛氏墓。」（仝上，六八三片）案，右片不
著薛氏郡望；其夫當為兗州人也。

《延州豆盧使君萬泉縣主薛氏神道碑》：「⋯⋯縣主諱字，姓薛，河
東汾陰人也。大父駙馬都尉奉宸將軍諱瓘，尚城陽公主；考駙馬都
尉散騎常侍諱紹，尚鎮國太平公主⋯⋯以萬歲登封元年仲春既望，
歸於豆盧氏⋯⋯」（《全唐文》卷二二九）

又，

《滑州匡城縣令楊君墓誌銘》：「⋯⋯公諱靈崿，字靈崿，宏農華陰
人也⋯⋯夫人河東縣君薛氏⋯⋯」（仝上，卷四一九）

又，

《御史大夫王公墓誌銘》：「⋯⋯公諱鍇，太原祁人也⋯⋯夫人，河
東郡夫人薛氏⋯⋯」（仝上，卷四二〇）

又，

《唐故朝散大夫守秘書少監致仕周君墓誌銘》：「君諱渭，字兆師，
其先汝南人；六代祖衡，仕隋，為淮陰郡司馬，子孫因家焉⋯⋯夫
人河東薛氏，將作監丞腴公之女⋯⋯」（仝上，卷五〇六）

又，

《殿中侍御史李君墓誌銘》：「殿中侍御史李君，名虛中，字常容⋯⋯
娶陳留太守薛江童女⋯⋯」（仝上，卷五六四）

又，

《朗州員外司户薛君妻崔氏墓誌》：「唐永州刺史博陵崔簡女，諱媛，
嫁為朗州員外司户河東薛巽妻⋯⋯」（仝上，卷五八九）

又，

《唐故溧水縣令太原白府君墓誌銘》：「公諱季康，字某，太原人⋯⋯
前夫人河東薛氏⋯⋯」（仝上，卷六八〇）

又，

《唐故江南西道觀察判官監察御史裏行太原王公墓誌銘》：「公諱叔

雅，字元宏，太原祁人也……夫人河東薛氏，故禮部侍郎（原注：闕）元女……」（仝上，卷七一三）

又，

《大唐故朝散大夫京苑總監上柱國茹府君墓誌銘》：「君諱守福，京兆人也……夫人河東薛氏……」（仝上，卷九九五）

又，

《大唐故王府君墓誌銘》：「公諱從政，太原郡人也……祖因官，遂家於河南府版籍焉……初娶於河東郡薛氏，即故雲麾將軍之嫡孫也……」（《唐文續拾》卷五）

又，

《王仁恭題名》：「……兵部常選太原郡敬袒妻薛……」（《八瓊室金石補正》卷四十二）

又，

《劉玄通姊比丘尼摩兒等造象題名》：「……清信士劉同靜妻薛……」（《匋齋藏石記》卷二十四）

又，

《薛夫人墓誌》：「……大和七年……常州晉陵縣萬春鄉平山里下蒲村西五里青山灣，夫人薛氏戊申吉墓一所……」（《江蘇通志稿》卷五）

案，右片漫漶殊甚，竟不知所適何人？或歸宿地在常州耶？

以上十六片，分析如下：

（一）與他姓聯姻者，略有：周、張、李、杜、徐、楊、不詳、崔、白、茹、豆盧、劉諸姓各一，王姓者四人。

（二）郡望或籍貫者，略為：常州、博陵、淮陰、宏農、延州、兗州、清河各一，京兆、河南各二，太原居四；而不詳者一。

又，碑誌明言碑主（此專指女子言）為某地人者，河東居十一人，其中標明河東汾陰者一人；未詳者五人，其中言「薛江童女」，則當為河東人。

於此須加說明者，即此處盡量採取其籍貫，如周渭本汝南人而家淮陰，則淮陰之；王從政本太原人，因祖官於河南府，亦同其例。蓋易知實際婚姻之情況也。

（三）官階及品秩，作表如下：（案，本表「妻」欄所載，殆其娘家父、祖之官秩也）

	夫	妻
三品	太子左衛長史上輕車都尉京兆杜延基、御史大夫太原王鎮、朝散大夫京苑總監京兆茹守福。	益州晉令薛元嘏，五品。 不載。
四品	延州豆盧使君（案，誌載彼嘗出爲丹、延二州刺史）。 永州刺史博陵崔簡之女。	駙馬都尉散騎常侍薛紹五品。 朗州員外司戶薛巽九品。
五品	朝散大夫守秘書少監周渭。	將作監丞薛腴公七品。
六品	隋□陽縣令張達（案，張兒父）、滑州匡城令楊靈則、溧水縣令太原王季康。	不載。
七品	殿中侍御史李虛中。 江南西道觀察判官監察御史裏行王叔雅。	陳留太守薛江童四品。 禮部侍郎薛氏元女，二品。
九品	蘭州錄事參軍徐羅。 兵部常選太原王敬祖。	不載。案，薛氏爲徐羅母。 不載。
不載	太原王從政 劉同靜 缺	雲麾將軍薛氏嫡孫，三品。 不載。 薛氏。

分析上表，除不詳娘家父祖官秩者九人外，其五品以下而嫁予五品以上者，有四人；而七品以下娶四品以上者，亦有三人。以是觀之，薛氏或爲一不甚重視「門第」之氏族矣？其所以有此情況者，余以爲彼等本非山東舊姓，特無其閥族之氣勢也，此點頗可從上述薛氏之譜系流衍中覘之。

綜上兩者（書傳及碑誌）之分析，可歸納得知以下諸項情況：

（一）薛氏實唐代之一新興士族，蓋自其聯姻帝室、貴戚，從可得知也。

（二）薛氏之聯姻，殆以雙線發展，一則如前所述，婚於帝室、貴戚；一則聯姻民間，此可見其不重門閥之樸質面也。

（三）彼所聯姻之姓氏，除帝姓李氏居多數外，餘如碑誌所載，然此猶得一言者，即《唐史》謂魏徵爲薛稷外公，則薛氏乃婚於魏氏者也。又薛舉娶鞠氏，仁貴前妻柳氏等，皆當并入以觀者。

（四）彼以河東汾陰爲據點，而向外擴散，亦見於前矣。而所當在意者，即薛氏女子之適人，亦不能不視爲其姓氏之另一擴張也。

（五）眾聯姻中，王姓最多（除李氏外，餘皆僅得一次），此可證毛漢光氏謂「王氏在唐朝仍有相當的地位」之言不誤。（見氏之《我國中古大士族之個案研究——瑯琊王氏》）

最後，猶值得探究者，即薛氏又婚於茹氏、豆盧氏，皆所謂外蕃者也，

從可窺見彼時蠻漢通婚之面影也。

稽諸豆盧氏，《世系表》云：「豆盧氏，本姓慕容氏。燕主廆弟西平王運生尚書令臨澤敬侯制，制生右衛將軍北地愍王精，降後魏；北人謂『歸義』為『豆盧』，因賜以為氏，居昌黎棘城。」彼於唐世，有欽望相武后、中宗，建為駙馬都尉，以外蕃而有此家勢，雖非大族，亦為著姓矣。（案，《世系表》不載「懷讓駙馬都尉」，蘇慶彬《兩漢迄五代入居中國之蕃人氏族研究》則有之，姑識之於此）。考豆盧氏之與他姓為婚媾者，如寧州眞寧尉廣洽女之嫁南陽宗義仲（見《全唐文》卷四三九《嶺南節度判官宗公神道碑》）、呂溫姊之嫁淮南節度掌書記試太常奉禮郎豆盧策（見《唐文拾遺》卷二十七《唐故湖南團練觀察處置等使通議大夫使持節都督潭州諸軍事守潭州刺史中丞賜紫金魚袋贈陝州大都督東平呂府君夫人河東郡君柳氏墓誌銘》）暨光祿大夫芮國公豆盧寬之娶隋京兆尹太子太傅、司空、司徒楊士雄女（見《金石續編》卷四《芮定公豆盧寬碑》）等。

又，茹氏，即蠕氏，蠕蠕族之胤也，本姓茹茹。《唐忠武將軍茹義忠碑》云：「茹茹之部，名王盛族，大人鴻胄，聯華魏室，接慶齊庭。自拓跋宇文氏降為著姓焉，則公之先也。公諱義忠，本家雁門，今為雁門人矣。」（《文苑英華》卷九○九）魏有蔚州刺史、高平公茹敦，周有寧州刺史、洋公茹塡，隋有車騎大將軍、安次公茹師寶，唐有右屯衛大將軍茹海寶，則蠕蠕之服化中原，由來舊矣。夷考碑誌，有：《洛州河南縣洛邑鄉關預仁妻茹氏墓誌》（見《毛本》四二○片），謂關預仁妻茹氏之祖襧，官班千石，家積萬鐘；其父代，河南郡金鄉公。是亦華族也，而夫人「識達二乘，護持三寶」蓋佛徒云。

以是覘之，薛氏血胤之擴張，既孳乳於本（漢）族，又繁衍於外蕃；且吸收蠻夷之裔苗，以為其營衛，如薛萬徹者，夷人也。《全唐文》卷二一六載《館陶郭公姬薛氏墓誌銘》云：「姬人姓薛氏，本東明國王金氏之允也。昔金王有愛子，別食於薛，因為姓焉，世不與金氏為姻。其高曾皆金王貴臣大人也，父永沖，有唐高宗時，與金仁問歸國，帝疇厥庸，拜左武衛大將軍。」云云，是又薛氏一支，不得不辨也。而薛氏所以能在唐世浸浸然為一新興士族者，蓋有其緣由也。唐史佞幸、姦宦等傳，不見有薛氏者，雖不能由之必定某氏某人之良窳，然亦可為薛氏能在當代奮身聲勢之一佐證也，豈不然乎？

第三章　教育之研究

　　「女子無才便是德」不知確始於何時？陳東原《中國婦女生活史》略謂
起源於明末清初：「細考這句話的起源，並不很早，最早亦不過在明末。因爲
清人的書裏，纔見有這樣的話。在宋代，袁采那樣博通世故，說了那許多關
於婦女的話，都沒有『無才是德』的字句。（中略）清初的人就有提出『女子
無才便是德』，而加以反對的了……章實齋《婦學篇》說：『古之賢女，貴有
才也。前人有云：女子無才便是德，非惡才也，正謂小有才而不知學，乃爲
矜飾鶩名，轉不如村嫗田嫗不致貽笑於大方也。』《婦學篇》作於乾隆末年，
是到了乾隆末年（民國前 117），這句話已成極普遍的諺語了。可是萊猗女史
李晚芳，她那部《女學言行錄》，也是部教訓女子的偉著，在她書裏，尚未發
現此語。她那書自序於乾隆辛未（民國前 161），則是從辛未到末年，這四十
幾年間，這句話傳播得特別加快，那大概因爲那時女子學詩的風氣太大，這
句話格外被一班衛道先生所利用的緣故。」（第七章《元明的婦女生活》）然
余以爲彼「才」字，特指：力量、伎倆之意耳，如《詩經・魯頌・駉篇》云：
「薄言駉者：有駰有駓，有駅有騏，以車伾伾。思無期，思馬斯才」《傳》：「才，
多材也。」又如《論語・子罕篇》：「顏淵喟然歎曰：仰之彌高，鑽之彌堅，
瞻之在前，忽焉在後。夫子循循然善誘人；博我以文，約我以禮。欲罷不能，
既竭吾才，如有所立卓爾，雖欲從之，末由也已。」才，才能、力量也。女
子而有力量，有伎倆，原非所宜（男子縱有之，亦何所用哉？）初不反對教
育也。今欲釐清唐女子之教育實況，余以爲或可從以下步驟始： 一、唐女子
之著作分類，以見其性質趨向。二、唐女教之言論，以見其所重。三、碑誌
所用之典故，以見唐人心目中之理念女性。四、碑誌中實際述及女子之才德，

以見其教育之成果。

一、唐女子之著作分類

　　本分類乃據胡文楷氏之《歷代婦女著作考》而得，胡氏著錄彼時女子之著作，凡二十一家，都九○○卷。茲分為以下數類：

（一）詩文類

　　1.《垂拱集》一○○卷，武皇后撰。

　　2.《金輪集》十卷，武皇后撰。

　　3.《上官昭容文集》二十卷，上官婉兒撰。

　　4.《遺芳集》，牛應真撰。

　　5.《蘇若蘭織錦迴文璿璣圖》，唐史幽探、哀萃芳繹。

　　6.《李季蘭集》一卷，李冶撰。

　　7.《宋若昭詩文》，宋若昭撰。

　　8.《魚玄機集》一卷，魚玄機撰。

　　9.《馮媛詩》一卷，馮媛撰。

　　10.《天寶回文詩》，楊氏撰。

　　11.《薛濤詩》一卷，薛濤撰。

　　12.《錦江集》五卷，薛濤撰。

　　13.《洪度集》一卷，薛濤撰。

　　14.《薛濤詩存》，薛濤撰。

　　15.《薛濤李冶詩集》二卷，薛濤、李冶撰。

　　16.《葉子格戲》一卷，不著撰人。

（二）治學類

　　1.《樂書要錄》十卷，武皇后撰。

　　2.《字海》一○○卷，武皇后撰。

　　3.《玄覽》一○○卷，武皇后撰。

　　4.《唐韻》，吳彩鸞寫。

（三）紀傳類

　　1.《高宗實錄》一○○卷，武皇后撰。

　　2.《述聖記》一卷，武皇后撰。

　　3.《列女傳》一○○卷，武皇后撰。

4.《孝女傳》二十卷，武皇后撰。

5.《內範要略》十卷，武皇后撰。

6.《保傅乳母傳》七卷，武皇后撰。

7.《鳳樓新誡》二十卷，武皇后撰。

（四）衛生類

1.《兆人本業》三卷，武皇后撰。

2.《黃庭內景圖》一卷，胡愔撰。

（五）處事類

1.《垂拱格》二卷，武皇后撰。

2.《紫樞要錄》十卷，武皇后撰。

3.《臣軌》二卷，武皇后撰。

4.《百寮新誡》五卷，武皇后撰。

5.《青宮紀要》三十卷，武皇后撰。

6.《少陽正範》三十卷，武皇后撰。

7.《列藩正論》三十卷，武皇后撰。

8.《訓紀雜載》十卷，武皇后撰。

9.《維城典訓》二十卷，武皇后撰。

（六）諫諍類

1.《王蘊秀集》二卷，王蘊秀撰。

（七）修身類

1.《古今內範》一○○卷，武皇后撰。

2.《紫宸禮要》十卷，武皇后撰。

3.《女則要錄》十卷，長孫皇后撰。

4.《女論語》一卷，宋若華撰。

5.《女訓》，王琳妻韋氏撰。

6.《續曹大家女訓十二章》，薛蒙妻韋氏撰。

7.《女誡》一卷，王搏妻楊氏撰。

8.《女儀》，元沛妻劉氏撰。

9.《女孝經》一卷，陳邈妻鄭氏撰。

凡四十八部：詩文類十六部、治學類四部、紀傳類七部、衛生類二部、

處事類九部、諫諍類一部、修身類九部。司馬光《家範》云：「今人或教女子以作歌詩，執俗樂，殊非所宜。」本朝（唐）詩文居十六部，占全數之三分之一，似非所宜，是也；然唐人作詩撰文，實一代風尚也，女子不受教育則已，其既受教育而不爲詩文者，反非所宜也，當非彼時女子之病也。今若作二大分類，即詩文、治學歸爲藝文類，其他歸爲德行類；則前者僅二十部，後者乃有二十四部，是唐人所重，猶在修身養性之上也。

二、唐女教之言論

其存於今者，唯陳邈妻鄭氏之十八章《女孝經》，及乎宋若華之一卷《女論語》耳；若加以李義山《雜纂》「訓女十則」，亦多一人而已，且此「十則」多可括諸前二書者（說見後）。列篇目之對照於後：

	《女論語》	《女孝經》	《雜纂》
修身	《立身》、《學作學禮》、《和柔守節》	《開宗明義》、《三才賢明》、《紀德行》、《廣要道》、《廣守信》、《母儀》	《閨房貞潔》、《習女工》、《溫良恭儉》、《修飾容儀》、《學書學算》、《不唱詞曲》、《聞事不傳》
孝親	《事父母》、《事舅姑》	《孝治》全上	《善事尊長》
敬夫	《事夫》	《諫諍》、《舉惡》	《小心軟語》
教子	《訓男女》	《五刑》、《胎教》	
處事	《營家》、《待客》、《早起》	《后妃》、《夫人》、《邦君》、《庶人》〔註1〕	《議論酒食》

自是觀之，唐女子本重在修身，何放浪之有哉？其不守禮法，特帝室耳。故《女論語》之《序》云：「大家曰：妾乃賢人之妻，名家之女。四德粗全，亦通書史，因輟女工，閒觀文字。九烈可嘉，三貞可慕；懼夫後人，不能追步。乃撰一書，名爲《論語》，敬戒相承，教訓女子。若依斯言，是爲賢婦，罔俾前人，獨美千古。」故其立身，務求貞潔端莊，所謂：

> 「凡爲女子，先學立身，立身之法，惟務清貞，清則身潔，貞則身榮。行莫回頭，語莫掀唇，坐莫動膝，立莫搖裙，喜莫大笑，怒莫高聲。內外各處，男女異群；莫窺外壁，莫出外庭；出必掩面，窺必藏形。男非眷屬，莫與通名；女非善淑，莫與相親。立身端正，

〔註1〕此四篇亦可歸之於「修身」欄。

方可爲人。」（《立身章》）「一旦適人，則事夫如天，須極盡溫存；
不幸夫死，更須守節堅貞。」其《守節章》云：「夫婦結髮，義重千
金。若有不幸，中路先傾，三年重服，守志堅心。保持家業，整頓
墳塋。殷勤訓後，存歿光榮。」則何嘗有再醮之問題耶？

三、碑誌銘文中所用之典故

可以覘唐人心目中理想之女子也。茲分以下類：

（一）關於婦容者

> 《大唐洛州洛陽縣洛川鄉明陽里鄭國公府前典籤潘公張夫人之墓誌
> 銘》：「夫人，挺秀容於婺彩，姿麗範於娥靈」（《毛本》三六一片）

又，全書三七七片《大唐洛州洛陽縣洛川鄉前冀州南宮縣尉張君直妻楊夫人
墓誌銘》所用典故、字句全同，殆撰書、刻字皆出於一人，出於一處耶？此
例多見也。

> 《大唐故左親衛長上校尉樂府君墓誌銘》：「夫人南陽樊氏，淑質凝
> 姿，溫恭叶性……星宮麗婺女之彩，月渚落仙娥之輝。」（仝上，八
> 七九片）

案，婺，蓋指婺女星言，或稱嬃（亦作「須」）女。《史記》卷二十七《天官
書》云：「婺女，其北織女。」《史記正義》云：「須女四星，亦婺女，天少府
也。南斗牽牛、須女，皆爲星紀，於辰在丑，越之分野，而斗牛爲吳之分野
也。須女，賤妾之稱，婦職之卑者，主布帛裁製嫁娶。」須女若爲賤妾之稱，
則文不當有「婺彩」之詞，亦不當與「娥靈」、「仙娥」對舉；當與織女星而
言也。《史記・天官書》云：「織女，天女孫也。」《荊楚歲時記》云：「天河
之東有織女，天帝之子也。年年織杼勞役，織成雲錦天衣；天帝憐其獨處，
許嫁河西牽牛郎。嫁後遂廢織紝，天帝怒，責令歸河東，使其一年一度相會。」
天帝女，於文人想像之中，必然美艷，故張文潛《七夕詩》云：「人間一葉梧
桐飄，蓐收行秋回斗杓，神宮召集役靈鵲，直渡銀河橫作橋。河東美人天帝
子，機杼年年勞玉指，織成雲霧紫綃衣，辛苦無歡容不理。帝憐獨居無與娛，
河西嫁與牽牛夫；自從嫁後廢織紝，綠鬢雲鬟朝暮梳，貪歡不歸天帝怒，責
歸卻踏來時路，但令一歲一相見，七月七日橋邊渡。」其言是也。

又娥靈、仙娥，當指姮娥、嫦娥而言，故文有「月渚落仙娥之輝」之句。
古有姮娥奔月之傳說，張衡《靈憲》云：「羿請不死之藥於西王母，姮娥竊之

以奔月。將往，枚筮之於有黃，有黃占之，曰：吉。翩翩歸妹，獨將西行，逢天晦芒，毋驚毋恐，後且大昌。姮娥遂託身於月，是爲蟾蜍。」歸妹，月也，故《芒洛冢遺文四編》卷二《季王摩誌》乃有：「夫人降婺女之星精，稟歸妹之淑氣。」余頗疑《周易》第五十四卦《歸妹》，即描摹月缺之情景：「初九，歸妹以娣，跛能履，征吉。」月之始缺，猶跛而猶能運轉也，故曰征吉。「九二，眇能視，利幽人之貞。」上弦之月，猶人之眼，雖眇，未至於盲，故曰能視。「六三，歸妹以須，及歸以娣。」須，婺女也，《□□唐故王君墓誌銘》有：「婺女還星，姮娥入月」是謂「歸妹以須，反歸以娣」也（見《毛本》八三八）。《匋齋臧石記》卷三十六《劉府君故夫人上谷侯氏墓誌銘》亦云：「寔以星婺借靈，常娥助質」是矣。

碑誌又有以巫山、陽臺以爲喻者，如：

《大唐故段府君夫人墓誌銘》云：「夫人河南藺氏……而陽臺仙質，隨行雨而不歸；洛浦靈姿，共流風而長往。」（《毛本》五四二）

《匋齋臧石記·鄭玄果誌》云：「路遙無復陽臺之雨，空餘魏闕之雲。」（卷二十一）

又，仝書《天王誌》：「鬱浦騰姿，巫山誕粹。」（仝上）

《大唐故賈君墓誌銘》：「衛夫人也，淑姿艷發，令範閨闈，遊洛浦之迴風，等秦娥之奔月。」（《毛本》三九六）

又，仝書四七四片《大唐隴西王府侯司馬故妻寶夫人之銘》云：「夫人，風標玉質，早振金聲。儀彩溫凝，邁神姿於洛浦；姝容照澈，孕仙影於江波。」

案，此蓋用朝雲、洛神之故事也。宋玉《高唐賦》云：「昔者楚襄王與宋玉遊於雲夢之臺，望高唐之觀。其上獨有雲氣，崒兮直上，忽兮改容，須臾之間，變化無窮。王問玉曰：此何氣也？玉對曰：所謂朝雲者也。王曰：何謂朝雲？玉曰：昔者先王嘗遊高唐，怠而晝寢，夢見一婦人，曰：妾巫山之女也，爲高唐之客，聞君遊高唐，願薦枕蓆。王因幸之；去而辭曰：妾在巫山之陽，高丘之阻；且爲朝雲，暮爲行雨。朝朝暮暮，陽臺之下。旦朝視之，如言，故爲立廟，號曰朝雲。王曰：朝雲始出，狀若何也？玉對曰：其始出也，暣兮若松榯；其少進也，晰兮若姣姬……」（《昭明文選》卷十九）又，

曹子建《洛神賦》云：「黃初三年，余朝京師，還濟洛川。古人有言，

斯水之神，名曰宓妃……其形也，翩若驚鴻，婉若遊龍，榮曜秋菊，
華茂春松。髣髴兮若輕雲之蔽月，飄颻兮若流風之迴雪；遠而望之，
皎若太陽升朝霞；迫而察之，灼若芙蕖出淥波。襛纖得衷，脩短合
度……」（仝上）

（二）關於婦言者

《蘭陵公主碑》：「雖左姬之含華挺秀，謝媛之毓得揚芬。」（《金石
萃編》卷五十二）

《大唐濟度寺大比丘尼墓誌》：「飄花貌雪，初陪太傅之歡；擿葉爲
香，遽警息慈之念。」（仝上，卷五十四）

《彭城公夫人爾朱氏墓誌銘》：「蔡串郎之女子，早聽色絲；謝太傅
之閨門，先揚麗則。」（《全唐文》卷一九六）

楊炯撰《唐右將軍魏哲神道碑》：「謝家之子，歌柳絮而知慚；劉氏
之妻，頌《椒花》而自恥。」（仝上，卷一九四）

案，蔡中郎之女子，蓋指蔡邕之女琰也。《後漢書》八十四《列女傳》：「陳留
董祀妻者，同郡蔡邕之女也，名琰，字文姬。博學有才辯，又妙於音律……
（操）因問：聞夫人家，先多墳籍，猶能憶識否？文姬曰：昔亡父賜書四千
許卷，流離塗炭，罔有存者；今所誦憶，裁四百餘篇耳。操曰：今當使十吏
就夫人寫之。文姬曰：妾聞男女之別，禮不親授。乞給紙筆，眞草唯命。於
是繕書送之，文無遺誤。後感傷亂離，追懷悲憤，作詩二首。」

又，左姬，即左芬。《晉書》卷三十一《左貴嬪傳》云：「左貴嬪名芬，
兄思，別有傳。芬，少好學，善綴文，名亞于思，武帝聞而納之。泰始八年，
拜修儀，受詔作愁思之文，因爲《離思賦》……後爲貴嬪，姿陋無寵，以才
德見禮，體羸多患，常居薄室，帝每遊華林，輒回輦過之。言及文義，辭對
清華，左右侍聽，莫不稱美……帝重芬詞藻，每有方物異寶，必詔爲賦頌，
以是屢獲思（？）賜焉。答兄思詩書及雜賦頌數十篇，並行于世。」

又，謝媛、謝家子等，蓋謂謝道韞也。《晉書》九十六《列女傳》：「王凝
之妻謝氏，字道韞，安西將軍奕之女也。聰識有才辯，叔父安嘗問《毛詩》
何句最佳？道韞稱：『吉甫作《頌》穆如清風；仲山甫永懷，以慰其心。』安
謂有雅人深致。又嘗內集，俄而雪驟下……（案，此爲名言，亦見《世說新
語》卷二《言語篇》，不贅引）……凝之弟獻之嘗與賓客談議，詞理將屈，道

韞遣婢白獻之，曰欲爲小郎解圍。乃施青綾步障自蔽，申獻之前議，客不能屈。」

又，劉氏之妻，乃劉臻妻陳氏，陳統之姊也。全書本傳云：「劉臻妻陳氏者，亦聰辯能屬文，嘗正旦獻《椒花頌》，其詞曰：旋穹周迴，三朝肇建，青陽散輝，澄景載煥。標美靈葩，爰採爰獻，聖容映之，永壽於萬。又撰元日及冬至進見之儀行於世。」

其他則欲書法如蔡女，《毛本》六八〇片《耿惠氏誌》：「銀鈎擅寫，蔡女非儔。」蔡女，即蔡琰也。欲求學問如班姬，《毛本》六八九片《李□基誌》：「學富班姬」，案，班姬，即班昭。《後漢書》卷八十四《列女傳》：「扶風曹世叔妻者，同郡班彪之女也，名昭，字惠班，一名姬。博學高才……兄固著《漢書》，其《八表》及《天文志》未及竟而卒，和帝詔昭就東觀藏書閣踵而成之。帝數召入宮，令皇后、諸貴人師事焉，號曰大家。（中略）時《漢書》始出，多未能通者，同郡馬融伏於閣下，從昭受讀……作女誡七篇，有助內訓……昭年七十餘卒，皇太后素服舉哀，使者監護喪事。所著賦頌銘誄、問注哀辭、書論上疏遺令，凡十六篇，子婦丁氏爲撰集之，又作《大家讚》焉。」

（三）關於婦德者

可分以下數端以覘之：

1. 修　身

《唐故奉義郎試洋王府長史濮陽吳府君墓誌銘》：「……夫人、扶風郡萬氏，閨門肅睦，無慙班氏之賢；四德不虧，豈謝謝姑之德。」（《金石萃編》卷一〇八）

楊炯撰《彭城公夫人爾朱氏墓誌銘》：「……用曹大家之明訓，執宋伯姬之貞節。」（《全唐文》卷一九六）

《杜府君夫人朱氏墓誌銘》：「桂華松貞，表恭姜之逸操；蘭薰雪白，彰孟光之閑雅。」（《匋齋藏石記》卷三十六）

《翟瓚誌》：「衛室《泛舟》之篇，諒懃高行；杞婦崩城之恨，寧儔專一。」（《毛本》八三〇片）

案，宋伯姬，劉向《列女傳》云：「宋女既嫁於蔡，而夫有惡疾，其母將改嫁之。女曰：夫之不幸，乃妾之不幸。適人之道，一與之醮，終身不改。彼無

大過，何以得去？終不聽。」

又，恭姜，《詩經》卷三《鄘風・柏舟》：「《柏舟》，共姜自誓也。衛世子共伯蚤死，其妻守義；父母欲奪而嫁之，誓而弗許，故作是詩以絕之。」《詩》云：

> 汎彼柏舟，在彼中河；髧彼兩髦，實惟我儀。
>
> 之死矢靡它；母也天只，不諒人只。
>
> 汎彼柏舟，在彼河側；髧彼兩髦，實維我特。
>
> 之死矢靡慝；母也天只，不諒人只。

又，孟光，梁鴻妻。《後漢書》卷一一三《梁鴻傳》：「……鄉里勢家慕其（案，指梁鴻）高節，多欲女之，鴻並絕不娶。同縣孟氏有女，壯肥醜而黑，力舉石臼；擇對不嫁，至年三十。父母問其故，女曰：欲得賢如梁伯鸞者。鴻聞而聘之。女求作布衣麻屨，織作筐緝績之具；及嫁，始以裝飾入門，七日而鴻不答。妻乃跪牀下，請曰：竊聞夫子高義，簡斥數婦，妾亦偃蹇數夫矣。今而見擇，敢不請罪。鴻曰：吾欲裘褐之人，可與俱隱深山者爾；今乃衣綺縞，傅粉墨，豈鴻所願哉？妻曰：以觀夫子之志耳，妾自有隱居之服。乃更爲椎髻布衣，操作而前。鴻大喜，曰：此眞梁鴻妻也，能奉我矣，字之曰德曜，名孟光。居有頃，妻曰：常聞夫子欲隱居避患，今何爲默默？無乃欲低頭就之乎？鴻曰：諾。乃共入霸陵山中……爲人賃舂，每歸，妻爲具食，不敢於鴻前仰視，舉案齊眉……」。

又，杞婦，劉向《列女傳》：「杞梁既死，其妻內外無五屬之親。既無所歸，乃枕其夫之屍，哭於城下，內誠動人，道路過者莫不爲之揮涕。十日而城爲之崩，既葬，赴淄水而死。」

2. 敬　夫

《唐故袁州參軍李府君妻張氏墓誌銘》：「……府君食先人之德，無厚生之財：夫人徇黔妻之貞，闕丹臺之産……」（《全唐文》卷二一六）

《蔡君夫人張氏墓誌銘》：「……素懷陶氏之賢，不乏孟家之訓……」（《江蘇金石志》卷六）

《唐故常夫人墓誌銘》：「……許允之妻，姜詩之儷……」（《毛本》四一五片）

《唐故劉公墓誌銘》：「……藻徐媛於酬琴，敬梁妻於舉案……」（全
上，六八八片）

《爨張端誌》：「……久敬超於敞婦，如賓溢於梁妻……」（《芒洛冢
墓遺文四編》卷二）

案，黔婁，《高士傳》：「黔婁，齊人。修身清節，不求仕進……貧甚，及卒，
衾不蔽體。曾西曰：斜其被則斂矣。其妻曰：斜之有餘，不若正之不足。先
生生而不斜，死而斜之，非其志也。曾子不能答。」（案，劉向《列女傳·賢
明傳》亦載之）

又，陶氏，蓋陶侃母也。《晉書》卷九十六《列女傳》：「陶侃母湛氏，豫
章新淦人也。初，侃父母娉為妾，生侃，而陶氏貧賤，湛氏每紡績資給之，
使交結勝己。侃，少為尋陽縣吏，嘗監魚梁，以一坩鮓遺母。湛氏封酢及書
責侃，曰：爾為官吏，以官物遺我，非惟不能益吾，乃增吾憂矣。鄱陽孝廉
范逵寓宿於侃，時大雪，湛氏乃徹所臥新薦，自剉給其馬；又密截髮賣與鄰
人供肴饌。逵聞之，歎息曰：非此母，不生此子。侃竟以功名顯。」

又，孟家之訓，殆謂孟母也。

又，許允妻，《世說新語》第十九《賢媛篇》：「許允婦，是阮衛尉女，德
如妹，奇醜；交禮竟，允無復入理，家人深以為憂。會允有客至，婦令婢視
之，還答曰：是桓郎。桓郎者，桓範也。婦云：無憂，桓必勸入。桓果語許
云：阮家既嫁醜女與卿，故當有意，卿宜察之。許便回入內。既見婦，即欲
出。婦料其此出，無復入理，便捉裾停之。許因謂曰：婦有四德，卿有其幾？
婦曰：新婦所乏唯容爾。然士有百行，君有幾？許云：皆備。婦曰：夫百行
以德為首，君好色不好德，何謂皆備？允有慚色，遂相敬重。」

又，徐媛，即秦嘉妻徐淑；嘉卒，淑兄弟欲改嫁之，淑遺書讓之，且誓
不嫁，而哀慟過甚，卒。嘗有《報秦嘉書》：「既惠音令，兼賜諸物，厚顧慇
勤，出於非望。鏡有文彩之麗，釵有殊異之觀，芳香既珍，素琴益好。惠異
物於鄙陋，割所珍以相賜，非豐恩之厚，孰肯若斯！覽鏡執釵，情想髣髴；
操琴詠詩，思心成結。敕以芳香馥身，喻以明鏡鑒形，此言過矣，未獲我心
也。昔詩人有飛蓬之感，班婕妤有誰榮之嘆，素琴之作，當須君歸；明鏡之
鑒，當待君還。未奉光儀，則寶釵不設也；未待帷帳，則芳香不發也。」（《藝
文類聚》卷三十二）

又，「久敬超於敞婦」，敞婦即張敞妻。《漢書》卷七十六《張敞傳》：「……

敞無威儀，時罷朝會，過走馬章臺街，使御史驅，自以便面拊馬。又爲婦畫眉，長安中傳張京兆眉憮，有司以奏敞，上問之。對曰：臣聞閨房之內，夫婦之私，有甚於畫眉者。上愛其能，弗備責也……」

3. 孝　親

《長孫夫人陰堂文》：「……孝而見殞，有異於曹娥；泣血經年，頗同於高子……」（《匋齋臧石記》卷二十五）

《洛州河南縣洛邑鄉關預仁妻茹氏墓誌》：「……善持巾櫛，能事舅嬸，泉必赤鯉之魚，庭湧長江之味……」（《芒洛冢墓遺文四編》卷二）

《唐故程夫人墓誌銘》：「……舅姑孝譽，冰涌鮮魚……」（仝上，卷三）

案，曹娥，《後漢書》卷八十四《列女傳》：「孝女曹娥者，會稽上虞人也。父盱，能絃歌，爲巫祝。漢安二年五月五日，於縣江泝濤，迎婆娑神；溺死，不得屍骸。娥年十四，乃沿江號哭，晝夜不絕聲；旬有七日，遂投江而死。至元嘉元年，縣長度尚改葬娥於江南道傍，爲立碑焉。」

又，「泉鯉江味」，蓋用姜詩妻之故實，仝書仝卷，《姜詩妻傳》云：「廣漢姜詩妻者，同郡龐盛之女也。詩事母至孝，妻奉順尤篤。母好飲江水，水去舍六七里，妻嘗泝流而汲，後值風，不時得還。母渴，詩責而遣之。妻乃寄止鄰舍，晝夜紡績，市珍羞，使鄰母以意自遺其姑。如是者久之，姑怪而問鄰母，鄰母具對，姑感慙呼還，恩養愈謹。其子後因遠汲溺死，妻恐姑哀傷，不敢言而託以行學不在。姑嗜魚鱠，又不能獨食，夫婦常力作供鱠，呼鄰母共之。舍側忽有涌泉，味如江水，每旦輒出雙鯉魚，常以供二母之饍。」

4. 教　子

《大唐鄎國長公主神道碑銘》：「……文母流胎教之慈，曾子得生知之孝……」（《金石萃編》卷七十五）

楊炯撰《伯母東平郡夫人李氏墓誌銘》：「……有孟母之風焉，有敬姜之誨焉……」（《全唐文》卷一九六）

《故隋奉誠尉許君墓誌銘》：「……鑒止足於陳嬰，勖功名於陶侃，方弘斷織，奄息龍□……」（《毛本》六〇二片）

案，文母胎教，蓋謂周文王之母也。劉向《列女傳》：「太任者，文王之母，摯任氏中女也，王季娶爲妃。太任之性端慤誠莊，惟德之行。及其有娠，目不視惡色，耳不聽淫聲，口不出敖言，能以胎教……」

又，敬姜，魯大夫公父文伯之母也。《國語‧魯語》：「公父文伯退朝，朝其母。其母方績，文伯曰：以歜之家而主猶績，懼干季孫之怒也。其以歜爲不能事主乎？其母嘆曰：魯其亡乎？使僮子備官而未之聞耶？居，吾語女……今我寡也，爾又在下位。朝夕處事，猶恐忘先人之業，況有怠惰，其何以避辟？吾冀而朝夕修我，曰必無廢先人。爾今日胡不自安，以是承君之官，余懼穆伯之絕祀也。」

又，「鑒止足於陳嬰」，蓋謂其母也。《史記》卷七《項羽本紀》：「陳嬰者，故東陽令史，居縣中素信謹，稱爲長者。東陽少年殺其令相，聚數千人，欲置長，無適用，乃請陳嬰；嬰謝不能，遂彊立嬰爲長，縣中從者得二萬人。少年欲立嬰便爲王，異軍蒼頭特起。陳嬰母謂嬰曰：自我爲汝家婦，未嘗聞汝之先古有貴者；今暴得大名不祥。不如有所屬，事成猶得封侯；事敗易以亡，非世所指名也。嬰乃不敢。」（案，事亦見《世說新語》第十九《賢媛篇》）

四、碑誌中實際述及女子之才德者，言修身砥行，則有：

《唐故循州司馬中國公高君墓誌》：「有淑慎之德，窈窕之賢；長於公宮，少習婦道。」（《全唐文》卷二一五）

《唐故袁州參軍李府君妻張氏墓誌銘》：「稟柔成性，蘊粹含章，承禮訓於公庭，習威儀於壼則……鉛華不御，飾環珮之容；浣濯是衣，勤黼黻之絲。」（仝上，卷二一六）

《唐故逸人竇居士神道碑》：「始則輔德從夫，終則擇鄰翼子。」（《金石萃編》卷八十七）

《芮定公豆盧寬碑》：「楊氏操擬松筠，志齊冰玉。」（《金石續編》卷四）

《大唐故處士張君墓誌銘》：「幽閑婉嬺，中饋聿脩，懿淑溫和，母儀庭宇。」（仝上，卷五）

《大周故薛府君墓誌銘》：「夫人戴氏早喪而夫，位居孀婦，孤育稚子三十餘年，內不愧心，外無慙形。」（仝上，卷六）

《韋利器等造象銘》：「《詩》《禮》天然，圖尺暗合。」（仝上）

至其言學問，則爲：

　　張說撰《李氏張夫人墓誌銘》：「能日誦數千言，習《禮》明《詩》，達音妙績，德言容工，蓋出人也。」（《全唐文》卷二三二）

　　仝上《張氏女墓誌銘》：「能讀史書，善奏絲桐。」（仝上）

案，前《誌》爲張說姊，名德性；後爲其妹，名炎。說自謂「家疢居貧，季弟說鬻詞取給」、「家貧，傭文以取資」（見上引兩《誌》）而其姊妹能讀《詩》《書》習《禮》，且達音善絲桐，則唐女子之教育可知矣。

　　顏眞卿撰《杭州錢塘縣丞殷府君夫人顏君神道碑》：「精究國史，博通《禮》經，問無不知，德無不備。」（仝上，卷三四四）

　　仝上《曹州司法參軍秘書省麗正殿二學士殷君墓碣銘》：「能讀《論語》、《周易》，泛觀史傳。」（仝上）

　　獨孤及撰《唐萬年縣尉崔肅洌故妻李氏墓誌銘》：「聰慧有識，讀書善鼓琴。」（仝上，卷三九一）

　　柳宗元撰《先太夫人河東縣君歸祔誌》：「七歲通《毛詩》及劉氏《列女傳》……且曰：吾所讀舊史及諸子書，夫人聞而盡知之，無遺者……先君在吳，家無書，太夫人教古賦十四首，皆諷傳之，以《詩》、《禮》、圖史及翦製縷結授諸女……」（仝上，卷五九〇）

　　仝上《亡姊崔氏夫人墓誌蓋石文》：「善隸書，爲雅琴以自娛樂，隱而不耀……」（仝上，卷五九一）

　　符載撰《亡妻李氏墓誌銘》：「彈雅琴，詠古詩。」（《唐文拾遺》卷二十八）

　　李郴撰《唐秘書省秘書郎李君夫人宇文氏墓誌銘》：「掩身研書，偷翫經籍，潛學密識，人不能探，工五言、七言詩，詞皆雅正。」（仝上，卷三十二）

　　《大唐故代國長公主碑》：「《內範》一部，尤加精練。晝恆不寐，留情翰墨，書薦福寺經柱三百餘言。至於箜篌、笛、琴□、琵琶、七絃、阮咸等，隔簾□之隨手便合，有若天與，寔同生知。」（《金石

萃編》卷七十八）

《石壁寺鐵彌勒像頌》：「大唐太原府交城縣石壁寺鐵彌勒像頌，前
濮州鄄城縣尉林諤撰，太原府參軍房嶙妻渤海高氏書」（仝上，卷八
十四）

修德行則法古賢媛；道問學則涉經史，研諸子；論著作則不遑讓於鬚眉。然
則唐女子之教育，可謂廣矣、深矣！《全唐文》卷九四五載番陽曹因妻周氏
爲作之碑文，文理襟懷皆頗可觀，錄之以見唐時女子教育之窺豹也。文曰：「君
姓曹，名因，字鄙夫，世爲番陽人。祖、父皆仕於唐高祖之朝，惟公三舉不
第；居家以禮自守，及卒於長安之道，朝廷公卿、鄉鄰耆舊無不太息。惟予
獨不然，謂其母曰：家有南畝，足以養其親；室有遺文，足以訓其子。肖形
天地間，範圍陰陽內，死生聚散，特世態耳，何憂喜之有哉？予姓周氏，公
之妻室也，歸公八載，恩義有專，故贈之銘，曰：其生也天，其死也天；苟
達此理，哀復何言？！」

第四章　語言之研究

第一節　語意試探

　　《詩》《大序》云：「詩者，志之所之也，在心爲志，發言爲詩。情動於中而形於言。」是以循「言」可以知「情」，緣「詩」可以明「志」，今日所謂之「語意學」，實此論之發揮也。徐道鄰氏《語意學概要》乃謂：「語言學家中，有幾位特別注意到語言對於思想和文化的作用。他們不但研究一個民族在他們的語言都說些甚麼，爲甚麼說這些話，而同時研究他們怎麼樣運用他們的語言系統，和對於這個運用怎麼樣反應……本雅氏・霍爾夫（Be jamina dee Whort 1897~1941）說，人類的每一種語言，都有三種作用。一、向別人表達意思（說話），二、向自己表達意思（思考），三、捏塑一個人的整個生活觀念。」（第二章《新興學科中的語意思考》第八節《超語言學》）故從語言可以知一國之興衰也，《大序》云：「治世之音安以樂，其政和；亂世之音怨以怒，其政乖；亡國之音哀以思，其民困。」《周易》《繫辭下》亦言：「將叛者其辭慙，中心疑者其辭枝，吉人之辭寡，躁人之辭多，誣善之人其辭游，失其守者其辭屈。」然則探究唐人用字之習慣，語言之俗成，或可略窺其情者歟？

　　余讀唐女子碑誌，見彼時常用之字，頗堪翫味，蓋其心態灼然可見也。如稱妻之判合，必加一「金」字，而曰「金夫」：

　　　　《大唐故趙君墓誌□》：「……夫人清河張氏，凤植天□□……春秋
　　　世有□□□『金夫』，四德有聞……」（《匐齋臧石記》卷二十三）

《唐故奉天定難功臣遊擊將軍天威軍正將杜公夫人隴西李氏墓誌銘》：「……以其年四月十日、龜筮叶從，遷窆于長安縣龍首鄉故『金夫』之塋側，離而祔之，從魯禮也……」（仝上，卷三十二）

《大唐故夫人竹氏墓誌銘》：「……及梅垂三實，桃映九華，鳴玉珮而捫綏，儷『金夫』而徒軔……」（《毛本》四五一片）

《大唐陝州司戶張君程夫人墓誌銘》：「……豈謂窺窗滅影，玉女之電俄驚；盼枕傷神，『金夫』之恨踰積……」（仝上，八〇七片）

案，金夫，首見於《周易·蒙卦》：「六三，勿用取女，見金夫，不有躬，无攸利。」王弼注：「六三在下卦之上，上九在上卦之上，男女之義也。上不求三，而三求上，女先求男者也。女之為體，正行以待命者也，見剛夫而求之，故曰不有躬也。」此是釋「金夫」為「剛夫」，蓋「九」為陽，為剛，為乾，為金，為男，故曰「剛夫」；孔穎達疏云：「見金夫者，謂上九以其剛陽，故稱『金夫』。」當非唐人碑誌之義。朱熹《周易本義》云：「金夫，蓋以金賂己而挑之，若魯秋胡之為者。」程傳云：「女之從人，當由正禮；乃見人之多金，說而從之，不能保有其身者也。」是矣，男子多金，故曰「金夫」，猶今俗語之「金龜婿」然也。《詩·衛風·淇奧》：「瞻彼淇奧，綠竹如簀；有匪君子，如金如錫，如圭如璧。」《左傳·昭公十二年》：「思我王度，式如玉，式如金。」皆所以喻人之美也，其來舊矣；閩南語：「別儂（音 lang）个（音 è）翁（音 ang），金翁銀翁；阮（音 guan）个翁，草翁紙翁。」正其意也。

又比之如「天」：

《大鄭上柱國鄧國公故太夫人義安郡夫人元氏墓誌》：「……泊乎忽喪所『天』，逾秉高節，而第二子和，有名於世……」（《毛本》一片）

《大唐故處士楊君墓誌》：「自所『天』傾逝，孀居累年，訓子有方，主饋無怠。」（仝上，二三七片）

《大唐故上柱國通直散騎常侍使持節唐州諸軍事唐州刺史平輿縣開國公周府君墓誌銘》：「……音儀婉順，禮節甚明，既捧案以承『天』，亦斷經而誡子……」（仝上，卷一五二）

案，以「天」為「夫」，早見於《儀禮》《喪服禮》：「女子子適人者，為其父母，昆弟之為父後者。」《傳》曰：「為父，何以期也？婦人不貳斬也。婦人不貳斬者何也？婦人有三從之義，無專用之道，故未嫁從父，既嫁從夫，夫

死從子。故父者子之天也，『夫』者，妻之『天』也⋯⋯」《左傳・桓公十五年》：「祭仲專，鄭伯患之，使其婿雍糾殺之；將享之郊，雍姬知之，謂其母曰：父與夫孰親？其母曰：人盡夫也，父一而已，胡可比也！」杜預注：「婦人在室則天父，出則『天夫』⋯⋯」唐碑誌即用此稱，如：

> 《唐張君暨夫人梁氏墓誌銘》：「⋯⋯豈謂乾坤失偶，半體云亡，年五十有五，『夫天』先逝，未亡疾首⋯⋯」（《毛本》九六片）

> 《唐故黃州揔管府陽城縣丞王君夫人陰氏墓誌》：「⋯⋯既而『天夫』先殞，提挈童遺，撫衾幬以顧懷，纂餘訓於孤嗣⋯⋯」（仝上，四三八片）

是以夫死曰「移天」：

> 《唐故衛州新鄉縣令王君墓誌銘》：「⋯⋯痛『移天』之不□，哀□□之無追⋯⋯」（仝上，一六九片）

> 《唐故祖君張夫人隴墓誌銘》：「⋯⋯爰自笄年，歸于祖氏：既而『移天』伉儷，逮事舅姑，躬自執持⋯⋯」（仝上，二四七片）

> 《有唐故成都府司錄參軍劉公墓誌銘》：「⋯⋯公之喪也，痛『移天』之重，號慟過禮⋯⋯」（《匋齋藏石記》卷三十三）

宋若華《女論語・事夫章》云：「女子出嫁，夫主爲親。前生緣分，今世婚姻。將『夫』比『天』，其義匪輕；夫剛妻柔，恩愛相因。」男尊女卑，唐女子乃不能免於此等拘限也。

　　唐人形容、描述女子，喜用「芳」字，如：

　　但言其人，則只有一「芳」字述之，如《大唐故左翊衛斛斯府君墓誌銘》：「⋯⋯滔滔南國，『芳』桃李之花；盈盈北方，□絕代之豔⋯⋯」（《毛本》四五〇片）又，《大唐張處士故夫人朱氏墓誌銘》：「⋯⋯□泉黷，清越蘭徑，罷『芳』搜芬，馥光千古⋯⋯」（仝上，四七七片）又，《唐孫君故夫人宋氏墓誌銘》：「原夫珠皋耀彩，竦光價於古今；蕙畹騰『芳』，播淑氣於前後。」（《芒洛遺文續編》卷中）亦曰「芳蘭」；或曰「蘭芳」，如《唐故會稽縣丞李府君夫人韓氏墓誌銘》：「於是婉諧琴瑟，郁爾『芳蘭』，耀彩閨闈，凝暉娣姒⋯⋯」（仝上四一七片）又，《唐故潞州上黨縣丞劉氏賈夫人墓誌銘》：「夫人，誕秀珠崖，騰英玉澤，煽『芳蘭』而流馥，蘊松篠以凝貞。」（仝上四七二片）又，《唐故張處士墓誌銘》：「⋯⋯豈圖『蘭芳』遽歇，珮落風飄⋯⋯」（仝上四七

八片）是以名曰「芳名」：

> 《唐故裴公夫人韋氏墓誌銘》：「夫人韋氏，其先京兆人也。高曾近祖，代有『芳名』……」（《匋齋藏石記》卷二十四）又，《唐故太原府都知兵馬使兼慶州行營使試殿中監賜紫金魚袋武公夫人裴氏墓誌》：「……皆代有『芳名』，爲時器重……」（仝上卷二十九）亦曰「香名」，如《隋滄州饒安縣令侯君妻劉夫人墓誌銘》：「……模範發自閨門，聲譽傳於州里，『香名』始著，忽喪天從……」又，《大唐吏部將仕郎范陽盧府君妻馮氏墓誌銘》：「展矣靈慶，猗歟世祿，德闈『香名』，望高洪族。」（以上並見《毛本》七三、八一片）

> 心曰「芳心」，往事遺跡則曰「芳塵」，如：《大唐故張夫人墓誌銘》：「挺生淑女，懿此芳林；冰情結志，玉潔『芳心』……」（《毛本》三二七片）《唐故萇夫人墓誌》：「……泉路有窮，『芳塵』不朽。」（仝上三七九片）

其有貢獻則曰「芳烈」，曰「芳徽」，曰「芳猷」，如：《唐故段夫人墓誌銘》：「……恐碧溜爲峰，翠微成沼，敢鑴『芳烈』，勒茲以銘。」（《毛本》三九一片）又，《大唐康氏故史夫人墓誌銘》：「……並謂俱承懿緒，冠蓋連華，茂慶門傳，『芳徽』不絕。」（仝上四三九片）又，《大唐故董府君任夫人墓誌》：「恐陵谷有高下之貿，城市有遷易之期，乃勒『芳猷』，敬鑴玄石。」（仝上四四○片）又，《唐故隋幽州先賢府車騎王府君墓誌銘》：「痛劬勞之莫大，哀岡極之深恩，詢諸同好，敬勒『芳猷』，以鑴玄石。」（仝上五五○片）

而聲名遠播曰「聲芳」，如：《大唐衛州共城縣故董夫人墓誌銘》：「……『聲芳』十步，來適爾朱之門；琴瑟一調，庶等南山之壽。」（仝上四七五片）又，《唐故蜀王府隊正安君墓誌銘》：「爰誕令胤，並擅『聲芳』，遊藝依仁，登朝入仕。」（仝上五一○片）亦曰「芳聲」，如：《大唐故張府君墓誌銘》：「其子靜，定州桓陽縣丞，克修代業，不墜『芳聲』……」（仝上四五九片）

故年歲曰「芳年」、「芳華」、「芳壽」，如：《唐故陸氏劉夫人墓誌銘》：「……大中九年七月□日，寢疾終於華亭邑內之私室也，『芳年』三十有七……」（《古刻叢鈔》）又，《大唐故夫人封氏墓誌銘》：「……謹勒『芳華』，永傳千□。」（仝上四二二）又，《唐故北海戚處士墓誌》：「……處士『芳壽』不或（惑？）之歲末昇，壯室之年有五……」（《匋齋藏石記》卷三十五）

其卒，則曰「芳銷」；或曰「遺芳」，如：《大唐郭君故夫人丁□墓誌銘》：

「泉寒夜永，地久天長；敢題幽石，寔播『遺芳』。」（《毛本》三四四片）又，
《大唐朝散大夫行晉安縣令蕭府君故夫人柳氏墓誌銘》：「懼陵谷遷貿，東海
變於桑田；勒此『遺芳』，永旌明於泉戶。」（《芒洛冢墓遺文四編》卷三）又，
《唐故鄭州新鄭縣令唐君墓誌銘》：「『芳銷』媚苑，花落華叢。去貞觀十六年
六月二十五日，卒於……」（仝上）

　　他如「芳苗」、「芳林」、「芳枝」、「芳風」、「芳姿」、「芳延」等，實不勝
枚舉，則唐人之心態，一如周敦頤所謂：「李唐以來，世人皆愛牡丹……牡丹，
花之富貴者也。」此猶可自唐人好用「肥」字得證，如：

　　《唐左衛大將軍兼御史中丞契苾公妻何氏墓誌》：「……明逾片玉，芳越
幽蘭，動有威儀，克彰婦道。用茲厥美，合於《詩》《禮》，故致其『家肥』
焉……」（《匋齋臧石記》卷三十三）又，《維唐故隴西李府君墓誌銘》：「嗚呼，
子婚身立，女配令德，君之幹歟？『家肥』道直，歿無餘累……」（《江蘇通
志稿》卷六）又，《唐故朝請郎行太子舍人汝南郡翟府君故夫人》（下闕）：「懿
範出於天性，淑質叶於坤儀，迨有行于翟氏，能輔佐以『肥家』，婦德備彰……」
（《匋齋臧石記》卷三十三）案，「肥」字見於《周易・遯卦》：「上九，『肥遯』，
无不利。」《正義》曰：「子夏傳曰：肥，饒裕也。四、五雖在於外，皆在內
有反顧之心；惟上九最在外極，无應於內，心无疑顧，是遯之最優，故曰『肥
遯』……」碑誌中亦數見「肥遯」，如《河東節度使檢校尚書左僕射同中書門
下平章事金城郡王辛公妻隴西郡夫人贈蕭國夫人李氏墓誌銘》：「……曾祖微
明，微明生審則，皆以『肥遯』，不干於時……」（《匋齋臧石記》卷二十六）
又，白居易撰《故饒州刺史吳府君神道碑銘》：「……『肥遯』不可以立訓……」
（《全唐文》卷六七八）「肥」有饒裕之義，後世小說，仍有以之為「有錢」、
「富饒」之義者，如：《醒世因緣》第十四回：「聞得珍哥一塊『肥肉』，合衙
門的人沒有一個不啃嚼他的，也要尋思大吃他一頓。」又，《官場現形記》第
二十八回：「但是我們這一些同寅當中，當他是一塊『肥肉』……」也有作「肥
蟲蟻」者，如上引《醒世因緣》第十四回：「喫了他幾杯酒，被他一頓沒下頷
的好話，就把個拿手放了，可惜了這般『肥蟲蟻』……」唐人既好用「肥」
字，其心態乃可知也，故無論彼為何等身分、地位，卒，則多曰「薨」，或曰
「捐館」，甚而曰「崩背」者，如：

　　《唐故太府寺主簿弘農楊府君墓誌銘》：「……楊氏之六姻肅，九族
睦，實夫人是賴；豈期脩短？是歲十一月四日，不勝其哀，『薨』於

靈側……」（《十二硯齋金石過眼錄》卷十四）

《唐故奉義郎試洋王府長史濮陽吳府君墓誌銘》：「……夫人扶風郡萬氏。閨門肅睦，無慙班氏之賢；四德不虧，豈謝謝姑之德？先以寶曆元年十月二十一日『捐館』于前里第，及今克遵祔，禮也。」（《金石萃編》卷一〇八）

《蕭君墓誌銘》：「……夫人李氏，當代名流，洛浦之姿，巫山之質。祖父軒車，一門朱紫，不幸凋殞。公以乾元二年四月十五日『崩背』卒於私家……」（《匋齋臧石記》卷二十七）

適人則擇「金夫」，治室則使「家肥」，生曰「芳」，死曰「薨」，唐人之夸大、現實，從可知矣。

以上就其「語」，以考其「意」；然余讀唐之女子碑誌，見猶有可論者，厥爲「語體」焉。

第二節　語體之研究

夫碑者，立石之形制；銘者，傳述之文字。故彥和《文心雕龍》云：「碑實銘器，銘實碑文」（卷三《誄碑》）形制可以多方，文字則唯務典雅，所謂：「屬碑之體，資乎史才，其序則傳，其文則銘。標序盛德，必見清風之華；昭紀鴻懿，必見峻偉之烈。」（全上）至若銘詞之要求，彥和述之實所具體焉：「箴全禦過，故文資确切；銘熏褒讚，故體貴弘潤。其取事也必覈以辨，其摛文也必簡而深，此其大要也。然矢言之道蓋闕，庸器之制久淪，所以箴銘異用，罕施後代。惟秉文君子，宜酌其遠大焉。贊曰：銘實表器，箴惟德軌。有佩於言，無鑒於水。秉茲貞厲，敬言乎履。美典則弘，文約爲美。」（全卷《銘箴》）

文既以約爲美，則其尚簡潔可知矣；以典雅爲訴求，則其惡俚俗文，亦可知矣。雖然，余翻讀碑誌之時，則頗見其窈窱狂夫之語，乍見之際，綦有披沙得金之喜焉。因作「語體考」云。

顧名思義，語體者，口語詞體之謂也。古人所謂直語，所謂諺者是矣。《文心·書記篇》云：「諺者，直語也。喪言亦不及文，故弔亦稱諺。廛路淺言，有實無華。鄒穆公云囊漏儲中，皆其類也。《太誓》曰：古人有言，牝雞無晨。《大雅》云：人亦有言，惟憂用老。並上古遺諺，《詩》《書》可引者也……

夫文辭鄙俚，莫過於諺，而聖賢詩書採以爲談，況踰於此，豈可忽哉！」分詞彙、俗語二端以述之。

一、詞彙考

（一）名　詞

「阿」。从𨸏可聲，是以古者多與「地土」之義相關，如《詩・小雅・菁菁者莪》云：「在彼中阿。」《傳》云：「大陵曰阿。」《穆天子傳一》：「天子獵于鈃山之西阿。」《注》云：「阿，山陵也。」《楚辭・九歌・少司命》云：「晞女髮兮陽之阿。」《注》云：「阿，曲隅，日所行也。」等皆是。

其所以有「詞頭」之用法者，余以爲當自以下尋繹之：一、與「倚」同音相通叚，如《尙書・太甲上》：「惟嗣王不惠乎阿衡。」《傳》云：「阿，倚；衡，平。」《疏》云：「古人所讀阿、倚同音，故阿亦倚也。」（案，因其有「倚」意，引申而有「近」意，《廣雅・釋詁・三》：「阿，近也。」故《漢書・賈山傳》云：「阿房之殿。」顏師古《注》云：「房字或作旁。說云始皇作此殿，未有名，以其去咸陽近，且號阿旁；阿，近也。」）二、又與「伊」相通用，如《詩・小雅・正月》：「有皇上帝，伊誰云憎？」又，《小雅・何人斯》：「伊誰云從？惟暴之云。」之「伊誰」，漢人乃代之以「阿誰」，如《樂府・十五從軍征》：「道逢鄉里人，家中有阿誰？」又同篇：「羹飯一時熟，不知貽阿誰？」又如《三國志・蜀志・龐統傳》：「向者之論，阿誰爲失？」等是。三、晉人亦用作「這个」解，如《晉書・王衍傳》：「妻郭氏聚斂無厭，衍疾郭之貪鄙，故口未嘗言錢。郭欲試之，令婢以錢繞床，使不得行；衍晨起，見錢曰：舉阿堵物卻。」仝書《顧愷之傳》：「每畫人成，或數年不點目精。人問其故，答曰：傳神寫照，在阿堵中。」又，《世說新語・文學》中：「殷中軍見佛經云：理亦應在阿堵上。」《野客叢書》卷四云：「今人稱錢爲阿堵，蓋祖王衍之言也；阿堵，晉人方言，猶言這个耳。王衍當時指錢而爲是言，非眞以錢爲阿堵也。」〔註1〕四、用爲「詞頭」之情形，畧可分成以下觀之：

〔註1〕 楊勇《世說新語校箋・文學篇・殷中軍見佛經條》：阿堵，晉人習語。阿，發語辭。堵，音者，此也。劉《箋》：「按阿本爲𠀀之借字。《說文》：『𠀀，反丂也，讀若呵。丂，气欲舒出，上礙於一也。』故𠀀丂爲發聲之詞，通以阿字爲之。堵，即者字，同音互用……者，皆訓爲此。今人尚謂此爲者。如者里、者回是也。俗書作這，無以下筆，古人語緩，故者字上加阿以足語氣，猶名蒙者稱阿蒙，言誰者語作阿誰耳。阿字，本自無意義也。」

　　一者作爲人名之詞頭，如《三國志·呂蒙傳注》：「魯肅衹蒙背曰：非復吳下阿蒙。」《宋書·劉敬宣傳》：「高祖謂王誕曰：阿壽（案，即劉敬宣，字萬壽也）故爲不負我也。」全書《王微傳》：「以書告靈曰：阿謙何圖至此！誰復視我？誰復憂我？」（案，謙即王微弟僧謙也）又，《世說·雅量》：「見阿恭，知元規非假。」（案阿恭，即庾會）等是也。〔註2〕

　　一者作爲稱代詞之詞類，如王敷《茶酒論》：「阿你酒能昏亂，喫了多饒啾唧。」《燕子賦》：「鵃鶒隔門遙喚，阿你莫漫輒藏……」《異苑·鬼仙歌》：「登阿儂孔雀樓。」皆是也。

　　一者作爲親屬稱呼之詞頭，如《世說新語·排調篇》：張蒼梧是張憑之祖，嘗語憑父曰：我不如汝。憑父未解所以。蒼梧曰：汝有佳兒。憑時年數歲，斂手曰：「阿翁，詎宜以子戲父？」阿翁，蓋祖父之習語也，中古時江左之人語氣舒緩遲慢之故，多在親屬之前加一個「阿」字。如全書《德行篇》：「謝奕作剡令，有一老翁犯法，謝以醇酒罰之，乃至過醉而猶未已。太傅時年七、八歲，箸青布絝在兄膝邊坐，諫曰：阿兄，老翁可念，何可作此？奕於是改容曰：阿奴欲放去邪？遂遣之。」又，《識鑒篇》：「周伯仁母，冬至舉酒賜三子曰：吾本謂度江託足無所。爾家有相，爾等並羅列，吾復何憂？周嵩起，長跪而泣曰：不如阿母言。伯仁爲人，志大而才短，名重而識闇，好乘人之弊，此非自全之道。嵩性狼抗，亦不容於世。唯阿奴碌碌〔註3〕，當在阿母目

〔註2〕《陔餘叢考》：「俗呼小兒名，輒曰阿某，此自古然，如漢武云：若得阿嬌，當以金屋貯之。」此可於漢碑中得證，《成陽靈臺碑陰》有：「仲阿東出錢二千，主吏仲阿先出錢二千……」又，《郎阮神君祠碑陰》有：「……劉奉阿奉、劉興阿興……潘京阿京……車春阿春……」宋洪适云：「前碑之後曰有秩者六十餘人，在碑之陰則無秩可知矣。其前四十餘人稱之曰郡吏；其間四十人皆字其名，而繫以阿字，如劉興阿興、潘京阿京之類，必編戶民，未嘗表其德，書石者欲其整齊，而强加之，猶今閭巷之婦以阿絜其姓也。又有複姓數人，但云北宮世平、夏侯阿升，可見其不欲參差也。《靈臺碑陰》載諸仲名字有仲東阿東及仲阿同、仲阿先數人，與此正相類。」（以上所引具見《隸釋》卷二、三）

〔註3〕楊勇《世說新語校箋·德行篇·謝奕作剡令條》：阿奴，六朝時人習語，用於親昵之第二身稱代名詞。《魏書·蕭明業傳》：「臨死執明業手曰：阿奴若憶翁，當好作。明業呼何氏曰：阿奴暫起去。」本書《方正篇》（二十六）：「阿奴好自愛。」《容止篇》（二十五）：「阿奴恨才不稱」，諸此阿奴皆是代稱詞……唯《識鑒篇》（十四）：「阿奴碌碌，當在阿母目下耳。」《注》引鄧粲《晉紀》曰：「阿奴，嵩之弟周謨也。」（《雅量篇》（二十一）同）及《品藻篇》（四十三）：「阿奴比丞相，但有都長。」《注》云：「阿奴，濛小字也。」

下耳。」之阿兄、阿母等是。然此等習語，唐人猶沿用不輟，如《舜子變》云：「汝莫歸家，但取你親阿孃墳墓去……阿爺取一個計阿孃來。」又，《降魔變文》云：「小女曲躬啓言阿翁。」又，《太子成道經》云：「各自念佛歸舍去，來遲莫遣阿婆嗔。」而碑誌之中，亦嘗見之，如：

> 《八瓊室金石補正》卷三十《崔貴本題記條》云：「弟子崔貴本敬造像一龕，并二菩薩，裝（莊？）嚴成就。願合家、又願已（己？）身及『阿婆』等，並爲法界眾生，並願去離三塗受苦。願□悉令解脫，復願貴本當來往生，願見佛聞法。貞觀二十三年十一月八日弟子崔貴本造□□□□養。」

又，全書卷四十五，《趙守訥妻陳造象記》條云：「大周大足元年二月十四日，趙守訥妻陳四娘爲『阿翁』患〔註4〕，願得老，敬造彌陁一鋪，合家大小一心供養。」

至若阿婆，《南史》卷五《齊廢帝鬱林王紀》云：「文惠太子（案，即廢帝父）每禁其起居，節其用度。帝謂豫章王妃庾氏曰：「阿婆，佛法言有福生帝王家；今見作天王，便是大罪，左右主帥動見拘執，不如市邊屠酤富兒百倍。」《朝野僉載》亦云：「咸亨以後人皆云：『莫浪語，阿婆嗔，三叔聞時笑殺人。』後果則天即位，至孝和嗣之；阿婆者，則天也；三叔者，孝和爲第三也。」此云「阿婆」，竟爲婦人之尊稱。而唐人亦以之爲自稱，則「婆」蓋「僕」之轉音也。《唐摭言》：「薛逢厄於宦途，常策羸馬赴朝，值新進士綴行而出，見逢，斥令迴避。逢遣一介曰：莫乞相，阿婆三五少年時，也曾東塗西抹來。」

「老」劉淇《助字辨畧》卷五《阿字條》云：「阿本收歌韻，不載入聲。

此二條者，殆因親昵稱代詞，而轉爲某人之私名也。然又自習語演變而出無疑。

〔註4〕阿翁，常與阿家連用，而做「阿家翁」或「阿家阿翁」唐趙璘《因話錄》卷一：「郭曖嘗與昇平公主琴瑟不調，曖罵公主，倚乃父爲天子耶？我父嫌天子不作！公主恚啼，奔車奏之。上曰：汝不知，他父實嫌天子不作；使不嫌，社稷豈汝家有也？因泣下，但命公主還。尚父拘曖，自詣朝堂待罪，上召而慰之曰：諺云：『不癡不聾，不作阿家阿翁』小兒女子閨幃之言，大臣安用聽？錫賚以遣之，尚父杖曖數十杖而已。」又，《隋書》卷四十六《長孫平列傳》云：「時有人告大都督邲紹非毀朝廷，爲憤憤者，上怒將斬之。平進諫曰：川澤納汙，所以成其深；山岳藏疾，所以就其大。臣不勝至願，願陛下弘山海之量，茂寬裕之德，鄙諺曰：不癡不聾，未堪作大家翁。此言雖小，可以喻大。」

然方言多讀作俄合切，故附卷末。南人稱阿〔註5〕，猶北人稱老。如白香山詩云：常被老元偷格律。是也。」因於「阿」字之後，究其「老」字。

老，《說文》八上《老部》：「考也。七十曰老，從人毛匕，言須髮變白也。」王協《漢語史稿》第三章《語法的發展》云：「詞頭老字來源於形容詞老字，最初是表示年老或年長的意思。後來由於這種形容詞老字逐漸虛化成詞頭。詞頭老字可以用於人和動物兩方面。這兩種老字都是在唐代產生的。」羅宗濤氏《敦煌講經變文研究》中，頗多舉例，如云：「變文名詞上又加一『老』字者，此例或則有年邁之意，或則無之，如：

目連緣起云：自從『老母』身亡後，出家侍佛作闍梨。（頁706）

《維摩詰經講經》文云：問我新從何處來，聽取『老夫』細祗對。（頁610）

季布詩詠云：千金不傳『老頭』春，醉臥階前忘卻貧。（頁845）

降魔變文云：『老身』依平斷割，必望取無曲情。（頁368）

齖䶗書云：新婦道辭便去，口裏咄咄罵詈：不徒（圖）錢財產業，且離怨家『老鬼』。（頁858）

〔註5〕「南人稱阿」之說，是矣。余於考述老子為南人時，頗有所見。《二章》：「天下皆知美之為美，斯惡矣。」《考述》曰：「斯，（《帛書》）《甲本》作訾。按『訾』是『呰』之異體；『些』者，『呰』之俗寫。《說文》：『些，語辭也，見《楚辭》。』又按《釋詁》：『茲、斯、咨、已，此也。』《說文》：『此，止也。』段《注》：『於物為止之處，於文為止之詞。』是亦為『語辭』也。《部首訂》云：『至若茲、斯之訓此，蓋皆屬此篆同音假借，非有別意也。』而《方言》十云：『訾，何也。湘潭之原，荊之南鄙謂『何』為『曾』，或謂之『訾』，若中夏言『何為』也。郭《注》：『今江東八語，云『訾』為聲如『斯』。』又《四章》「淵兮似萬物之宗」《考述》曰：『兮，《帛書》都作『呵』。《說文》《口部》無『呵』字，而《丂部》云：『兮，反丂也，讀若呵。』《校錄》謂『呵當作訶』則『訶』為正字，『呵』則俗寫；然漢人多有作『呵』者，例繁不勝舉。兮，《段》注『胡雞切，十六部』，呵，『虎何切，十七部』應可通段。然《口部》：『呰，苛也。』苛為訶之假借，學者辯之明矣；是呰者，呵也。而『呰』乃『訾』之異體，『訾』則湘潭、荊南之語詞，然則用『呵』者，老氏鄉音也。」（參閱《老子考述》葉四四、五五）證以前述「阿」字，可以知焉。而閩南語亦多有「阿」字為語詞者，連雅堂《臺灣語典》卷一：「阿，為發語辭。亦呼如安。〔例〕阿舅、阿姑、阿公、阿媽。」（葉三十六）又卷三：「阿私，謂自美也。〈孟子〉：汙不至阿其所好。註：阿，比也。〈韓非子〉：古者蒼頡之作書也，自環謂之私，背私謂之公。」全卷同葉：「阿諛，謂美人也。阿見前；諛呼老，轉音也。《說文》：諛，諂也。」（葉一三七）

百鳥名云：鶺鴒亦曾作『老鼠』，身上無毛生肉翅。（頁852）

又云：崔公身寸惹子大，卻謙（嫌）『老鴇』沒毛衣。（頁852）」是也。

夷考《晉書・五行志》，謂「物老爲妖，人老爲精」豈「老」之爲「詞頭」，殆出於此意乎？《宋書・沈慶之傳》：「謂人曰：『老子』今年不免。」又全書《劉敬宣傳》：「高祖笑曰：但令『老兄』平安，必無過慮。」《晉書・郭奕傳》：「大丈夫豈當以『老姊』求名？」又，《南史・王僧達傳》：「何尚之致仕，復膺朝命，宅設八關齋，自行香，次至僧達，曰：願郎且放鷹犬，勿復游獵。僧達曰：家養一『老狗』，放無處，去已復還。尚之失色。」此蓋以『老狗』諷何尚之，然必亦時人習語也。又，《三國志・魏志・鄧艾傳》：「七十『老公』，反欲何求？」全書《吳志・孫休傳》：「行至曲阿，有『老公』干休，叩頭曰，事久變生，天下喁喁，願陛下速行。休善之。」

「老師」一詞，其用綦早，《左傳・僖公三十二年》：「老師費財，亦无益也。」意謂軍隊疲罷，又費國帑，殊無益也。是「老」爲動名詞也。《史記・荀卿傳》：「齊襄王時，而荀卿最爲『老師』。」是年最尊也。

《匋齋臧石記》卷三十二，《唐故柳氏長殤女墓誌銘》云：「嗚呼，天不與壽，而生不能成其美者，我家之殤妹，名曰『老師』是也。會昌五年五月二十一日發于昇平里第，享年一十有六。兄仲郢見任京兆尹……」云云，則是以「老師」爲人名，且爲女子名也，詳見本論文《姓名考》章。

「老師」而意爲門生於師長之尊稱敬語者，《觚不觚錄》云：「京師稱謂極尊者老先生，自內閣以至大小九卿皆如之，門生稱座主，亦不過曰老先生而已。至分宜當國，而諛者稱老師，甚或稱夫子，此後門生稱座主，俱曰老師。」

「老婆」《說文》無「婆」字，但做「嫠」，十二下《女部》曰：「嫠，奢也。从女般聲。」因从「般」，故有「大」意，引申乃有「奢」意。桂馥氏《說文義證》云：「奢也者，言奢張也。或作婆。《晉書》：大司馬府有老槐樹，殷仲堪對而嘆曰：此樹婆娑，生意盡矣。馥案，《樂府・楊婆兒》譌爲《楊叛兒》，西戎有朱俱波國，亦名諸居槃國。此般、波相通之證。徐鍇本有『一曰小妻也』五字，《六書故》、《廣韻》並同（案，查《廣韻》作『一曰老女稱』，不知桂氏何據而見云），馥案，北人謂妾曰小婆子。」小婆，或與老婆對稱而有者歟？唐人多作「老女」之稱謂，如寒山詩：「東家一老婆，富來三五年；昔

日貧於我，今笑我無錢。」（《全唐詩》卷八〇六）又，「老翁娶少婦，髮白婦不耐；老婆嫁少夫，面黃夫不愛。老翁娶老婆，一一無背棄；少婦嫁少夫，兩兩相憐態。」（仝上）可見唐人「老婆」率具尊敬之意，又如《臨濟錄》云：「普化以手指曰：河陽新婦子，木塔老婆禪，臨濟小廝兒，卻具一隻眼。」道原《景德傳燈錄》載黃蘗事：「黃蘗云：汝迴太速生。師云：祇爲老婆心切。」又，「愚曰：黃蘗恁麼老婆心切。」故唐人或以爲人名者，如回紇酋長胡祿俟利發吐迷度之子，即名婆閏（案，《新書》卷二一七上《回鶻傳》，《舊書》一九五，謂：「回紇，其先匈奴也，俗多乘高輪車，元魏時亦號高車部。或曰敕勒，訛爲鐵勒……姓藥羅葛氏，居薛延陀北，娑陵水上，距京師七千里……吐迷度兒子烏紇丞吐迷度之妻，遂與俱陸莫賀達千俱羅勃謀亂，而歸車鼻可汗。二人者，皆車鼻壻，故烏紇領騎夜劫吐迷度殺之……（太宗）擢其子婆閏左驍衛大將軍，襲父所領。」《通鑑》事載於貞觀二十二年，卷一九九）又《金石萃編》卷六十七《皇甫賓經幢》之題名錄，有「邵婆」其人者。另全書卷六十八《法琬法師碑》謂：「法師即故隋吳國公尉綱之外孫。」尉綱，殆即尉遲綱之省稱。蓋《碑文》後云「其寺（案，指法琬法師住錫之寺）吳公之本置也」，今考《長安志》：「嘉會坊西南隅褒義寺，本隋太保吳武公尉遲綱宅。初，剛兄迴置妙象寺于故都城中，移都後，剛捨宅立寺，名褒義，材木皆舊寺者。」是也。而《北周書・尉遲綱傳》（卷二十）云：「綱，字『婆羅』，蜀國公迴之弟也。」等，皆以「婆」爲名之例，他不悉舉，而其所以用爲名字者，殆具尊敬之意焉。故《匋齋臧石記》之《杜文彊到承福造象記》中之「老婆」，猶是尊稱語，非如後世於妻子之暱稱也。其文曰：「天授二年（案，即武則天西元 690 年 9 月即帝位，稱聖神皇帝，改國號曰周，改元天授之第三年，西元 692 年）五月二十八日。佛弟子杜文彊，到承福爲聖母神皇帝，爲『老婆』及七世高祖，又□七師娃妙勝敬造藥師流離像一區，願亡者託生西方无量國土。普及救拔一切蒼生，咸登正法。佛弟子母王一心供養，妹四娘一心供養，妹五娘一心供養，福妻成一心供養，福女大娘一心供□。」文中舉「老婆」於「七世高祖」之上，又與「母」、「妻」並舉，則其別具尊異之意，可以見矣。

關於「婆」字，除前述之「阿婆」、「老婆」之外，又有與「外孫子」（參後文《「子」字條》）對稱之「外祖婆」，如《八瓊室金石補正》卷二十九《三臺造象五段》「像主靜仰爲外祖婆達陵敬造」是。又有「外婆」之稱，如上引

全書卷四十六《本願寺僧智秀尊勝幢記》之「像主麴康爲外婆麴供養」是也。
清陸增祥案語云：「題名有云：象主麴康爲外婆麴供養。外婆即今外祖母之俗
稱（然則前文之「外祖婆」，當是「外曾祖母」之謂也），當是麴康之祖姑出
嫁生女，復歸女爲麴氏婦（案，余頗疑此爲同姓相婚之例也，說詳《生活之
研究章・婚姻節》）。」又五十卷《霍宏泰造浮圖銘》亦有：「比邱郝處思，馬
庭暉爲見存外婆李供養。」又有稱舅姑爲「父婆」者，如《八瓊室金石補正》
卷三十九《強三娘造心經題記》云：「永隆二年五月四日，雍州好畤縣佛弟子
強三娘，爲亡□（案，缺空字或當爲「夫」字）及父婆、男女眷屬敬造彌勒
世尊、觀□音、地藏二菩薩及鐫《般若多心經》□男張万基第缺下」《續金石
萃編》卷五，「強三娘」做「張三娘」，其缺空之字，分別爲「夫」、「世」、「息」
等。

　　「婆」有尊敬意，已見上文；「老」亦有其意，上文亦可概見矣。而唐人
加「老」於名氏之後，稱「某老」，以示敬意，則唐之詩文，俯拾皆是；《碑
誌》文中，亦時有得見者，如《匋齋臧石記》卷三十二《衛君夫人輔氏墓誌
銘》：「……夫人猶有眾子三人，寄于淮楚。長曰孟老，次曰小孟，□曰千郎，
並髫齓之年也。」以「孟老」與「小孟」序列其次，是長幼之禮意顯然可見
也。又全書全卷《陳夫人蔣氏墓誌銘》：「有孫四人：長孫師貞、次孫宮十、
李老、金鋃等。」而以「老宿」稱老成績學之老師宿儒者，杜甫《大雲寺贊
公房詩》有：「深藏供老宿，取用及吾身」《碑誌》中亦數見此等用法，如《金
石萃編》卷六十七《杜城店殘幢》有：「……並願同證菩提。杜城店合村老宿
等同。」又，全卷《李端符經幢》：「老宿杜諫」，又，全書全卷《西明寺經幢》：
「袁興、韓仕僋……茹在遷、老宿田宗古……」等是；亦有以之尊稱高僧大
德者，如上引全書全卷《龍興寺經幢》云：「……奉爲國王太子輔相大臣、州
縣宗寮及多生父母、十方施主、法界有情重修此幢，永充供養。大中五年（案，
即宣宗朝之西元 851 年）八月二十四日建……大德僧幼則、老宿僧惟素……
供奉大德僧貞實、監寺大德僧良滌、長講律大德僧懷志、僧常居、法師洪
彬……」或稱僧，或稱大德僧，或就其職務加大德僧，或稱法師，而與「老
宿」並列，知爲尊詞無疑也。

　　「子」前述「阿」、「老」率爲詞之帶頭者；今此之「子」字，則多爲詞
尾（其非爲「詞尾」者，於本節後之「俗語」條論之，請參閱。）然詞尾與
非詞尾之帶「子」字者，殊難區分，王協氏《漢語史稿》提出六種不得爲詞

尾之例，頗堪斟酌。其言云：「就現代普通話來說，鑑定詞尾的主要標準是輕音；但是古代的史料並沒有把輕音記錄下來。現在我們只能憑意義來看它是不是詞尾。有六種『子』字不應該認為詞尾：第一，是『兒子』的『子』，例如《詩經·小雅·斯干》：『乃生男子……乃生女子』，其中的『男子』、『女子』實在等於現代的『男兒子』、『女兒子』；第二，是作尊稱用的『子』，例如『夫子』、『君子』；第三，是指禽獸蟲類的初生者，例如『虎子』、『鶴子』、『龍子』、『蠶子』；第四，是指鳥卵，例如『雞子』、『鳳子』；第五，是指某行業的人，例如『舟子』、『漁子』；第六，是指圓形的小東西，例如《史記·高祖本紀》：『左股有七十二黑子』。」雖然，彼固不得為詞尾之『子』字，要亦不失為俗語之一現象，固當論敘於後也。而清翟顥《通俗編》引《中華古今注》之衫子、芙蓉冠子、雲母扇子等，以為多未嘗辨其物之大小，而概呼「服器之屬，多以『子』為助，其來已久。」今考《碑誌》此例，亦有可說者云，如：《金石萃編》卷六十七《元政經幢》云：「為亡父母建立『石幢子』一所。」、《八瓊室金石補正》卷四十八有「大悲幢子」、《匋齋臧石記》卷二十四《劉玄通姊比丘尼摩兒等造象題名》：「清信士劉待舉……孫男零凝、妻趙，零超、零異，凝女鵝兒、『鴨子』、□該……」又如《江蘇金石志》卷七《衡陽寺殘經幢》有：「『皂羅衫子』壹領資薦生界。」等是也。證之唐人詩文，如白居易《讀史五首》：「富貴家人重，貧賤『妻子』欺。」（《全唐詩》卷四二五）又，《舊書·輿服志》：「北齊有長帽、短靴、合袴、『襖子』。」全書《張濬傳》亦有：「賊平之後，方見『面子』。」等皆是也

　　因論「子」字，乃及於「兒」字；「兒」之為詞尾，固由其本義「孺子也」（見《說文》）引申而得；然其起源，或不如「子」字之早，而亦見於唐人之詩文也。其最著者，莫如金昌緒名句之：「打起『黃鶯兒』，莫教枝上啼；啼時驚妾夢，不得到遼西。」又如白居易《秋槿詩》：「……『男兒』老富貴，女子晚婚姻；頭白始得志，色衰方事人……」（《全唐詩》四三三卷）李後主詞：「雲一緺，玉一梭，『淡淡衫兒』，薄薄羅，輕顰雙黛螺。」皆可為據。

　　《碑誌》文中以「兒」為詞尾者，除前引《劉玄通造象題名》：「凝女『鵝兒』、鴨子」外，多為人名，詳見《本論·姓名考》章。雖然，凝女之『鵝兒』固為人名，以其與『鴨子』並舉，殆可視為詞尾也歟？

　　「小」本為形容詞，形容事物之不大、不足者；然亦引申為親暱之詞，或加諸姓名之上，或加諸名詞之前，而為一名詞者，如：《史記·淮陰侯列傳》

云：「王素嫚無禮，今拜大將，如呼『小兒』。」又，《漢書·西域傳·車師後長城國傳》：「殺校尉刁護及子男四人、諸昆弟子男，獨遺婦女小兒。」案，此處所言之「小兒」，特指「幼弱者」言耳。其爲卑賤謙虛之辭，則更接近今之口語者也，如：《三國志·吳志·孫皓傳》云：「『小兒』無德致客，學者多貧，故爲廣被，庶可得與氣類接也。」又，《北史·元行恭傳》云：「父文遙嘗謂盧師道曰：『小兒』比日微有所知，是大弟之力。」余案，此等以卑賤謙辭稱己子者，殆因唐時給役者之稱呼而益著歟？《通鑑》卷二三六《順宗永貞元年條》：「甲子，上御丹鳳門，赦天下……貞元之末，政事爲人患者，如宮市、五坊小兒之類，悉罷之。」胡三省注云：「小兒者，給役五坊者也。唐時給役者多呼爲『小兒』，如苑監小兒、飛龍小兒、五坊小兒是也。」其見於碑誌者，如：

> 《大唐故代國長公主碑》：「……不情願者，於諸庄安置。先是司農『小兒』，亦准此……」（《金石萃編》卷七十八）

與之相對者，則稱「小女」，如：

> 《大唐故康州司馬上柱國來府君墓誌銘》：「……夫人段氏褒國公之長女；後夫人吳氏，大將軍志之『小女』……」（《八瓊室金石補正》卷五十四）

與「小」相對者，爲「大」，如：

> 《唐故楊夫人墓誌銘》：「夫人楊氏，河南洛陽人也。父樂之『大女』也。」

（《毛本》二三四片）案，此之「大女」，即長女；然古文多作「長女」，罕有作「大女」者，因誌於此。另有「大外家」之稱呼，亦頗罕見。

> 《唐蘭陵長公主碑》：「……奉詔：竇氏既是『大外家』，情禮稍異，特宜陪葬昭陵……」（《金石萃編》卷五十二）案，蘭陵公主下嫁竇懷悊，懷悊爲高祖妻太穆皇后之姪曾孫也，故謂之「大外家」。夷考《通鑑》卷一六三《梁簡文帝大寶元年條》：「（侯）景性殘酷……百姓雖死，終不附之。又禁人偶語，犯者刑及外族。」胡三省注云：「男子謂舅家爲『外家』，婦人謂父母之家爲『外家』。外族，外家之族。」是也。閩南風俗，於「外家」慕重視，有一俗語，謂：「死查（音 tsa）夫（音 poo）扛去埋，死查某（音 boo）等候外家（音 ke）來。」洪惟仁《臺灣禮俗語典》釋之曰：「意即男人死了可以自家料理，死了女人，必須等候女人的『後頭厝』來驗屍，看是不是被『大家苦

毒死』？『翁婿害死』？『囝兒不孝氣死』？所以死了女人必須等
候外家來。如認爲囝兒不孝，外公（案，亦可由舅舅行之）可以用
手杖打外孫，如認有他殺嫌疑可以向官府請求『仵作』（原注：驗死
官）驗屍，在外家來之前，不可草草入殮，否則外家有權要求『開
棺驗屍』，或稱『破棺驗屍』。」（第三十七節《哭路頭、報白》）

既言「外家」，乃有「新婦」；「新婦」一詞，爲「新嫁娘」之意者，爲時甚早
（殆《戰國策・衛策》已見之矣），此不贅。其用爲「子之婦」者，《後漢書・
列女傳》首見焉：「周郁妻者，趙孝之女也，字阿。閑於婦道，而郁多行無禮；
郁父偉謂阿曰：『新婦』賢者女，當以道匡夫。」而唐人用之乃甚普遍，如：

　　《陳少公亡太夫人蔣氏墓誌銘》：「……陳氏性仁溫孝，能奉舅姑，
　　於娣姒之間偏沐撫愛。姑常謂之曰：蔣氏『新婦』解吾意，每所動
　　用皆合吾心……」。

又，《大唐故鴈門郡解府君墓誌銘》：「霜妻李氏，偕老願違……長『新婦』曹
氏等號天叩地……」（《金石萃編》卷一〇六）今閩南語猶用之，如云「娶新（音
sim）婦（音 pu）」、「娶新婦房內紅，嫁查（音 tsa）某（音 boo）囝（音 kian）
房內空」、「不孝新婦三頓（音 tng）燒，有孝查某囝路裏（音 li）搖（音 io）」
皆是也。

　　再者稱「女之夫」曰「婿」，或作「壻」，唐人或作「聟」，或作「䎸」，
實不得其解也。如：

　　《劉嗣先造石浮圖記》云：「……『女聟』張元太等……」（《匋齋藏
　　石記》卷二十三）

又，

　　《唐故嶺南節度使右常侍楊公女子書墓誌》：「……子書之『姊
　　聟』……」（仝上，卷三十五）

又，

　　《唐故朝議郎前行宣州南陵縣尉柱國張府君墓誌銘》：「……迺是德
　　章外甥『女聟』……」（仝上，卷三十五）

又，

　　《衡陽詩殘經幢》：「女弟子吳五娘捨亡『兒聟』楊八郎……」（《江
　　蘇通志稿》卷七）

「壻」亦謂之「半子」，《舊》卷一九五《迴紇傳》：「德宗御延喜門見之，時

迴紇可汗喜於和親，其禮甚恭上，言：昔爲兄弟，今爲子；壻，『半子』也。
又嘗罵吐蕃使者……」今考《金石續編》卷九，亦作「半子」，而閩南語恒云：
「囝婿是『半子』」。

又近日流行年齡幼小者爲「幼齒」，不知唐人早已用之；此見於碑誌，則
彌足珍貴也。《大唐通君閭夫人墓誌銘》云：「夫人誕靈秀出，稟自生知……
天然表其六行，『幼齒』彰其四德。百兩之禮，醮于通氏……」（《毛本》六四
七）

（二）代名詞

古文用及第一人稱代名詞，多作「吾」、「我」、「予」、「余」；碑誌或單用
「我」字，或與「家」字連用，則頗有「語體」之味道也。如：

> 《□故右拾遺清河崔府君與滎陽鄭氏夫人合祔墓銘》：「鄭夫人亦
> 『我』之自出也，族氏高顯，著美山東……」（匋齋臧石記卷三十
> 六）

又，

> 《唐故朝請郎行太子舍人汝南郡翟府君故夫人》（下闕）：「……仁而
> 不福，是上帝不惠于『我家』也……」（仝上，卷三十三）

又，

> 《唐□□夫人□河內張氏墓誌》：「……『我家』之殤妹，名曰老
> 師……」（仝上）

（三）枚數字

半，本爲分物之半之意，古人亦恒用之，如《左傳》：「行百里者半九十」
是也。然彼與他字相結，隱然有語體之味道者，如：

> 《蕭君墓誌銘》：「……啓舊殯，崇新塋於高平村東北『半』里平原，
> 禮也。」（《匋齋臧石記》卷二十七）

又，

> 《唐毛公故夫人魯郡鄒氏墓誌》：「……東西各長四步『半』，南北各
> 長四步『半』……」（《江蘇通志稿》卷五）

又，

> 《大唐故處士王君墓誌銘》：「栖鳳雙桐，初傷『半』死。」（《毛本》
> 五九三片）

又，

> 《大唐處士故君胡君墓誌》：「翰林之鳥，始雙飛而隻飛；龍門之桐，
> 俄『半』生而『半』死。」（《金石萃編》七十）

文言於「一之倍」輒多用「二」字，語體輒多用「兩」字，余於碑誌中亦偶
見之。如前引《毛本》五九三片，其下即云：「成龍『兩』劍，竟此俱逝。」
是也。

至若枚數字之前或後之單位「名稱」，碑誌中亦有數見，如前引之：

> 「半『里』平原。」或「東北一『里』半之原。」

> 「東西各長四『步』半，南北各長四『步』半。」

> 《衡陽殘經幢》：「皂羅衫子壹『領』，資薦生界。」（《江蘇通志稿》
> 卷七）

又，

> 《大唐故興聖寺主尼法澄塔銘》：「今上在春宮，幸興聖寺，施錢一
> 千『貫』，充脩理寺。」（《金石萃編》卷七十八）

又，

> 《大唐故代國長公主碑》：「蒙遂奉一『杯』水別，飲畢長逝。」（同
> 石）

又，

> 《大唐故王君墓誌銘》：「……名高一『代』，芳流萬世。」（《毛本》
> 四三五片）

又，

> 《□□趙夫人墓誌銘》：「……數□□□，□聞已往；一『株』靈草，
> 徒怨路遙。」（仝上，二四二片）

又，

> 《黃順儀尊勝幢記》：「……於塋所建造尊勝陁羅尼幢壹『軀』……」
> （《八瓊室金石補正》卷四十八）

案，「壹軀」之「軀」，以其為「經咒」，故應作「壹幢」，或「一所」，如仝書
仝卷《□勝陁羅尼眞言》：「咸通十五年三月十三日，建……石幢『一所』……」
又，《潛溪寺扶風郡尊勝幢記》：「（上缺）預尊勝幢『一所』願七代幽冥，神
生淨剎……」又，《本願寺僧知磬等尊勝幢記》：「……敬造石像堂，并建此
『幢』……」（仝上卷四十六）又，《王剬尊勝幢題名》：「……發願造此寶

『幢』……」（全上卷四十八）等是也。若造佛像，則曰「軀」，如：上引《本願寺記》即有：「……敬造石菩薩『一軀』……」又，《令狐勝造象記》：「令狐勝爲亡兄敬造石藥師琉璃光像『一軀』，勒石裁龕，像因石建。」（全上卷四十四）等皆是，而「軀」又作「區」，如：《竇門姜氏女造像記》：「清信女竇門姜，爲妾夫鉅野將軍李□苟，造石像『一區』，高六尺……」（《金石萃編》卷六十八）然亦多有作「鋪」者，如：《八瓊室金石補正》卷四十四《郝貴兄弟造像記》即作：「大周長壽三年……兄弟二人敬造石像『一鋪』，上爲……」全書全卷《尼二娘造象記》亦作：「清信佛弟子比邱尼二娘，□爲亡父……敬造阿彌像『一鋪』，并二菩薩……」等是。

> 《僧文鑒等經幢》：「內有舍利二七『粒』。」（《金石萃編》卷六十七）

> 《龍興寺經幢》：「頭陀僧處道重修建，內有舍利五十四『顆』，琉璃瓶盛。」（全上）

其不能確定數目者，文言多用「略」、「殆」、「蓋」等約略之不確定之字詞；語體則多用「若干」，以表示之，如：

> 《唐故二品官人墓誌銘》：「春秋『若干』，以大唐顯慶五年……」（《毛本》四一四）

又，

> 《□故石拾遺清河崔府君與滎陽鄭氏夫人合祔墓銘》：「有女一人，名曰玉章，年『若干』歲，毀瘠號慕。」（《匋齋臧石記》卷三十六）

爲數繁多，無由徧數，文言亦多用「等」字表示；語體亦爾，如：《燉煌變文》《太子成道經》云：「『我等』須爲聽法眾，早聞妙理結因緣。」又，《破魔變文》云：「不是憂念諸女身，『汝等』自然已成長。」等是。碑誌中亦往往有之，如：

> 《唐故王府君墓誌銘》：「崔氏有女五人，早以適事，『兒女等』並以號天慟哭……」（《匋齋臧石記》卷三十五）

又，

> 《樊弘度墓誌銘》：「長子師廣，弱冠早亡；三女見存，出成他族。『其女等』傷禋祀之無主，痛神靈之靡依……」（《毛本》四〇〇）

於此頗值一提者，厥爲以「羅」字代「等」字，而爲表複數之「數目詞」，乃從所未見者也。如：

> 《張君夫人毛氏墓誌》：「宿載君子，唯諾是從，撫育『兒羅』，均平

爲務。」（《毛本》四八六）

案，「羅」爲「網罟」，或以罟魚時布設張羅眾多，乃有「多數」之意，所謂「羅布」、「羅列」也。《世說新語・賞譽》第八有：「司馬太傅爲二王目曰：「孝伯亭亭直上，阿大『羅羅』清疎」，「羅羅」爲形容詞，似有「兒羅」之「羅」字味，然終不是。余頗疑閩南語之「勞嘈」之「勞」或爲「羅」字之轉，高啓詩：「轉關未湊濩索先，勞嘈咽切斷復連」，勞嘈，謂言多而繁也。

（四）動　詞

看，《說文》：「睎也。」然文言多用「觀」、「視」、「察」字，如《論語》：「視其所以，觀其所由，察其所安，人焉廋哉？」是；其作「觀看」意者，賈島詩：「一日看遍長安花」者是也。碑誌中有之，如《唐故李夫人墓誌銘》：「朝風漸冷，夜月方明；『看』花落淚，聽鳥驚心。」（《毛本》六六九）是也。其作「看待」意，如高適《詠史詩》：「不知天下士，猶做布衣『看』。」如：《董永變文》：「娘子便即乘雲去，臨別分付小兒郎；但言好『看』小孩子，董永相別淚千行。」如《維摩詰經講經文之一》：「處處垂慈不偶然，還如男女一般『看』」者，碑誌亦有之，如：

> 《大唐故陳君夫人楊氏墓誌銘》：「夫人、夙恭四德，素稟幽閑，方娥以月，看婺爲星。」（《毛本》一九二片）

叫，《說文》：「嘑也。」《左傳・襄公三十年》：「或『叫』于宋太廟。」其同爲「嘑叫」意者，文言、語體皆然；唯文言用之尠耳，而碑誌則多見之。如：

> 《大唐故奉義郎行洪州高案縣令護軍崔府君夫人河南獨孤氏墓誌銘》：「慈顏永隔，五內屠裂，號天『叫』地，罔極難追。」（《匋齋藏石記》卷二十四）

又，

> 《唐河陽軍節度故左馬軍虞候秦府君夫人太原王氏墓誌銘》：「各以幼稚，未明禮度，號『叫』擗踊，鄰里爲之感傷。」（仝上，卷二十九）

案，「叫」本有「呼召」之意，如《詩・小雅・北山》：「或不知叫號」，《傳》：「叫，呼；號，召也。」《疏》：「居家用逸，不知上有徵發呼召者。」故「叫叫」連用，則示其聲傳諸遠也。《漢書・楊雄傳》：「大語叫叫」，是也。碑誌有之焉，如：

> 《大唐故驃騎將軍孫君墓誌》：「劍飛鷥斃，身歿君亡；『叫叫』何贖？

悠悠彼蒼。」（《毛本》一七七片）

又，

> 《大唐故石武衛將軍上柱國之速孤府君碑誌》：「嗣子令從，『叫叫』穹蒼，哀哀霜露。」（《金石萃編》卷七十五）

把，本作動詞，本有「握」意；然「把握」連用，頗少見。碑誌則有之，如：

> 《毋邱海深造象記》：「敬造彌勒像一鋪，上爲天皇天后，『把握』萬邦，先亡父母託生淨土。」（《匋齋臧石記》卷十九）

案，此「把握」詞，猶《國語・楚語》所言：「烝嘗不過把握」之引申，蓋謂「掌握」也。其有「執持」意者，略如：《梁書・武帝紀下》：「勤於政務，孜孜無怠。每至冬月，四更竟，即敕『把燭』看事。」之「把燭」，意謂掌燈或執燭也。碑誌中則有「把筆」之例，如：

> 《韓昶自爲墓誌》：「……不能通誦，得三五百字，爲同學所笑；至六七歲，未解『把筆』書字……」（《金石萃編》卷一一四）

王協《漢語史稿》嘗謂：「如果說現代漢語有形態的話，它的形態首先表現在動詞詞尾『了』和『著』上面。嚴格地說，它們不是詞尾，而是形尾，因爲已經不是構詞法的問題，而是構形法的問題了……和完成貌『了』字有歷史關係的是『終了』（內動）、『了結』（外動）的意義的『了』字。」（第三章《語法的發展》）彼頗舉其例，謂漢代即已見之，如：

> 王褒《僮約》：「晨起早掃，食『了』洗滌。」

又，

> 《廣雅・釋詁》：「了，訖也。」

又，

> 《三國志・蜀志》：「儀常規畫分部，籌度糧穀，不稽思慮斯須便『了』。」

> 杜甫《岱嶽》：「岱宗夫如何？齊魯青未『了』。」

余於碑誌中偶得一則，甚可寶也。如后：

> 《清信女朱題字》：「清信女朱，爲息敬造觀音菩薩一軀供養。永徽四年五月五日『了』。」案，此「了」字，當即「完成了」、「供養了」之意也。

（五）副詞與形容詞

便，即也、輒也，往往用於時間相銜而即刻如何之情況句中，此於文言

亦往往用之，然不多見也。如《莊子・達生篇》：「善游者數能，忘水也。若乃夫沒人之未嘗見舟而『便』操之也，彼視淵若陵，視舟之覆猶其車卻也。」又如陶潛《桃花源記》：「林盡水源，『便』得一山。」碑誌中亦數見其例，如：

> 《魏雷氏墓誌銘》：「三載之內，『便』誕二男。」（《芒洛冢墓遺文四編》卷二）

又，

> 《大唐隴西王府侯司馬故妻竇夫人之銘》：「即以其年五月二十六日、『便』葬于北邙之嶺。」（《毛本》四七四片）

便，為即，為就，頗有「迅速」意，此亦文言之罕見者，《大唐故陳君夫人楊氏墓誌銘》云：「雖天道之自然，何生平之『迅速』！」（《毛本》一九二片）是也。與之同為「時間副詞」者，猶如「將來」、「已來」是也。如：

> 《唐故萬夫人墓誌銘》：「正宜蘊德敷賢，用表『將來』之譽；包仁紀望，庶飄盛迹之光。」（《毛本》四二四片）

又，

> 《大唐故吳君墓誌銘》：「以貞觀十六年十二月二十四日、終於嘉善里，自此『已來』，權殯於清風鄉界。」（《毛本》一九一片）

當，亦為「副詞」耳，尤以用為「時間副詞」為常見。如《周易・繫辭上》：「《易》之興也，其『當』殷之末世，周之盛德耶！『當』文王與紂之事邪！」又如，《史記・項羽本紀》：「『當』是時，楚兵冠諸侯。」又如：李商隱詩：「何『當』共翦西窗燭，卻話巴山夜雨時。」、「此情可待成追憶，只是『當時』已惘然。」此等用法，今猶見諸語體，而碑誌中亦屢見之，如：

> 《故萬夫人墓誌》：「……卜其宅兆，即以『當』月二十四日，窆于楊子縣界。」（《江蘇通志稿》卷六）

又，

> 《唐故上谷侯夫人義明鄉君譚氏銘》：「俯貽則於千載，仰『當代』之琳琅。」（《芒洛冢墓遺文續編》卷中）

又，

> 《唐故聚府君墓誌銘》：「……偕泣血柩左，扶疲問於筮兆：『當年』十月二十六日封『當』縣南甘露鄉。」（《匋齋臧石記》卷三十一）

又，

> 《大唐郭君故夫人丁□墓誌銘》：「……祖鍾，周柱國，宜涇二州別

駕，績用之美，高步『當年』。」（《毛本》三四四片）

又，

《唐故段夫人墓誌銘》：「……羽翼『當時』，顯清貞於隋代。」（全上，三九一片）

又，

《唐故張府君墓誌銘》：「……親屬所慕，鄉黨是欽，且流美於『當時』，實傳芳於後諜。」（全上，六二五片）

又，

《大周朝散大夫上柱國行司府寺東寺署令張府君妻田鴈門縣君墓誌文》：「頃以儀鳳之歲，出歸張氏，一經繾綣，十有三年，『當時』洛浦親迎，芝田引駕……」（《匋齋藏石記》卷十九）

與之相近之詞，猶有「纔」字，如：

《大唐故監察御史趙郡李府君夫人博陵崔氏墓誌銘》：「……府君之沒也，夫人『纔』二十九矣……」（全上，卷二十四）

又，

《唐故東都安國寺比丘尼劉大德墓誌銘》：「童齡出家，稟性端潔，『纔』七歲，師事於姑。」（全上，卷三十）

又，

《檢校太子賓客上護軍成協妻向氏墓誌銘》：「天有耳何不下聽？天有眼何不下視？花『纔』秀而風飄，福不需而禍至！」（全上）

只，亦為副詞，與「應」、「有」、「恐」合，而本意無大差別也。如：

《江蘇通志稿卷四》：「攻必取，戰必勝，安危定難，『只有』談笑，則公之德歟？」（案，此片碑題待查）

又，

《唐故王夫人誌銘》：「『只恐』河川更改，海變成田。」（《毛本》三四五）

又，

《大唐故夫人王氏墓志》：「『只恐』桑田海變，陵谷遷移，故勒芳銘。」（全上，五六三片）

又，

《張君夫人王氏》：「『只應』保斯遐壽，訓稚子於餘機。」（全上，

三四九片）

以上所論，殆「副詞」之一概略耳；至若形容詞，亦得見其一、二焉。如：

粗，爲糲米，本有粗疏，不精緻意，如：

《唐故東郡安國寺比丘尼劉大德墓誌銘》：「陟不揆才拙，『粗』書於石，憤深感切，悲不成文。」（《匋齋臧石記》卷三十）

又，

《陳少公亡太夫人蔣氏墓誌銘》：「……知大期向終，顧爲（謂？）

其男曰：吾氣力頃衰，殆將不起。夫禮節廉讓，汝『粗』知也……」

（仝上，卷三十二）

今人恆言「俊男美女」，俊即「英俊」，美即「美麗」；唐時不但常言，亦用之於碑誌矣，唐人之不莊可知。如：

《唐故楊夫人墓誌銘》：「夫人，稟性沖和，挺生秀質，神儀『美麗』，容端炳素……色養自天。」（《毛本》二三四片）

又，

彭王志暕撰《興聖寺主尼法澄塔銘》：「法師仁孝幼懷，容儀『美麗』，講經論議，應對如流。」（《全唐文》卷一○○）

又，

《唐故周夫人墓誌銘》：「『英俊』容止，二儀是毓。」（《芒洛冢墓遺文四編》卷三）

又，

《故隋奉誠尉許君墓誌銘》：「潁川波瑩，箕嶠騰暉；肸蠁『英俊』，交柯庶幾。」（《毛本》六○二）

二、俗語考

俗語與語體不同。語體蓋謂前代用語，今猶爲時人言說行文之用也；俗語則前代通用之語，甚或常形諸言談之事物，而後世或未必知聞者也。《後漢書‧蔡邕傳》：「諸生競利，作者鼎沸。其高者，或頗引經訓諷喻之言；下則連偶『俗語』，有類俳優。」之言，差相近之。

茲釋數則如下：

「妳」，今人咸作女性第二稱代詞之用，而實不然。夷考《說文解字》不載此字，殆「嬭」之俗寫也。《廣韻‧十一薺》：「嬭，楚人呼母。」又，《十

二蟹》：「嬭，乳也。妳，同上。」因有「乳母」之意，如：《晉書・桓玄傳》：「『嬭媼』每抱詣溫，輒易人而後至，云其重也。」又，《南史・何承天傳》：「何承天年老，始除將作佐郎，諸佐郎並名家年少；潁川荀巨伯嘲之，常呼爲『嬭母』。」等是也。碑誌之用法同，如：

　　《郢公女妳題名》：「郢公『女妳』造。」（《八瓊室金石補正》卷三
　　十三）

案，《文》謂郢公之乳母爲其乳子造佛像以祈福也。又，

　　《豫章公主造象》：「……願己身平安，并爲一切含識、『公主妳』……」
　　（《十二硯齋金石過眼錄》卷九）詳見《后妃公主章》之《考釋》。

「次夫人」，或即「繼室」，唐人於繼室略無鄙視之意，余已考之於本章《婚俗節》矣，今更舉二例以明之，如：

　　《故來府君及夫人常氏次夫人郭氏墓誌銘》（《全唐文》卷九九六），此於
　　《誌題》直書曰「次夫人」，且《誌文》中不一言及於「夫人常氏」，則可見
唐人之習俗矣。又如：

　　《大唐故范氏夫人墓誌銘》，味其文意，顯非元配，更且爲妾侍也，如云：
　　「……始以色事朝請大夫……昔溫氏玉臺願投姑女，漢王金屋思貯阿嬌，方
　　之寵焉，未足多也……」然《誌題》乃書曰「夫人」。

　　「息女」，案，「息」本「生」意，《說文》：「息，孳也。」是矣。故「息
女」意爲「所生之女」，如《史記・高祖本紀》：「臣有『息女』，願爲箕帚妾。」
是也。然唐人引申爲「珍愛寶重」，如：

　　《張氏亡女墓誌》：「安定張氏之女曰婉，贈秘書監府君諱翔之孫，
　　湖州刺史士階之『息女』也……」（《毛本》三五四片）

案，張婉，士階最鍾愛之女，《誌文》極述彼之聰明仁孝，雖至二十芳齡，亦不捨出適他族；不幸短命死矣，父母之傷痛，盡在《誌文》之中。故士階特以「息女」稱之，謂己「珍貴無比之女」也。又如：

　　李邕撰《長安縣尉贈隴州刺史王府君神道碑》：「夫人，中山甄氏，
　　父雍州豐崇府左別將黃陂縣開國男食邑三百戶行府君之『息
　　女』……」（《全唐文》卷二六四）

又，

　　仝上《中大夫上柱國鄂州刺史盧府君神道碑》：「夫人，滎陽郡□君
　　□氏，廣州□史元度府君之『息女』……」（仝上）

「家生」，趙翼《陔餘叢考》卷三十八《家生子條》云：「奴僕在主家所生子，俗謂之『家生子』。按《法苑珠林》記庸嶺有大蛇為患，都尉令長求人『家生』婢子，及有罪家女祭之。『家生』之名見此；然《漢書‧陳勝傳》：「秦令少府章邯免驪山徒人奴產子。」師古注曰：「奴產子，猶人云『家生奴』也。」《輟耕錄》引之，以爲『家生子』之據，更爲明確。碑誌中亦嘗見之，如：

《大唐故代國長公主碑》：「一切總放；不情願者，諸莊安置，先是司農小兒，亦准此。『家生』者，不在此限。」（《金石萃編》卷七十八）

「打本」，或即「搨本」、「拓本」之俗語也。碑誌中嘗一見，如：《佛頂尊勝陁羅尼咒》云：「大唐元和八年，癸巳之歲，八月辛巳朔，五日乙酉，女弟子那羅延建尊勝碑，『打本』散施同願授（受？）持。」（《金石萃編》卷六十六）

　　打本，今人不言，殆唐人俗語耶？王昶云：「『打本』之『打』，《唐韻》、《集韻》俱『都挺切』，訓『擊』也，《六書故》『都假切』，《正韻箋》『打』字通音當作『都那切』。又楊愼曰：尚書『撻』音入聲，又轉上聲，俗用『打』爲『撻』，蓋『打』與『撻』皆是『擊』意。今人言碑本，有曰搨本，《集韻》：搨，摹也。《唐書‧百官志》，宏文館校書郎二人，有搨書手、筆匠三人。蓋用紙墨磨摸古碑帖曰搨，又曰拓本。李山甫詩：「一拓纖痕更不收。」註云：「大歷四年，崇徽公主道汾州，以手掌拓石壁，遂有手痕，今靈石有公主手痕碑。臆謂『撻』可轉上聲，音『打』；『拓』亦可轉上聲，音『打』也，『打本』是中唐人語，前此未見。」然日語亦有『打本』一詞，意爲「返回本金」（元金を返濟する）；余以爲日人嘗遊學我國，尤以唐時最盛，然則彼或有所本耶？

第五章　宗教之研究

　　唐之宗教，除其間偶有波折（如武宗毀佛滅教）之外，可謂極開放，亦極興盛。然論者多謂彼時之信仰，不入於道，則歸之於佛；今以碑誌所見，證之信然。蓋其他宗教，除一《景教流行中國碑頌》（見《金石萃編》卷一〇二）之外，幾無所見於其他。且撰述《碑頌》者，自署爲「大秦寺僧景淨述」，既名其教堂曰「寺」，又自稱曰「僧」，則必當時之人，不知彼於佛道別派，而咸歸外國教士爲「僧」，教堂爲「寺」也。即准其在中國布道之太宗皇帝，亦不能了其教義也。《唐會要》卷四十九載其詔書，云：「貞觀十二年七月，詔曰：道無常名，聖無常體，隨方設教，密濟群生。波斯僧阿羅本，遠將經教，來獻上京，詳其教旨，玄妙無爲，生成立要，濟物利人，宜行天下所司。即於義寧坊建寺一所，度僧女一人。」此殆以佛、道二家之概念來理解彼教，而許其建「寺」度「僧」者也，烏有所謂眞信仰、眞理解者哉？

　　若夫摩尼教，則更爲政治目的而許其立寺也。《唐會要》卷四十九亦載：「元和二年正月庚子，迴紇請于河南府、太原府置摩尼寺，許之。」蓋回紇助平「安史之亂」，有功唐室，故許之。但乃受盡唐之約束，全書全卷云：「會昌三年勅：摩尼寺莊宅錢物，並委功德使及御史臺京兆府差官檢點。在外宅修功德迴紇，並勒冠帶，摩尼寺委中書門下條疏奏聞。」而隨之會昌難作，佛教已不絕如縷；摩尼、景教更自此而斬矣！故本文無得論述，乃請分述佛、道二教焉。

第一節　道　教

　　本教托始於老君李耳，恰與李唐王室同姓，乃寄一厚望焉。《唐會要》卷

五十言其始興，曰：「武德三年五月，晉州人吉善行于羊角山，見一老叟，乘白馬朱鬣，儀容甚偉，曰：為吾語唐天子，吾汝祖也；今年平賊後，享國千歲。高祖異之，乃立廟於其地。」自是之後，備加尊崇，如開元二十九年（741 A.D.）玄宗之圖寫眞容，因齊澣之奏而州縣官不得予僧道尼冠擅行決罰等皆是。且歷代追諡老君之號，更不一而足，如：

乾封元年（666 A.D.）三月二十日追尊太上元元皇帝。

永昌元年（689 A.D.）老君。

神龍元年（705 A.D.）二月四日復尊太上元元皇帝。

天寶二年（743 A.D.）正月十五日加號大聖祖元元皇帝。

天寶八年（749 A.D.）六月十五日加尊大聖祖大道元元皇帝。

天寶十三載（754 A.D.）二月七日上尊大聖高上大道金闕元元皇帝。

於焉開科考，如：

高宗上元元年（674 A.D.）壬寅，天后上表，以為：國家聖緒，出自玄元皇帝，請令王公以下皆習《老子》，每歲明經，準《孝經》、《論語》策試⋯⋯詔書褒美，皆行之。（《通鑑》卷二○二）

又如：

天寶二年三月十六日制：崇元生試及帖策各減一條，三年業成，始依常式。（《唐會要》卷七十七《崇元生條》）

立學校，如：

開元二十九年正月十五日，于元元皇帝廟置崇元館，令習《道德經》、《莊子》、《文子》、《列子》，待習成後，每年隨舉人例送名至省，准明經考試，通者准及第人處分，其博士置一員。（全上）

又如：

大歷三年七月，增置崇元生員滿一百。（全上）

建道觀，據《大唐六典》卷四《祠部郎中條》云：「凡天下觀，總一千六百八十七所；一千一百三十七所道士，五百五十所女道士。」並為之立制度，分職司，而曰：「每觀觀主一人，上座一人，監齋一人，共綱統眾事。而道士修行有三號，其一曰法師，其二曰威儀師，其三曰律師；其德高思精謂之鍊師。而齋有七名⋯⋯」云云。

度道士，如：

長慶二年五月勅：諸色人中，有情愿入道者，但能暗記《老子經》

及《度人經》，灼然精熟者，即任入道。其《度人經》情願以《黃庭
經》代之者，亦聽。宣令所司，具令立文狀條目，限降誕月內投名
請試，今年十月內試畢。(《唐會要》卷五十《尊崇道教條》)

於焉公主入道者有之，如：太平公主、金仙公主、玉眞公主，親王入道者有
之，如：恆王瑱、新都公主子武僃官等，文士入道者有之，如：賀知章、李
白等。其風之搧，乃至於百姓矣。《全唐文》卷五三一載王仲周之奏度女道士
章奏二通，可見其跡，其一：

《奏度女道士無名尼等狀》：「右伏以代理宏道，三教同歸，聖誕佳辰，
萬靈叶慶。上件女道士無名尼，或早授畢法，已聞具戒，願編僧道之錄，永
遂修持之心。今因降誕日，伏乞賜其正度。」其二：

《奏姚季立妻充女道士狀》：「右件，驍將自貞元年身亡，其妻行服
三年，情禮畢備。去歲秋首，已及祥除，素習眞經，志願入道。
伏以草野之人，能修《柏舟》之誓，義足以勸，志不可移。今因聖
誕之辰，願崇景福，請度充女道士，法名眞元，仍請就潤州道林
觀。」

余於碑誌中，亦二見其例，如：

《上智爲玄眞造像》：「大唐故女官諱玄眞，大上仙苗，隴西懿族。
希夷之體親承，老君之妙益易之：方迺傳王母之術，以景雲二年歲
次辛亥四月丙□□六日辛巳，昇化於洞暉觀。姪上智號戀罔極，攀
慕無依，遂建崇仙宮，永流古□萬葉流芳，穆爾仙尊，千存崇茲，
靈趾能易，雖亡固帶其根，能蓋□物云□□。(案，以上字多缺廢，
不能句讀)」(《匋齋臧石記》卷二十一)

又，

《唐故清河張氏女殤墓誌銘》：「女殤韋出也，慕道受錄，因名容
成……雅好玄寂，臻道之深，自受法錄，修行匪懈，每聞《楚辭》：
乘彼白雲，至于帝鄉。則悠然長想，時或居閒無人，整容靜處，飄
飄然沖虛之意深焉……」(仝上，卷二十八)

至其深入、廣被於民間，猶可從以下二事得其明證焉：

一、畫（或造）天尊像以祈福（或冥福）

張九齡撰《畫天尊像銘》：「畫天尊像者，贈吏部侍郎武功蘇公夫人

崔氏，爲公卒哭之所作也。（中略）於是欲介景福，將祈太清，因心寓像，命工設色，飾金闕，圖玉皇，元天不遠，眞官在列……」（《全唐文》卷二九一）

又，

《韓王元嘉妻房氏碧落碑》：「……重以凝神道域，抗志澄源。淮館儀山，參鴻寶之靈術；楚壇敷教，暢微言之盛範……」（《金石萃編》卷五十七）

又，

《洞清觀鐘款識》：「維大唐開元二十九年歲次辛巳閏四月辛巳朔二十八日，女道士蔡淨廉、曹淨儀……等勸率眾緣，敬造銅鐘一口，奉爲國王帝王、牧宰官僚，下及蒼生，同霑福祐，永充洞清觀供養……」（仝上，卷八十四）

又，

《尚万宽造天尊像》：「上元三年八月十一日，弟子尚万宽爲亡父母，又願家口平安，敬造天尊一塔。宽妻姚，一心供養。」（《匋齋藏石記》卷十八）

又，

《楊滿造天尊像》：「……楊滿爲亡女二人，敬造天尊像一區供養……」（仝上，卷二十）

二、於造像或鑄鐘上，群體題款，以資福祐，則可觀其信仰之普及也

如前引之《洞清觀鐘》，其題款即有各種身分者，如：

（一）女道士，如：蔡淨廉、曹淨儀、曹紫虛、孫雲譽……等。

（二）縣令員，如：元禮丞、元仙㲵……等。

（三）主簿，如：鍾離、皇甫玲……等。

（四）錄事，如：朱守寧、沈再思等。

（五）倉督，如：黃處冀、朱靈郁、劉先朝……等。

（六）護軍，如：曾光庭、蔡靈舉等。

至於祈福對象，則或爲帝王牧宰，或爲亡考、亡女，甚有爲亡婿者也。

第二節　佛　教

佛教之盛，絕不亞於道教，學者之論夥頤。今特自碑誌以求證，略舉其犖犖大者如下：

一、帝王之虔信而見於碑者，如：

> 《草堂寺為子祈疾疏》：「鄭州刺史李淵，為男世民因患，先於此寺求佛，蒙佛恩力，其患得損。今為男敬造石碑象一鋪，願此功德資益弟子男及合家大小福德具足，永無災障。弟子李淵一心供養。」
>
> （《全唐文》卷三）

又，

> 《為戰陣處士寺詔》：「門下。至人虛己，忘彼我於胸懷；釋教慈心，均異同於平等……可於建義以來交兵之處，為義士、凶徒隕身戎陣者，各建寺剎，招延勝侶。望法鼓所震，變炎火於青蓮；清梵所聞，易苦海於甘露……」（太宗皇帝詔，全上卷五）

又，

> 《奉先寺像龕記》：「河洛上都龍門之陽，　大盧舍那像龕記，　大唐高宗天皇大帝之所建也。佛身通光，座高八十五尺、二菩薩七十尺、迦葉、阿難、金剛神王各高五十尺，粵以咸亨三年壬申之歲四月一日，　皇后武氏助脂粉錢二萬貫……」（《金石萃編》卷七十三）

二、后妃禮佛之見於碑誌者，如：

史言太宗文德皇后不信佛，《通鑑》卷一九四《貞觀十年三月條》：「……后素有氣疾，前年從上幸九成宮，柴紹等中夕告變，上擐甲出閣問狀，后扶疾以從，左右止之。后曰：上既震驚，吾何心自安！由是疾遂甚。太子言於后曰：醫藥備盡而疾不瘳，請奏赦罪人及度人入道，庶獲冥福。后曰：死生有命，非智力所移。若為善有福，則吾不為惡；如其不然，妄求何益？赦者國之大事，不可數下。道、釋異端之教，蠹國病民，皆上素所不為，奈何以吾一婦人使上為所不為乎！必行汝言，吾不如速死！……」則后之反佛，見諸辭顏之間矣！然《金石萃編》卷八十四《大唐太原府交城縣石壁寺鐵彌勒像頌》乃曰：

> 「太宗昔幸北京，文德皇后不豫，輦過蘭若，禮謁禪師綽公，便解

寶石名珍供養啟願，玉衣旋復，金牓遂開，因詔天下名山形勝，皆
表刹焉，所以報護力，廣真諦也……」然則文德皇后果排佛乎？

又，

《大唐天后御製書一首》：「……弟子前隨　鳳駕，過謁驚巖，觀寶
塔以徘徊，覩先妃之淨業；薰修之所，猶未畢功，一見悲驚，萬感
兼集……今欲續成先志，重置莊嚴，故遣三思，齎金絹等物，往彼
就師平章，幸識斯意……」（《金石萃編》卷六十）

又，

《敬善寺石像銘》：「……自鶴林秘彩，雞山蘊迹。甄睿像於貞金，
刊瑞容於芳琬。凤猷不墜，繄此賴焉。紀國太妃韋氏，京兆人也……
爰擇勝畿，聿脩靈像……」（《全唐文》卷二六六）

三、公主皈依金粟

《大唐鄎國長公主神道碑銘》：「……皇唐鄎國長公主者，睿宗之第
七女也，母曰崔貴妃……自先朝徹房之辰，迄公主成笄之日，外除
過制，內疚餘哀。手寫金字梵經二部，躬繡綵線佛像二鋪；貝葉真
偈，現心相於銀鉤；蓮花妙容，呈意生於玉指……」（《金石萃編》
卷七十五）

又，

《大唐真化寺尼多寶塔院故寺主臨壇大德尼如願律師墓誌銘》：「律
師法諱如願……我皇帝纂聖君臨，千佛付囑，貴妃獨孤氏，萬葦蘊
德，十亂匡時，受道紫宸，登壇黃屋，因賜律師紫袈裟一幅……弟
子長樂公主與當院嗣法門人、登壇十大德尼常真……」（仝上卷一○
○）

案，獨孤氏為代宗貴妃，長樂公主為肅宗長女；一為如願弟子，一與之
交往頗密，則王室之風氣可知矣。又，

顏真卿撰《和政公主神道碑》：「……上之在陝，憂主匱乏，乃命中
使屢敕節度及轉運使，隨主所須，務令贍給。主以國用空罄，退而
嘆曰：吾方竭家財以資戰士，其能饜餍，首冒國經？唯請名香數斤，
賦於佛寺，為主祈福而已……」（《全唐文》卷三四四）

又，

蘇頲撰《高安長公主神道碑》：「……高宗天皇大帝之第二女……下嫁乎王氏、駙馬都尉故潁州刺史贈右監門將軍太原王府君諱勗，字遂古……我長公主避榮守靜，退藏於密……猶深悟色空，大依禪惠，觀我生之進退，究人事之終始，蓋泡沫之爲喻也。乃散以檀那，離於染著，景雲歲請罷賦邑，蠲屬官，遂沈冥，從省曠……」（全上卷二五七）

四、貴冑出家

《大唐□□寺故比丘尼法琬法師碑》：「……法師諱法琬，俗姓李，□□□□道人也，應天神龍皇帝之三從姑焉……去永徽六年，襄邑王薨，其年奉爲亡父捨所愛女，請度出家，皇上以孝道所憑，諒資於冥福，誠心克著，□展於香緣，奉　勅出家，時年十三，并度家人三七，並以充師弟子。法師即隨故吳國公尉綱之外孫，其寺、吳公之本置也……」（《金石萃編》卷六十八）

又，

《大唐故興聖寺主尼法澄塔銘》：「法師諱法澄，字无所得，俗姓孫氏，樂安人也。吳帝權之後，祖榮，涪州刺史；父同，同州馮翊縣令，法師第二女也……弟子嗣彭王女尼彌多羅等，恐人事隨化，陵谷遷移，紀德鐫功，乃爲不朽……」（全上卷七十八）

五、士女出家，或信佛、念佛者，更僕難數也，略舉數例如后：

《大唐宣化寺故比丘尼堅行禪師塔銘》：「禪師諱堅行，俗姓魚氏，京兆府櫟陽人也……至開元二十一年，親弟大雲僧志叶、弟子四禪、賢首、法空、淨意等收骨起塔，以申仰答罔極之志。」（全上）此是姊弟俱出家例。

又，

《大唐易州石亭府左果毅都尉蒒縣田義起石浮圖頌》：「……浮圖主石亭府果毅田公……奉爲七代先亡，見存太夫人、合家大小敬造石浮圖七級，釋迦像、二菩薩、神王等一鋪……弟燕州大雲寺僧智崇、妹明度寺尼護念……合家供養。」（全上卷六十九）此是闔家信佛，而兄妹出家例。

又，

《唐故鴻臚少卿□□□君墓誌銘》：「張氏之先，運籌博物，風靡萬代，公其裔焉。公諱敬誐，馮翊同川人也……長女從緇寧剎寺……」（全上卷一○三）此是女兒出家例。

又，

穆員撰《相國義陽郡王李公墓誌銘》：「……公諱抱眞，字太眞，本姓安氏，世爲涼州盛族……長女、幼女並從西方之教，各得其旨……」（《全唐文》卷七八四）此是二女俱出家例。

又，

楊炯撰《彭城公夫人爾朱氏墓誌銘》：「夫人爾朱氏河南洛陽人也……用曹大家之明訓，執宋伯姬之貞節。加以心依八覺，理會三空，遊智刃於禪林，泛仙舟於法海。幾神獨照，默言象無施；空有兼忘，束筌蹄而不用……」（全上卷一九六）此是貴婦而奉佛例。

又，

陳子昂撰《申州司馬王府君墓誌》：「……夫人宏農楊氏……晚年以儒因未究，冥業惟深，遂揭無生之筌，將遺有漏之屍。顒潔道行，受《蓮花經》，理極翻三，心滅不二，形亡緣盡，歸眞化冥……」（全上卷二一六）此是士婦而皈佛例。

又，

崔融撰《唐故密亳二州刺史贈安州都督鄭公碑》：「公諱仁愷，字仁愷……夫人清河郡君房氏，隋司隷刺史、皇朝贈徐州都督臨淄定公之孫，太尉（原注：缺二十九字）公特所鍾愛，每謂親族，曰：我女實賢明。嘗退朝之餘，時與參謀政事……訓子知方，博綜書林，深明覺道，性純孝。初丁公憂，哀毀踰禮，乃表奏男智度、女光嚴出家，以申追福……」（全上卷二二○）此是命婦，知書達於世理而捨子女以出家者之例。

又，

《唐太府少卿兼萬州刺史賀若公故夫人河南郡君元氏墓誌銘》：「……風藻禮範，儀刑閨門；晚節厭離心垢，嚴持禪誦……」（全上卷三九一）此是命婦而信佛、念佛例。

至若庶女奉佛者益夥，可從後文造像等例見之，此不贅。

唐世信佛之盛，固可自上舉各層界之皈佛情況知之；而佛教於彼時社會

上所造成之風氣，益可爲之明證也。茲分以下數點以見一般：

一、立幢造像

其緣由可分述下列幾點：

（一）為先亡父母者

《董府君經幢》：「……公諱敘，洞達至理，敬崇佛書，積善成家，慶流于後。有嗣子曰瑾，未冠從仕，信義已立，孝□□□……乃命工人斸（？）貞石，峰勢屹立，斯幢告成……」（《金石萃編》卷六十六）

又，

《馮善廓造浮圖銘》：「……公諱敬，夫人沈氏，或碎珠驪頷，貽試將來；或斷織蛟索，遏吞故事。既侵蒲柳，早歸松柏。孤子善廓等……遂告浮圖一所，石像□區……」（全上卷六十二）

又，

《僧志遠經幢》：「……以上元二年□月□□日男僧志遠（案，下缺泐）。」（全上卷六十六）此是僧人爲亡父母而立幢者。

又，

《韋利器等造像銘》：「大彌陀等身像一鋪，銀青光祿大夫昭文館學士丘悅贊，前秘書少監韋利器，前遂州刺史利賓、前藍田尉利涉奉爲　亡妣故扶陽郡太夫人天水趙氏所造……」（《金石續編》卷六）此是士大夫而爲亡母祈冥福所造例。

（二）弟子為先亡師傅者

《僧惟新等經幢》：「唐元和四年己丑歲八月癸酉朔三日乙亥，弟子惟新……等先修建造……尼弟子義陽寺妙行。覺悟寺講《四分舊疏》教授律大德常政大師元和十二年……法葬於此。」（《金石萃編》卷六十六）

又，

《沙門覃素述、書□化寺殘幢》：「……故尼大德諱元眞，俗本姓李，長安人也……六十二，僧夏二十二……早歲聯師，情深水乳，結菩提勝侶，嗟存歿而俄乖。弟子（原注：下闕）」（全上）

（三）為亡夫者

《唐故將軍柱國史公石像銘》：「……痛深巾札之情，悲愴克諧之道。今罄盡家資，為造功德，伏惟幽途所感，昭察心志，光其不朽……夫人襄邑縣□□氏建。」（仝上卷六十九）

又，

《竇門姜氏女造像記》：「神龍二年七月七日，清信女竇門姜，為妾夫鉅野將軍李□苟造石像一區……」（仝上卷六十八）

又，

《劉氏經幢》：「佛弟子彭城郡夫人劉氏，為　亡夫建造尊勝幢一所，願福資生界，因覩斯善……」（仝上卷六十七）

（四）為亡妻者

《元政經幢》：「……所謂三世如來之密迹，百千諸佛之玄摳，乃假佛心，其為濟拔（原注：下闕），謹於　亡妻營內，以旌其善也。乃命良工……」（仝上卷六十七）

又，

《杜文彊到承福造象記》：「天授二年五月二十八日，佛弟子杜文彊，到承福為聖母神皇帝，為老婆（案，此「老婆」殆杜文彊亡妻耶？錄全文以見之）及七世高祖父□、七（？）師娃妙勝敬造藥師流離像一區，願亡者託生西方无□□回土，普及救拔一切蒼生，咸登正法。佛弟子母王一心供養，妹四娘一心供養，妹五娘一心供養，福妻成一心供養，福女大娘一心供□。」（《匋齋藏石記》卷十九）

（五）為亡女者

《韓君相妻劉造象記》：「……清信佛弟子，像主韓君相妻劉，為亡女停越敬造彌陀一軀……」（仝上卷二十）

又，

《焦孝達造象記》：「大唐顯慶四年十月十二日，焦孝達為亡女思敬敬造彌陀像一鋪。合家供養。」（仝上卷十七）

《韓君智造彌勒像》：「大唐唐隆元年八月六日，韓君智為亡姪女比丘尼造彌勒像一塔，咸登正覺……」（仝上卷二十一）

又，

《林野僧昔真撰經幢》：「……厥有信士黎城縣尉曹公，委佛法不思議焉，遂刻記妙幢，茲（？）亡女之靈矣。惟亡女尼惠寂，宿承靜命，童真出家，學戒□又……後廣德二年十一月，忽為北狄侵凌，南奔雲騎，朱旗□電，玉劍如霜，揮霍目前，潛身無暇，惠寂因恐，墜井終焉……內雕寶像之容，外刻陁羅之咒……」（《金石萃編》卷六十六）

（六）為禱疾而愈者

除前引李淵為其子求禱造象之外，再如：

《李元福妻鞏造像》：「天寶元年十月二日，李元福妻鞏為身癭，願造阿彌陁像一區……」（《匋齋臧石記》卷二十四）

（七）因驚夢而造者

此例僅一見，然由之正可見唐人之信佛心態也。茲錄其全文：

《女弟子劉造像記》：「清信士女佛弟子劉，夜忽夢於闚峽水東，昇山崖壁，夢中惶懼，願千佛（案，下當有「祐護」等禱詞，而竟无續）。悟便思□心開情□知夢即作，恐千像巖□□久磨滅，迺造阿彌陀像一區，以遂夢中之願。經一佛一，一身為多，多身為一，恃期神力，一切登□，同發菩提，俱登正覺。大唐永徽元年十月一日。」（《唐文拾遺》卷十一）

（八）求現世平安，往生淨土者

《京兆府興平縣縣東北隅陁羅尼幢記》：「縣人于惟則奉為文武百辟，當縣宰寮及□界有情，敬造……厥願存之，豈爽以前心？……」（《金石萃編》卷六十七）

又，

《田伍等經幢》：「義成軍節度押衙田伍等奉為　尚書立尊勝陁羅尼幢……三州有和樂之化，五載無造次之刑，上下咸安，中外悅脫……未□以報也，遂僉議……命工刻石，當道建幢……人願必從，卑誠兵陳，果遂其志，凡曰慶幸，無以過焉。」（仝上卷六十六）案，此是感長官之恩，為之立幢祈福者也，頗罕見。

又，

《高延貴造像記》：「……敬造石龕阿彌陁像一鋪……所願以茲勝

業，乘此妙因，凡報含靈俱生彼岸。」（仝上卷六十五）

又，

> 《王瓚造像銘》：「……敬造石龕阿彌陀像一鋪……所願上資皇祚，
> 傍濟蒼生，長齊北摵之口，永奉南熏之化……」（仝上）

（九）純然布施者

> 《興聖寺尼決定等陀羅尼幢》：「（原注：前闕）南閻浮提震旦國娑訶
> 世界大唐京兆府長安縣興聖寺尼決定，春秋七十有七；尼普義，春
> 秋七十有五。即已抽捨淨財，敬造陀羅尼幢一所。」（仝上卷六十六）

又，

> 《比丘尼正言疏》：「正言自小入道，謬烈（列？）緇倫，陪行伍。
> 今緣身嬰風疾，恐僧務多有故用、悮用，三寶聖言所有罪障，不敢
> 覆皆消滅。有少許贍利充眾僧外，請將自出錢買得廢安所在萬年縣
> 滻川鄉，并先莊，并院內家具什物，兼莊內若外若輕若重，并囑授
> 內供奉報聖寺三教談論首座答　製賜紫大德兼當寺主，有手下弟子
> 李自遷並付莊，悉是自出錢物買得，盡不忏（干？）諸同學等事，
> 並皆無分。今　法師為主，一捨永捨，生死綱維和上老宿大德。徒
> 明謹疏。」（仝上卷一一四）

案，僧尼而有如許龐大之錢財可為施捨，唐之佛教之盛可以從而知之也。
蓋彼等之經濟，除來自信徒之供養外，猶享政府之免稅，且可經營碾磑、邸
店、商店、車坊，甚而至於「無盡藏」（即高利貸也）等事業也。詳見日‧鎌
田茂雄之，《中國佛教史》。

二、齋　會

此為飯僧之會，亦往往施及白衣，特名之曰無遮大會；人數不定，或五
百、或千數，亦有上萬者。此種布施蓋源於六朝，而盛於唐，以余所見碑誌
者，厥有二例：

> 《大唐太原府交城縣石壁寺鐵彌勒像頌》：「……既眾心同欲，敢仰
> 屈尃知，先捨俸錢，次添淨儭……開元二十六年十月十五日，鑄鐵
> 彌勒像一座……十二月八日，設大齋而出之……」（仝上卷八十四）

又，

> 《有唐宋州官吏八關齋會報德記》：「……宋州八關齋會者，此都人

士、眾文武將吏、朝散大夫使持節宋州諸軍事行宋州刺史兼侍御史
本州團練守捉使賜紫金魚袋徐向等，奉爲河南節度觀察使……信都
郡王田公頃疾良已之所建也。公名神功……」（仝上卷九十八）

三、佛教式婚禮

婚姻乃人倫大事，儒家特爲重視，余於本章〈婚姻節〉亦多所論及；洎
乎以佛教儀規而定人倫大事，其影響之深邃廣被，不言可喻也。猶如今之臺
灣深受西洋洗禮，率行西洋禮俗然也。故此例雖僅見（以余所論偏在女子，
故凡男性碑誌，未嘗多所措意，或例不僅此也，當俟諸異日），然其社會風氣，
概可見矣。如：

《大唐安國寺故內外臨壇大德寂照和上碑》：「……（大德）往來於
渭濱鄠塢間十餘年，後教授於隴州，稠林樵梓，魔界日蹙。時昭義
劉公邕在晉潤，息女出嫁，請□　大具戒焉……」（仝上卷一〇八）

四、殯　葬

《論語》論孝，曰：「生事之禮，死祭之以禮」故王昶於《賀蘭氏墓誌銘》
（引文見後）之按語，乃極力詆之，曰：「賀蘭夫人病則移寢於濟法寺之方丈，
殯則遷陪禪師之塔，不知其何謂？而碑猶謂之禮也，此果何禮耶？其時夫人
卒年四十四，其夫裴公尚在，又不言與寺僧有何瓜葛，而卒於寺，附於塔，
恬不爲怪。可知唐時士大夫於喪禮之廢，蓋已久矣。」然自其反面觀之，亦
可知佛教之深於社會間，亦已久矣。其例，如：

《大唐太常協律郎裴公故妻賀蘭氏墓誌銘》：「……女也不憖，天胡
降災？洎大漸，移寢於濟法寺之方丈，蓋攘衰也。粵翌日，奄臻其
凶，春秋卅有四，即開元四年十二月十日至十九日，遷殯於鷗鳴塢，
實陪行禪師之塔，禮也……」（仝上卷七十一）

又，

張說撰《和麗妃神道碑銘》：「……麗妃趙氏，天水人也……薨於春
華殿，殯於龍興觀之精屋，示出家從道例也……」（《全唐文》卷二
三一）

又，

梁朱賓撰《大唐故朝議郎行澤王府主簿上柱國梁府君并夫人唐氏墓
誌銘》：「君諱寺，字師暕，雍州藍田人也……夫人晉昌唐氏，名惠

兒……終於長壽里第，春秋三十有六，粵以其年十一月十七日，合
葬於終南山楩梓谷口，隋信行禪師林側……」（全上卷二三四）

唐人之不守禮法，固有諸多原由；若就碑誌所見，亦可知其不諳宗教也。易
言之，即於宗教概念甚模糊也；他皆不論，即碑誌中，亦可見其端倪也。因
分述之如下：

（一）士大夫以上之階層

實於宗教（尤其道、佛）本不甚了了。如：

《岱岳觀碑》：「大周萬歲通天二年歲次丁酉，東明觀三洞道士孫文
儁　奉天冊金輪聖神皇帝肆月□日，勅將侍者姚欽元詣此觀，祈請
行道事畢，敬造石天尊像壹軀，并二眞夾侍，庶茲景福，永奉　聖
躬……又大周聖曆元年……天冊金輪聖神皇帝敬造等身老君像壹
軀，并貳眞人夾侍……」（《金石萃編》卷五十三）

武后之信佛，甚且佞佛，蓋盡人皆知之事，而禮天尊，造其像，則其信
佛、佞佛之程度不能無疑；甚且可謂彼不知佛，亦且不知教也。證以政爭之
中，其狠毒貪戾，何嘗有「教」之存乎其衷！又如：

金仙與玉眞二公主，一爲睿宗第九女，一爲其妹，皆求入道，亦皆入於
道矣；然《記石浮屠》後則云：

「大唐開元十八年金仙長公主爲奏　聖上，賜《大唐新舊譯經》四
千餘卷，充幽府范陽縣爲石經本。又奏范陽縣東南五十里上坆村趙
襄子淀中麥田莊，并果園一所，及環山林麓……永充供給山門所用。
又委禪師元法歲歲通轉一切經，上延寶曆，下引懷生，同攀覺樹……」
（全上卷八十三）

雖曰法門無量誓願學，雖曰教無二致；然如是護持佛教，又請法師代轉
一切經，蓋不可思議也。然則金仙公主之理念可知也。又如：

前引和政公主不忍浪費公帑，但「唯請名香數斤，賦於佛寺，爲主
祈福而已」殆爲一佛徒也；然《誌文》之後則云：「駙馬雅性夷簡，
恬於名利，願究衛生之經，庶臻久視之道。主志深婉順，始慕眞宗，
故於他時，並受法籙。嘗謂之曰……死生恆理，先後之間，若幸啓
足手，必當襚我以道服，瘞我以支提……」（《全唐文》卷三四四）

則公主果何教之徒乎？

又如：

前引王仲周之奏度女道士也（見本節《道教興盛之原因》小節），既
曰「女道士」矣，又稱爲「無名尼」，豈不乖訛？余固曰彼等不甚了
了也。

（二）教徒本身亦不甚明白教義也

此可分二方面以究之，庶可見得精確。

1. 既出家，而猶用世俗名字

《唐故東都安國寺比丘尼劉大德墓誌銘》，「劉」爲其俗家姓，《文》
云：「……大德俗姓劉……」（《匋齋藏石記》卷三十）

又，

《唐故龍花寺內外臨壇大德韋和尚墓誌銘》，「韋」爲其俗家姓，《文》
云：「大德姓韋氏……」（《唐文拾遺》卷二十五）

案，出家眾當以捨俗爲心，因名曰「僧」，《行事鈔》謂「僧」有六義：「一
戒和同修，二見和同解，三身和同住，四利和同均，五口和無諍，六意和同
悅。」和同者，言捨世俗之私情，同和合之僧團也。故釋道安之前，僧眾皆
從師之姓；其後乃知以「釋」爲姓，因以爲律也。梁慧皎《高僧傳》卷五《釋
道安傳》云：「初，魏晉沙門依師爲姓，故姓各不同；安以爲六師之本，莫尊
釋迦，乃以『釋』命氏。後獲《增一阿含》，果稱：四河入海，無復河名；四
姓爲沙門，皆稱『釋』種。既懸與經符，遂爲永式。」是也；今既出家，《誌
題》猶署俗姓，是不知教義也。

不特姓不忍捨，即俗家名字亦不能去，如：

《比邱尼阿妙等造象記》：「開元□年十二月十九日，比邱尼阿妙、
比邱尼淨果、比邱尼阿秋等久塵俗網，覺苦海之恒深……」（《唐文
續拾》卷十一）

又，

《潤州仁靜觀魏法師碑》：「……維大唐儀鳳二年……樹碑，謹錄門
人男女弟子及捨施檀越等人名如左：尼華淨因……尼陳今妍……」
（《江蘇通志稿》卷三）

曰「阿妙」、曰「阿秋」、曰「華淨因」、曰「陳今妍」，實覺不合倫類也。

2. 釋氏之法，既往生，則荼毗焉，何有歸葬俗家之律耶？

《昭成寺尼大德三乘墓誌銘》：「大唐元和元年三月十四日，長安昭

成寺尼大德三乘，行歸寂于義甯里之私第……敬奉靈輿，歸窆于城南高陽原，禮也……」（《匋齋藏石記》卷二十九）

又，

《大唐故尼正性墓誌銘》：「……貞元六年八月十日，現滅於櫟陽縣修善鄉之別墅……以其年十月八日，遷神於城南神禾原□□郎中之塋，從俗禮也。闍梨初隸上都法界寺，嘗云：清淨者心，心常解脫，故生不居伽藍之地；嚴飾者相，相本無形，故歿不建荼毗之塔……」（仝上卷二十七）

學佛，固不必皆修頭陀行也，然執著於色受，而有「私第」，有「別墅」，歸窆於「先塋」，情愛纏縛，五欲相牽，或非佛道耶？《圓覺經》云：「眾生輪迴，愛爲根本」是矣。

3. 於經義，不能悉知，此可就其建經幢之序文中見之

《丁思禮豎心經碑記》：「……敬鐫阿彌陀佛一鋪，《蜜多心經》一卷……」（《金石萃編》九九）

又，

《張三娘造像并鐫心經題記》：「永隆二年五月四日，雍州好畤縣佛弟子張三娘爲亡夫及父婆、男女眷屬敬造彌勒、世尊、觀音、地藏二菩薩，及鐫《般若多心經》。息男張万基。」（《金石續編》卷五）

又，

《本願寺僧知慜等尊勝幢記》：「本願寺都維那□知慜□合縣道俗等敬造石像堂，并建此幢，寫《佛頂尊勝經》、《蜜多心經》，上報三世諸佛……」（《八瓊室金石補正》卷四十六）

又，

《唐故龍花寺內外臨壇大德比邱尼尊勝陁羅尼等幢記》：「……寫《尊勝經》洎《陁羅尼》，并諸眞言……」（仝上卷四十七）

又，

《黃順儀尊勝幢記》：「……於塋所建造《尊勝陁羅尼》幢一軀……」（仝上卷四十八）

案，稱「蜜多心經」、或「般若多心經」者，皆未能眞了其義也。蓋經之譯名有五：羅什譯曰《摩訶般若波羅蜜大明經》一卷，玄奘譯《般若波羅蜜多心經》一卷，唐利言譯同奘師，唐法月譯《普遍智藏般若波羅蜜多心經》

一卷，宋施護譯《佛說聖佛母般若波羅蜜多經》一卷；而無有作「蜜多心經」、「般若多心經」者。緣《大智度論》十八云：「問曰；云何名《般若波羅蜜》？答曰：諸菩薩從初發心，求一切種智，於其中間知諸法實相慧，是《般若波羅蜜》。」全書四八云：「般若者，秦言智慧，一切諸智慧中，最為第一，無上、無比、無等，更無勝者。」又八十四云：「般若名慧，波羅蜜名到彼岸。」梵文作 prajnâramitâ，顯言之：般若 prajnâ 為真智慧、妙智慧，異於世知辯聰之智慧；波羅蜜 pârami，波羅 pâra 為「彼岸」，謂涅槃界也；蜜 mi，為「到」。梵文語法與我國異，故華言「到彼岸」也。多 tâ，語尾助詞也，無義也；故知「多心經」者，誤耳。「心經」之「心」，蓋比喻詞，意為「心法」、「心要」，謂本經——《般若波羅蜜多經》——實《五百大般若經》之心法、之法要也。（詳見余之《心經俗講》）

　　又名為「佛頂尊勝經」、「尊勝陀羅尼」者，其誤亦同。余於《念佛俗講》云：「《大佛頂首楞嚴經》（案，此是本經通俗稱呼之全名）在其本經卷八中，文殊菩薩問本經名時，世尊原說五種，即：其一、《大佛頂悉怛多般怛羅無上寶印十方如來清淨海眼經》，『悉怛多般怛羅』是梵語，意為『白傘蓋』；『清淨海眼』，即清淨心海的智慧之眼。其二、《救護親因度脫阿難及此會中性比丘尼得菩提心入徧知海經》，意思是：以此經咒的威神力，救脫阿難免毀戒體，並使婬女摩登伽者皈依　佛教而得菩薩菩提心的經典。其三、《如來密因修證了義經》，意思是：諸　佛以這秘密威神力的因地心，而修證到圓滿無缺的果位的經典。其四、《大方廣妙蓮華王十方佛母陀羅尼咒》，是說：大方廣，妙如蓮華寶王，出生十方諸佛的佛母的總持神咒的經典。其五、《灌頂章句諸菩薩萬行首楞嚴經》，這部經原是從中印度那爛陀寺大道場裏的『灌頂部』錄出別行的，所以叫『灌頂章句』；首楞嚴，為一切事究竟堅固，也是如來大定。因諸菩薩修入此定，於一心中具足萬行，所以得證一切究竟堅固的經典。後來的古德約取以上五種名稱，定為《大佛頂如來密因修證了義諸菩薩萬行首楞嚴經》。」（《釋經題》以是觀之，曰「佛頂」也，曰「尊勝」也，皆不能表本經之經義，則何有於佛所說教之了然乎？）

　　更有甚者，《誌文》云：「……泊陀羅尼，并諸真言……」案，陀羅尼 Dhârani，其義有四：法陀羅尼、義陀羅尼、咒陀羅尼、忍陀羅尼，而其本義則為「總持」，「能持」，「能遮」，即總持法、義、咒、忍而遮一切不善，持一切善也。通常謂「陀羅尼」者，多指「咒陀羅尼」也，今尋繹《誌文》之意，蓋小指

此而言。然則丁福保氏《佛學大辭典》引《金剛壽命經略讚》曰：「不空三藏云：於眞言密教中，說如是四種（案，即一、陀羅尼，二、明，三、咒，四、密語），名陀羅尼眞言咒。」是「眞言」即在「陀羅尼」中，亦可直謂「眞言」即「陀羅尼」也。而《誌文》乃分成二者視之，寧非知之不稔乎？

綜上所析論，余固曰唐之民俗（尤就女子言），多模稜於宗教（尤其是佛教）概念也。

又，碑誌中屢見爲彌勒造象，如：《韓君智造彌勒像》（《匋齋藏石記》卷三十一）、《大唐太原府交城縣石壁寺鐵彌勒像頌》（《金石萃編》卷八十四）等，更有發願往生兜率天者，如代國長公主，「……初，公主禮遵善寺尼□和者，因說彌勒宮事云：阿婆未成，更十年不知計。至薨日，今正十年。嗚呼，報應之兆有期，□□之言何驗？下生輪□之室，還上天宮嬉遊徧正之門……」（仝上卷七十八）此等發願與後世（尤以今日言）頗異，因可考知唐時女子（或男性亦然耶？）於佛教宗派信仰之傾向也，余當另立專文以論之云。

第六章　喪葬之研究

　　碑誌中於喪亡事，除《比邱尼正言疏》言其「身嬰風疾」（《金石萃編》卷一一四）而外，略不見言及喪亡之原因者，此於我國醫學史上之研究，無寧說爲一大遺憾焉。

　　余嘗就五百十六片資料（見前《婚俗節》《結婚年齡》小節）中統計各年齡層死亡之情況（惜未能與男性作一比較，蓋受論述範圍之限制也），略得如下之結果：

人數	壽　　命	小計	人數	壽　　命	小計
1	17、19、27、28、31、35、42、45、93、95、97、120	12	2	26、29、33、34、40、43、47、48、88、89、90、92	24
3	22、23、24、25、32、38、41、44、51、59、85、87	36	4	36、49	8
5	30、39、50、55、56、57、78、86	40	6	37、53、54、61、67、74	36
7	71、79、80、82	28	8	52、63、73、76、81、68	48
9	58、65	18	10	77	10
11	64、70、83、84	44	12	75	12
13	60、63、72	39	14	62	14
附註	70*2、30*3、60*4	9	合計		379

案，符號*表示「○歲左右」也。另，不載喪亡歲數者，闕而不計焉。

　　又據上表分析：喪亡歲數在三十一至四十歲、五十一至六十歲、八十一至九十歲者，各十人；二十一至三十、六十一至七十、七十一至八十者，各

九人；四十一至五十者八人；九十一至一二〇者，六人；十至二十者，二人。以是觀之，唐女子可謂長壽者也。

若夫喪禮，除前述一、二人以宗教（佛）儀式行之者外，凡擗踊、守制、除服，皆儒家禮也；不若今世之非禮焉。

另須在意者，則葬地問題。除前述葬於法師之側外，多歸葬其先塋；先塋之地固多不盡同，然綜計其多數者，於長安則在龍首原，於洛陽則在邙山。請分述之。

第一節　邙　山

《大唐洛州別駕大將軍崔公妻厙狄夫人墓誌銘》：「夫人諱眞相，恒州代郡人也……卒於洛州廨舍，時年五十有九。仍以其月五日己酉，權殯於邙山之南原。」（《毛本》第七片）。

《唐故郡君楊夫人墓誌銘》：「夫人諱成其，弘農華陰人也……以貞觀二十三年六月三日卒於家，春秋八十有四。粤以其年六月十八日，葬於邙山之原二畝，洛成之北五里……」（仝上，一四五片）

又，

《唐宮宦司設墓誌銘》：「亡司設者，洛陽宮人也……即以其年（案，即永徽三年）歲次壬子十月乙酉朔二十五日，窆於邙山之陽，禮也。」（仝上，二〇七片）

案，邙山，又寫作「芒山」，如：

《唐故黧州西道縣令劉君墓誌銘》：「夫人則魏司空祥之後也……去永徽三年六月二十日終於第。今以永徽四年八月三日，合葬於芒山之陽，禮也……」（仝上，二三〇片）

又，

《隋故東宮左親侍盧君墓誌銘》：「夫人崔氏，清河武城人……以貞觀二十三年二月八日，卒於岐州之官舍，時年六十一……粤以永徽六年歲次乙卯三月辛未朔三日癸酉，遷窆于芒山之陽……」（仝上，二六五片）

亦作「北邙山」，如：

《唐故劉夫人墓誌銘》：「夫人姓劉，諱妙姜，并州晉陽縣人也……

以大唐永徽六年歲次乙卯十一月丁卯朔十五日辛巳，奄辭人代……
即以其年十二月七日，葬於北邙山大魏村東北三十步……」（仝上，
二八四片）

又，

《唐故趙夫人墓誌銘》：「夫人諱　，洛陽縣人也……粵以咸亨元年
閏九月十三日，卒於歸仁坊私第，春秋七十有六。即以其年十月一
日，權窆於北邙山河南縣平樂鄉之陽，禮也……」（《芒洛冢墓遺文
四編》卷三）

案，邙山（或作「芒山」）在洛陽縣北，故稱北邙山。曹子建詩云：「步
登北邙坂，遙望洛陽山；洛陽何寂寞？宮室盡燒焚。」韓愈詩亦云：「孟郊死
葬北邙山，日月星辰頓覺間；天恐文章中斷絕，再生賈島在人間。」是也，
故《元和郡縣志》云：「北邙山在縣北二里，西自洛陽縣界，東入鞏縣界。舊
說云：北邙山是隴山之尾，乃眾出總名，連嶺修亙四百餘里。」（卷六《河南
道一》）《讀史方輿紀要》言之益悉：「北邙山，在府北十里（案，「府」指河
南府，《紀要》云洛陽縣距府城周不及九里，故北邙山乃在縣北二里也），山
連偃師、鞏、孟津三縣，綿亙四百餘里。古陵寢多在其上。邙，一作芒。」（卷
四十八《河南府洛陽縣條》）

《紀要》但云「古陵寢多在其上」，而無其詳；他書——若《元和郡縣志》、
《太平寰宇記》、《元豐九域志》等——更無一言及之；夷考碑誌，則載之頗
詳，如：

《庫狄夫人誌》云：「權殯於邙山之南原。」（見前引）

《楊夫人誌》云：「葬於邙山之原二畝，洛城之北五里」（仝上）洛
城之北五里，即「邙山之南原也」；二畝，言其墓所之廣步也。

又如：

《大唐故淄州淄川縣令祖君夫人墓誌銘》：「夫人郭氏，即郭昌之苗
裔……以顯慶五年十一月十九日，卒於殖業之私第。即以其年十二
月七日，合葬於北邙平樂鄉之原，禮也……」（《毛本》四二八片）

又，

《大唐故騎都尉靖君墓誌銘》：「夫人丁氏……即以龍朔元年九月二
十三日，合葬於北邙山平樂鄉之□，禮也……」（仝上，四五二片）

又，

《隋故平州錄事參軍張君墓誌》：「夫人趙氏，魏郡安陽人也……夫人春秋八十有七，詔授河南縣□春□君。以大唐貞觀二十二年歲次戊申二月壬子朔二日癸丑，搆疾彌留，終於思順里。以其月二十一日壬申，伉儷同窆葬於北邙山平樂鄉之原。其地後眺黃河，南瞻龍□，東西邐迤，良堪遊暢……」（仝上，一二二片）

又，

《故劉夫人墓誌》：「三才粲夫人劉郡君，弘農華陰人也……昊天不弔，春秋八十，以神龜大唐貞觀十六年二月十日丙申薨，至其年其月二十四日，葬於邙山西北二里瀍水之陽，荒源（？）之側……」（仝上，七十六片）

又，

《大唐故處士王君墓誌銘》：「夫人爨氏……以龍朔二年五月，先卒斯第，時年五十有二。即以其年二月戊戌朔五日甲寅，合葬於邙山平樂鄉瀍左里河東村北八十步，禮也……」（仝上，五九三片）

又，

《大唐故王郎將君墓誌銘》：「……夫人姓逯……以顯慶五年歲次庚申六月庚午朔二十一日庚寅，捨壽通利坊之第。嗚呼哀哉，即以其年七月庚子朔七日丙午，與王君合葬於平樂鄉北邙山，李村東北一里，禮也……」（仝上，四〇九片）

又，

《唐故陪戎副尉曹君墓誌銘》：「夫人淳于氏，亳邑人□……以總章二年六月十七日，終於毓財坊私第，春秋八十六。即以其年八月二十六日，與君合窆於邙山平樂鄉尚書谷北一里，禮也……」（仝上，六七五片）

又，

《大唐永嘉府隊正郭倫妻楊氏墓誌銘》：「夫人諱寶，弘農華陰人也……春秋卅，以貞觀六年正月五日卒於私第。越以其年二月十八日，葬窆於北芒千金鄉……」（仝上，二十片）

又，

《唐徐氏妻劉夫人墓誌銘》：「……徐氏妻劉夫人，洛州河南縣洛邑鄉人……今葬在邙山之陽洛邑東北郊洛陽縣界清風之原，故倉東王

村西南一百餘步。」（仝上，一一八片）

又，

《唐故祖君張夫人隴墓誌銘》：「夫人諱隴，字淑德，南陽人也……以永徽五年四月二十五日、終于殖業之第，春秋八十有一……即以其年五月九日、安神於北邙之清風里……」（仝上，二四七片）

又，

《□□□□□□□君墓誌銘》：「夫人劉氏，出自彭城……以永徽五年四月十八日，卒於私第……即以其年歲以甲寅五月景午朔十五日庚申，遷葬於洛陽縣清風鄉張方里平原之川，禮也……」（仝上，二四八片）

又，

《大唐故臨清縣令琅邪王君妻李氏墓誌銘》：「夫人諱　，字總持，高平人，姓徐氏……以顯慶二年七月三十日、終于河南縣永豐坊，春秋六十有七。即以其年十一月十八日、祔贈窆之于北邙山金谷鄉所，禮也……」（仝上，三三七片）

又，

《大唐河東柳尚遠妻宇文夫人墓誌銘》：「夫人宇文氏，河南洛陽人也……以麟德二年八月六日，遘疾卒於洛陽里清化坊之私第，春秋十九。即以其年八月十五日，葬於邙山金谷里，禮也……」（仝上，五七七片）

又，

《大唐陳府君墓誌》：「夫人皇甫氏……以三年歲次景子正月庚子朔女二十二日辛酉，合葬于邙山之平陰鄉……」（仝上，八一九片）

又，

《大唐故史氏趙夫人墓誌銘》：「……夫人趙氏，其先晉人也……以大唐上元二年十二月五日，卒於洛州河南縣福善里私第，春秋八十。即以上元三年歲次景子正月庚子朔二十二日辛酉，合葬于邙山北平陰縣界，府君之舊塋，禮也……」（仝上，八二〇片）

又，

《大唐故處士封君墓誌銘》：「……夫人太原王氏之女……即以其年十一月二日，合葬於洛陽縣平陰鄉北邙阜之原，禮也。」（仝上，八

三〇片）

案，自上引資料觀之，唐人於北邙築地，略可分為以下數區；此處先為一言者，即唐之地方行政區劃，以余所見資料，或有未明悉者，如《兩書·地理志》、《元和郡縣志》，僅言及府下有州，州統領若干縣，縣下則未嘗明言之也。今於碑誌中，乃知其統系，殆為：鄉、里、村也。其引據見前引《王處士誌》。今再言其區數，略有：

一、平樂鄉

其地殆在瀍水之東，平樂觀舊址，《讀史方輿紀要》云：「平望（案，「望」字殆手民之誤？蓋前後文不屬也，當做「樂」字）觀，在故城華林園東南天淵池水逕其南，魏所置也。太和四年，改曰聽訟觀。」（卷四十八）楊衒之《洛陽伽藍記》云：「太倉南有翟泉，周迴三里……高祖於泉北置河南尹，中朝時步廣里也。泉西有華林園，高祖以泉在園東，因名蒼龍海；華林園中有大海，即漢天淵池……」是知華林園佔地頗廣，其置所蓋在「故洛城內東北隅，與宮城相接」而北據邙山者也，故「景明二年，魏主遊北邙，聞咸陽王禧謀變，自華林園還宮，既而擒禧送華林都亭是也。」（仝上引《紀要》）

其葬地，殆有：瀍左里（在邙山西北二里，瀍水以東）之河東村、李村、尚書谷、翟村等。

二、千金鄉

其地殆在千金堨，《紀要》云：「在府城北。《洛陽記》云：在河陽縣城東十五里，舊堰穀水入洛陽城……又千金堨一名五龍堨，亦曰九龍渠，亦曰九曲瀆。」

三、清風鄉

其地殆在「洛邑東北郊，洛陽縣界……故倉……」（《唐徐氏妻劉夫人墓誌銘》）故蒼，殆指晉太倉也，即步廣里東北。

其葬地則有張万里，即齊張方所築之故壘，在城西七里。

四、金谷鄉

其地殆在，石崇之金谷園，《紀要》云：「在府東北七里，《水經注》：金谷水出太白原，東南流，歷金谷，謂之金谷澗；東南流，經石崇故居。又穀

水自千金堨東經罥門橋東，左會金谷水⋯⋯太白原在城西北六十里，即邙山之別阜云。」

其葬地則有金谷里。

五、平陰鄉

在平陰縣，即所謂平陰城也。《紀要》云：「平陰城，在今縣東一里，《舊志》云：城在故洛陽城東北五十里⋯⋯《十三州志》：縣在平津大河之間，故名⋯⋯魏文帝改曰河陰，仍屬河南郡，晉因之⋯⋯唐武德四年廢。開元二十年，始割氾水、滎澤二縣地置河陰縣，非復平陰舊地矣。《通典》：河陰舊城北對河陽岸。即此。」案，據碑誌載，其合葬之時，概在「上元三年」，即代宗寶應元年（762 A.D.），距開元二十年（732 A.D.），整三十年矣，故「平陰縣」者，當爲玄宗新設者也，非復舊址，故《封處士誌》乃曰「洛陽縣平陰鄉」者，是矣。

第二節　龍首山

《唐故朝請大夫董君夫人戴氏墓誌銘》：「夫人諱滿，譙郡人也⋯⋯粵以顯慶四年歲次己未二年戊申朔二十五日壬申，卒於長安縣弘安鄉嘉會坊私第，春秋六十有□。即以其年四月丁未十四日庚申，葬於城西龍首原上，禮也⋯⋯」（《陝西金石志》卷九）

又，

《大周朝散大夫上柱國行司府寺東市署令張府君妻田鴈門縣君墓誌文》：「⋯⋯縣君即明堂縣人也⋯⋯春秋三十有三，以天授二年五月十六日薨於萬年縣平康坊之私第⋯⋯以其年六月三日，遷窆於城東龍首原長樂鄉王紫村向南一里與壽春坊路通也⋯⋯」（《匋齋藏石記》卷十九）

又，

《大唐南陽張公故太原郡太夫人王氏墓誌銘》：「⋯⋯貞元八年二月二十九日，終於京長安縣義寧里之私第，春秋七十有五，即以三月二十二日葬於城西龍首原，禮也⋯⋯」（仝上，卷二十七）

又，

《唐故奉天定難功臣遊擊將軍天威軍正將杜公夫人隴西李氏墓誌

銘》：「夫人姓李氏，隴西人也……以大和九年二月九日寢疾，終于
輔興里之私第，享齡七十。遂以其年四月十日，龜筮叶從，遷窆于
長安縣龍首鄉，故金夫之塋側，離而祔之，從魯禮也……」（仝上，
卷三十二）

又，

《有唐故成都府司錄參軍劉公墓誌銘》：「……夫人張氏，故朝散大
夫漢州金堂縣令賜緋魚袋叔元之女也……至十二月二十九日，卜宅
葬于長安縣，在城西龍首鄉未央里祁村白帝壇西南隅三百餘步……」
（仝上，卷三十三）

《唐國師千佛寺多寶塔院故法華楚金禪師碑》：「……禪師法諱楚
金，程氏之子……母渤海高氏，夜夢諸佛，是生禪師……粵以乾元
二年七月七日子時，右脇薪盡火滅，雪顏如在，昭乎上生於安養之
國矣，享齡六十二，法臘三十七……即以其年八月十二日，法葬于
長安城西龍首原法華蘭若塔之禮也……」（《金石萃編》卷一○四）

《大唐故冠軍大將軍代州都督上柱國許洛仁妻襄色縣君宋氏夫人墓
誌》：「夫人諱善主，字令儀，定州安喜人也……遘疾彌流（留？），
遊魂《岱錄》，春秋九十有九，薨於金城坊里第，即以其年五月二十
四日，窆於龍首原，禮也……」（《金石續編》卷五）

又，

《夫人袁氏權殯誌》：「夫人袁氏，洛州永昌縣人……以聖曆二年十
月四日，遘疾終於乾封村太平里第。以聖曆三年正月十五日，權殯
於長安縣龍首鄉龍首原。」（仝上，卷六）

《興聖寺主尼法澄塔銘》：「法師諱法澄，字旡所得，俗姓孫氏，樂
安人也……風疾現身，乃臥經二旬，飲食絕口。起謂弟子曰：我欲
捨壽，不知死亦大難，為當因緣未盡。後月餘，儼然坐繩牀，七日
不動，惟聞齋時鍾聲即喫水。忽謂弟子曰：扶我臥，我不能坐死。
臥訖遷神，春秋九十，開元十七年十一月三日也，以其月二十三日，
安神於龍首山馬頭空塔所……」（《全唐文》卷一○○）

　　案，長安縣之葬地，固不止龍首原而已，如高陽原（據碑誌——《唐文
續拾》卷六《陳氏誌》——當在永壽鄉）、少陵原、洪瀆原、鳳棲原、神禾原、

畢原、魏村、（大）嚴村等，皆是也。然以龍首原爲多數，因爲之作考述云。

龍首原，《讀史方輿紀要》卷五十三：「龍首山，府北十里。長六十里，首入渭水，尾達樊川，頭高二十丈，尾漸下，高五、六丈。土赤不毛，隋以長安城狹小，故作新都於此，亦曰『龍首原』。」《元和郡縣志》屬《關內道》《京兆府》也。

據碑誌，知龍首原之葬地有二：一在城東，一在城西，而營葬於城西者較多焉。《成都府司錄參軍劉公墓誌》之「城西龍首鄉未央里祁村白帝壇」未央里，或在未央宮左近處耶？《三輔黃圖》云：「未央宮，周回二十八里，前殿東西五十丈，深五十丈，高三十五丈。營未央宮，因龍首山以制前殿。」故知其地蓋因山名鄉，因宮名里，祁村白帝壇又可補《黃圖》，徐松《唐兩京城坊考》諸書之所不載也，《西京考外郭城》云：「外郭城，隋曰大興城，唐曰長安城，亦曰京師城，前直子午谷，後枕龍首山……有京兆府：萬年、長安二縣所治寺觀、邸第、編戶錯居焉（原注：城中一百八坊。韋述記曰：其中有折衝府四、僧寺六十四、尼寺二十七、道士觀十、女觀六、波斯寺二、胡祆祠四、隋大業初有寺一百二十謂之道場，有道觀十，謂之玄壇，後所增不在其限）。當皇城南面朱雀門，有南北大街曰朱雀門街，東西廣百步。萬年、長安二縣以此街爲界，萬年領街東五十四坊，及東市；長安領街西五十四坊，及西市。」（卷二）祁村白帝壇或在「十玄壇」之中歟？且據五行之學，則其壇或在西方，然則祁村或在長安縣西耶？

又，《田鴈門縣君誌》謂縣君「遷窆於城東龍首原長樂鄉王紫村」南，與壽春坊路通。案，長樂鄉，殆在長樂坊之所歟？徐松《西京考》云：「朱雀門街東第四街，街東從北第一長樂坊，次南大寧坊，次南安興坊……」不見「壽春坊」之名，而《誌文》：「向南與壽春坊路通也」，亦可補地志之闕歟？

晉郭璞《葬經》云：「葬者，乘生氣也。五氣行乎地中，發而生乎萬物；人受體於父母，本骸得氣，遺體受蔭。氣感而應，鬼福及人，是以銅山西崩，靈鍾東應。」（《內篇》一章）故國人從來即注意於地理風水之講求，而風水也者，「丘壠之骨，岡阜之支，氣之所隨。氣乘風則散，界水則止，古人聚之使不散，行之使有止，故謂之風水。」（仝上二章）唐章貢等《雪心賦》亦云：「蓋聞天開地闢，山峙川流，二氣妙運於其間，一理並行而不悖。氣當觀其融結，理必達於精微……體賦於人者，有百骸九竅；形著於地者，有萬水千山。自本至根，或隱或顯……迢迢山發跡，由祖宗而生子生孫；汨汨水長流，

自本根而分支分派……（卷一）是也。故其葬埋，言其大者，則必有山有水，蓋山以藏風，水以蓄氣，故曰：「風水之法，得水爲上，藏風次之，外氣橫行，內氣止生」者是也。以是說法，分析邙山、龍首原，正合其意，是以葬者多。如：

> 邙山，《元和郡縣志》云：「北邙山，在縣北二里，西自洛陽縣界，東入鞏縣界。舊說云北邙山是隴山之尾，乃眾山總名，連嶺修亙四百餘里。」（卷六）而其葬區，平樂鄉則有瀍水，千金鄉則有千金塌，清風鄉在步廣里處則鄰於翟泉、繞以穀水，金谷鄉則在金谷水上，平陰鄉則在平津大河之間也。

龍首山，《三輔黃圖》云：「營未央宮，因龍首山以制前殿。」《西京考》云：「大明宮在禁苑東偏，舊太極宮後苑之射殿，據龍首山（原注：龍首山長六十里，來自樊川，由南而北，行至渭濱，乃折向東，頭高二十丈，尾漸下，可六、七丈，漢之未央據其折東高處，故宮高出長安城上。大明宮又在未央之東，其基愈高，故含元殿基高於平地四丈）。」（卷一）而其葬區，不論城東、城西，皆在渭水、樊川之間，更況龍首渠、漕渠穿乎其中也。

碑誌之中，數言葬於「○○之原，禮也。」如：《大唐解斯府君夫人索氏墓誌銘》云：「……即以其年十一月二十九日，葬於北邙之原。」（《毛本》二○九）、《大唐薛王友行珍州榮德縣丞杜君故妻博陵崔氏墓誌銘》：「……安厝於三原縣之北原……」（《匋齋藏石記》卷十七）、《唐故三十姓可汗貴女賢力毗伽公主雲中郡夫阿那氏之墓誌》：「……葬于長安縣龍首原，禮也……」（《金石補略》卷二）、《大唐故文林郎王君夫人墓誌銘》：「……權殯于長安城西一十五里，高峰原，禮也……」（《十二硯齋金石過眼錄》卷十）等，略皆安葬于山巒之平曠之地者，殆亦地理風水之觀念使然耶？《葬經》云：「丘壟之骨，岡阜之支，氣之所隨。」（二章）《雪心賦》亦云：「山峻石粗流水急，豈有眞龍？左迴右抱主賓迎，定生賢佐。」（卷三）是也。

結 論

　　唐女子之見於碑誌之情形既如上述，且亦既於各章作其結論矣。今總結之，略有以下諸端：

　　一、士大夫以上之家庭女子與乎平民家庭之女子，勿論其生活、思想，頗有一大段差距。譬如：結婚年齡，前者早，後者遲。其原因固在門第觀念之有無，另一則在「陪門財」之貴賤，是以貧女往往難嫁，此可自高宗詔書，白居易《貧家女》見之也。《詔書》云：「（顯慶四年十月十五日）詔：後魏隴西李寶、太原王瓊、榮陽鄭溫、范陽盧子選、盧渾、盧輔、清河崔宗伯元孫，凡七姓十一家，不得自爲婚姻。仍自今已後，天下嫁女受財，三口已上之家，不得過絹三百匹，四品、五品不得過二百匹，六品、七品不得過一百匹。八品以下不得過五十匹，皆充所嫁女貲妝等用，其夫家不得受陪門之財（原注：李義府奏也）。」（《唐會要》卷八十三）白樂天詩云：「天下無正聲，悅耳即爲娛；人間無正色，悅目即爲姝。顏色非相遠，貧富則有殊。貧爲時所棄，富爲時所趨。紅樓富家女，金縷繡羅襦，見人不斂手，嬌癡二八初，母兄未開口，言嫁不須臾。綠窗貧家女，寂寞二十餘，荊釵不值錢，衣上無眞珠，幾回人欲聘，臨日又痴廚。主人會良媒，置酒滿玉壺，四座且勿飲，聽我歌兩途：富家女易嫁，嫁早輕其夫；貧家女難嫁，嫁晚孝於姑。聞君欲娶婦，娶婦意如何？」（《全唐詩》）「輕其夫」之事實，於帝室之女尤爲嚴重，余於《婚俗節》已論之矣；以其問題嚴重，乃有高宗顯慶二年七月之《制》：「縣主出嫁者稱『適』，不得稱『降』；取縣主者稱『娶』，不得稱『尙』。」而富家女之輕公婆，太宗之時已然矣。貞觀十六年六月《詔》云：「氏族之盛，實繫於冠冕；婚姻之道，莫先於仁義。自有魏失御，齊氏云亡，市朝既遷，風俗陵替。燕趙右姓，多失衣冠之緒；齊韓舊俗，或乖德義之風，名雖著於州

閭，身未免於貧賤，自號膏梁之冑，不敦匹敵之儀，問名惟在竊資，結褵必歸于富室。乃有新官之輩，豐財之家，慕其祖宗，競結婚媾，多納貨賄，有如販鬻。或貶其家門，受屈辱於姻婭，或矜其舊族，行無禮於舅姑。積習成俗，迄今未已，既紊人倫，實虧名教。」（以上並見《唐會要》卷八十三）是也。又如：再醮問題，士大夫以上（尤以帝室之女為然）之女，改嫁、再嫁，幾成風俗；而民間則頗能以名節自守者。更如：宗教信仰，則帝室之女，常有入道者；民間則絕大多數皈依釋教也。再如語言，民間之俚語俗言之見於碑誌者，固所在多有；而此風亦侵入於貴族矣，最明顯之例，莫如鄭萬鈞之《代國長公主碑》：「……去年忽謂蒙曰：昨夜夢念珠□斷，急手自拾，一個不得，是不祥……一切總放，不情願者於諸莊安置。先是司農小兒亦准此，家生者不在此限……執蒙手曰：恩愛斷也，有不是處莫怪。更枉辛苦，屋裏人去去，年少在莫更請出家。蒙送奉一杯水別……尼慈和者，因說彌勒宮事云：阿婆未成，更十年不知……」云云，幾全以口語入文也。

　　二、白樂天《長恨歌》謂：「遂令天下父母心，不重生男重生女」，以余所見唐之碑誌，若以不耦之男女論（此包括殤女）則為女子所立碑誌，往往多於男子，且其碑誌更涵蓋各年齡、身分層面，此可見唐女子之地位也。如：

> 《唐盧鄱幼女姚婆墓誌》：「范陽鄱幼女姚婆，年八歲。生而穎悟，髫而秀妙，纔能言而知孝道，纔能行而服規繩，纔能誦而諷女儀，纔能持而秉緘組。動而有禮致，婉而聽順，衣食服飲，生知禮讓，先意承志，不學而能。常期長成，必有操行芳譽流於親戚之間；何圖玉樹先秋，蘀華早落，敏而不壽，痛可言耶？！以大中六年十月三日友于襄州官舍，以明年七月十三日葬於鄭州榮澤縣廣武原，祔叔祖贈給事中府君之　松檟，冀冥寞之內，魂而知歸。以其封樹不廣，懼年代未遠而丘壠夷平，聊刊片石，以敘其年月與事實，冀千載之後不至湮沒耳。唐大中七年七月十三日，前檢校禮部員外郎盧鄱記。」（《金石萃編補正》卷一）

案，八歲而卒為下殤，姚婆大中六年十月三日卒，其父至明年之七月十三日始為營葬，停柩達九月有奇，遠過於禮制所許，則其愛女、重女，可以知矣。此例，如代宗之女華陽公主薨，代宗為之廢朝，三年之後始為營墳，其情相同，是唐人之愛珍女兒，初不論地位若何也。又如：

> 《趙郡李氏殤女墓石記》：「殤女李氏，趙郡高邑人也，小字孫孫，

　　年十六，貞元十七年十一月二十二日，遘疾終於長安永寧里之旅舍，
　　以十二月三日窆於萬年縣高平鄉西焦村之南原，從權，禮也……父
　　藩，秘書省秘書郎，殤即藩之第三女也。念爾稟夫之和，而聰明孝
　　友，得禮之節，而恭敬廉讓，奉上順下，動無所違。吾身苦病，爾
　　之疾畏吾之知；吾家苦貧，爾之欲亦畏吾之知。惇性感人，逮此增
　　痛，痛苦及矣，哀如之何？唯俟于吉時，歸葬于故國，祔我先塋之
　　松柏，從爾孝思而已矣。衍涕書此，用安幽魂；魂而有知，鑒我誠
　　意。貞元十七年十二月三日，秘書省秘書郎李藩記。　從父淳書。」
　　（《匋齋藏石記》卷二十八）

案，十六歲而卒，可謂中殤，父、叔之哀，見於行間；以唐人之習慣，類已
適人矣，而不捨若此，其看重女子知可焉。下例即顯然言之：

　　《唐故清河張氏女殤墓誌銘》：「女殤，韋出也，慕逋受籙，因名容
　　成丁。太夫人憂，號泣過禮，哀瘵成疾，疾不至病，不廢行步。貞
　　元十七年歲次辛巳十二月四日，奄然而終，時年一十有九，距　禫
　　制二甲子矣。家人親戚，蒼遑相視，不知所以然也；明年正月二十
　　七日窆於河南縣龍門鄉午橋村，先太夫人宅兆之次，禮且順也。伯
　　兄安時深惟若而人賢惠（慧？）優長，要備敍述，追譔爲誌，故不
　　假文於人……家君三子，唯是一女，愛念所鍾，罕有其儔。若而人
　　恭謙益隆，非賢歟？……其淑順明敏，觸類而長，不可殫紀，以是　家
　　君與夫諸兄常奇此女，欲與賢人，前後致娉多矣；視之率非其匹，
　　由是依違之間竟使簪珮無歸，追恨所深，痛斷肌骨，嚮使得之良士，
　　爲了嘉耦，必能傳婦則母儀於當世，書清規令範於彤管。永孤此望，
　　爲怨難勝……文者咸以夭桃穠李爲之比方，予以若而人容質清明，
　　非此類也。珠明玉潤，可取象焉。」（仝上）

再如下例，三十而猶未嫁，足證余前言門第貧女之難嫁也，如《唐故嶺南節
度使右常侍楊公女子書墓誌》、兄文林郎前京兆府兵曹參軍檢撰并書：「□□
諱芸，字子書……自童年則不隨稚輩戲遊，端默靜慮，有成人量；不甚賞絲
竹，寡酖好，諸兄所習史氏、經籍、子集、文選，必從授□，覽不再繹，盡
得理義，勤於隸學，巧于女功……以六月十七日，終于返福里第，春秋世。十
月二十八日葬于長安縣南原羌允村……」（仝上，卷三十五）知書史，精隸學，
足見父兄之於女子之態度也；然卒以此而不嫁歟？若宋若昭姊妹然也，特以

不聞於帝，不入於宮耳。更如：

> 《長孫氏夫人陰堂文》：「夫人京兆杜氏，曾祖之亮，隋黃州刺史；
> 祖延昌，皇朝邛州長史；父靈麒，皇朝盛王文學。夫人以哀疾不任，
> 號慕過歲，以杖而不起，年三十七終於集賢里私第。孝而見殞，有
> 異於曹娥；泣血經年，頗同於高子。未及歸京師，權安厝於大塋北
> 十五步之原，禮也。窆用聖武二年十月十七日。」

案，本片見於上引書之卷二十五，端方氏考之云：「昔人磨崖多右行，取其便
於搨豪也；墓誌右行，殊塵見此。文末云：窆用聖武二年，中間事行，語焉
弗詳。言夫人以哀疾不任，號慕，又不明言因何哀疾？篇幅甚簡，洒復用曹
娥、高子等儷語；又不似拙於文者所為；又故作右行，若未定本猶待更正者，
殆有所迫而然耶？其用祿山年號，或出於萬不得已也。」余以為長孫氏夫人
杜氏，或其夫長孫氏卒於祿山竊據之域，故時頗多隱晦，不能直書；且夫死
無子，歸卒於父母之家，是以文云「未及歸京師，權安厝于大塋北十五步之
原」也。然則其時父母之看待子女，何如哉？生而歸養，卒而埋葬，且為立
碑云。如下例，女子已出家矣，卒而猶為之撰誌，又歸葬于其先塋，不惟見
唐人宗教理念之不若是「出世」，亦又見彼時看重女子之一般：

> 《大唐濟度故比丘尼法樂法師墓誌銘》：「法師諱法樂，俗姓蕭氏，
> 蘭陵人也……父瑀，皇朝中書令尚書左右僕射特進太子太保上柱國
> 宋國公贈司空，赫奕蟬聯，編諸史諜，芳猶盛烈，可得而詳。法師，
> 則太保之長女也……年甫三齡，歸誠六度，脫屣高族，落髮祇園……
> 以咸亨三年九月十九日遷化於蒲州相好之伽藍，春秋七十有四，權
> 殯于河東；以永隆二年歲次辛巳三月庚午朔二十三日辛卯，歸窆于
> 雍州明堂縣義川鄉南原，禮也……」（仝上，卷十九）

以上所引，不論年齡，不論身分，其層面類能涵蓋矣，而其受父兄之珍
愛、望重，率相侔焉，則唐之女子地位，實不下於男子也。

三、唐之女子實為我國歷史上女子之生活、思想之一關鍵期、轉捩期，
易言之，即唐以前之女子，其生活、思想比較開放，而不受拘制；唐以後則
漸趨保守，拘制也。此可從以下諸端得證焉：（一）唐之碑誌，以男性多，女
性少；其前或其後，則幾乎皆為男子之碑誌也（碑誌起於漢末，故女子雖較
開放、自由，而不若唐女子之受重視，故尟有碑誌之立者也。宋以後，則女
子之受局限、保守，乃更勿論矣）。（二）唐碑誌，類皆以男性為主，其碑誌
文中，以不書其妻妾為正例。如：《大唐馬處士墓誌銘》（《匋齋》卷十七）、《唐

故吉州盧陵縣丞皇甫君墓誌銘》（仝上）、《唐故正議大夫行太子右贊善大夫判太子率更令上柱國清河崔府君墓誌銘》（《芒洛冢墓遺文續篇四》）等等，皆是也。其例夥頤。其有偶或及之者，多爲「……妻○氏先終……」如《唐故朝議郎守徐州功曹參軍上柱國劉公墓誌銘》（《金石續編》卷八）、或「……與夫人○氏周窆於……」如《大唐故瀛州河澗縣令樂府君墓誌之銘》（《匋齋》卷十八）、或「……先娶○氏，有子○人；後娶○氏，有子○人……」如《唐故集賢直院官榮王府長史程公墓誌銘》（《金石續編》卷八）是也，此則爲變例。若半爲男碑誌主，半爲女碑誌主，如《唐故宣功參軍鉅鹿魏君夫人趙氏墓誌銘》（《金石萃編補略》卷二）、《隋騎都尉司馬興并夫人張氏墓誌銘》（《匋齋》卷十八）、《大唐泗州漣水縣主簿范府君夫人柳氏墓誌銘》（《芒洛冢墓遺文三編》）等皆爲變例之變也。至若專以女子爲碑誌主，甚而不一言及於男子者，其例具見本論文前引諸則；凡此數量雖不若前述諸型式之多，亦隨處可見也。吾人自此正、變之例，可以證知唐女子之處於由開放而拘制之關鍵、轉捩之現象也。（三）由造象、橋名、欄杆等之題名，多有女子參與之例，亦可證本條之不訛也。如：《李元福妻鞏造象》（《匋齋》卷二十四）、《潁川陳公蜜多心經碑》：「……賈得妻史氏……有女蕭……」（仝上）、《淄川郡東界劉□村石橋碑》（仝上卷二十五）等皆是矣。（四）就胡文楷氏編著之《歷代婦女著作考》計數之，則自漢至隋，作者凡三十二家，卷數（不錄卷數者不計），凡二三九卷；唐則二十一家，凡九○○卷；宋之後，則不可勝數矣。此皆可證唐女子實處轉變期焉。

　　四、唐女子雖多有從政者，如高祖女平陽昭公主之帥「娘子軍」以助義師、武則天之帝周、韋后之亂政……等等，甚而岑仲勉《唐史餘瀋》謂唐有「女授男官」之事實；然此終究爲一變態，非正例也。女子之正式從政，乃今日之事；唐人縱開放，亦不至此境也。

　　雖然，本論文猶難免於諸多缺陋，而最爲遺憾者，厥有二端：一者宦官之研討，蓋本論原有「宮人」章，宦官應在其中，且實際上彼乃管理宮女者也，是當論及者。然以其牽涉問題太大、太多，實不能屈居此也，因思俟諸異日，作專文以論之。二者爲比丘尼之研討，此亦爲一大問題，以余所見諸研究唐代佛教史之學者，彼之論著，尠有及於尼師者，且多在貴族階級之佛徒上探討，少觸及於平民，其能得當時信仰之眞貌，不能無疑，因亦欲作專文以探討之。

附　錄

附錄一：碑誌考釋釋例

唐故德儀贈淑妃皇甫氏神道碑〔註1〕　　杜甫〔註2〕撰

　　后妃之制古矣，而軒轅氏、帝嚳氏次妃之跡最有可稱，存乎舊史。然則其義隱，其文略；《周禮》王者內職大備，而陰教宣；詩人《關雎》風化之始，樂得淑女。蓋所以教本古訓，發皇婦道，居具燕寢之儀，動有環珮之節。進賢才以輔佐君子，不淫色以取媚閨房，雖彤管之地，功過必紀，而金屋之寵，流宕一揆，稽女史之華實，詞嬪則之清高，亦時有其人，偉夫精選。淑妃諱某，姓皇甫氏，其先安定人也〔註3〕。惟高封商，於赫有光，伊元祖樹德，於

〔註1〕　本片見錄於《全唐文》卷三六〇。德儀、淑妃爲宮官，詳見《宮人考》章。
〔註2〕　杜甫，《傳》見《新》卷二〇一、《舊》卷一九〇下。甫，字子美，本襄陽人，後徙河南鞏縣。與房琯、嚴武善，然性褊躁無器度，又常恃恩放恣，而縱酒嘯咏與田夫野老相狎蕩，無拘檢，卒不得其志焉。元稹論其詩，曰：「至於子美，蓋所謂上薄《風》《騷》，下該沈宋，言奪蘇李，氣吞曹劉，掩顏謝之孤高，雜徐庾之流麗，盡得古今之體勢而兼人人之所獨專矣。使仲尼考鍛其旨要，尚不知貴其多乎哉？苟以爲能所不能，無可無不可，則詩人已來未有如子美者。」（《舊》本傳引）學者以爲的論。
〔註3〕　《誌文》後云淑妃「有子曰鄂王諱瑤……有女曰臨晉公主，出降代國長公主子滎陽潛曜」。案，《新》卷八《諸公主傳》謂玄宗二十九女，臨晉公主行十三，且云：「臨晉公主，皇甫淑妃所生，下嫁郭潛曜，薨大曆時。」而全書全卷《代國公主條》云：「名華，字華婉，劉皇后所生，下嫁鄭萬鈞。」是「郭潛曜」，當爲「鄭潛曜」之誤也。夷考《新》卷一二〇《孝友‧鄭潛曜傳》云：「鄭潛曜者，父萬鈞，駙馬都尉，滎陽郡公。母代國公主。開元中主寢疾，潛曜侍左右，造次不去，累三月不靧面。主疾侵，刺血爲書，請諸神丐以身代，火書而『神許』二字獨不化。翌日，主愈，戒左右無敢言。後尚臨晉長

今不忘。必宋之子，莫之與比；伊清風繼代，惠比餘美。夫其系緒著美，紱冕所興，列為公侯，古有皇父充石，則其宗可知也。夫其體之消息，經術之美，刑正帝圖。中有元晏先生，則其家可知也。嗟乎，我有奕葉，承權輿矣；我有徽猷，展蕭雍矣。積群玉之氣，自對白虹之天；生五色之毛，不離丹鳳之穴。曾祖烜，皇朝宋州刺史；祖粹，皇朝越州刺史、都督諸軍事；父曰休，皇朝左監門衛副率，妃則副率府君之元女也。粵若褓褓，體如冰雪，氣象受於天和，詩禮傳乎胎教。故列我開元神武之嬪御者，豈易其容止法度哉？今上昔在春宮之日，詔詰良家女，擇親可否充備淑哲，太妃以內秉純一，外資沈靜。明珠在蚌，水月鮮白，美玉處石，崖岸津潤，結襦而金印相輝，同輦而翠旗交影。由是恩加婉順，品列德儀，雖掖庭三千，爵秩十四，掩六宮以取俊，超群女以見賢，豈渥澤之不流？曾是不敢以露才揚己，卑以自牧而已。夫如是，言足以厚人倫，化風俗，彌縫坤載之失，夾輔元亨之求。嗚呼，彼蒼也常與善，何有初也？不久好奈何！況妃亦既邁疾，怗如慮往，上以之服事最舊，佳人難得，送藥必經於御手，見寢始迴於天步。月氏使者，空說返魂之香；漢帝夫人，終痛歸來之像。以開元二十三年，歲次乙亥，十月癸未朔薨於東京某宮院，春秋四十有二。嗚呼哀哉，望景向夕，澄華微陰，風驚碧樹，霧重青岑。天子悼履綦之蕪絕，惜脂粉之凝冷，下麟鳳之銀床，到梧桐之金井。嗚呼哀哉，厥初權殯於崇政里之公宅，後詔以某月二十七日己酉，卜葬於河南縣龍門之西北原，禮也。制曰：「故德妃皇甫氏，贊道中壼，肅事後庭，孰云疾疢，奄見凋落，永言懿範，用愴於懷，宜登四妃之列，式旌六

公主，歷太僕光祿卿。」可以為證。

皇甫烜、粹、日休並不見於《兩書》暨《宰相世系表》，而《表》敘皇甫氏之源，謂：「出自子姓。宋戴公白生公子充石，字皇父；皇父生季子來，來生南雍缺，缺以王父字為民……裔孫鸞，漢興自魯徙茂陵，改父為甫……柴徙襄陽，後又徙壽春……」案，壽春唐屬淮南道，即楚之城郢；茂陵，屬關內道，與安定郡同屬京兆府。皇甫氏徙壽春，似始於唐黃門侍郎文房，其先則在安定朝那縣；而安定一系，於德參時又徙倉州樂陵。《元和姓纂》卷五《一十唐》云：「皇甫，漢興改父為甫，後漢安定都尉皇甫攜生稜始居安定，安定朝那縣彪七代孫軌，軌五代孫璠生誕……（案，以是，故《寰宇記》卷三二於安定郡姓，乃頗著其氏也。其言曰：「安定郡四姓：梁、席、安、皇甫，人物：梁統……皇甫謐，安定人。」謐，即杜工部所謂之「元晏先生，則其家可知」者也。）壽春，唐黃門侍郎皇甫文房、兄子鏡幾、鄰幾、知常、希莊，鏡幾生閒……樂陵，（自）安定徙倉州，唐監察御史皇甫德參生寡過……」《書》、《表》暨《姓纂》俱不載淑妃、烜、粹、日休事，此正可以補闕云。

行之美，可冊贈淑妃。喪事所須，並宜官供。河南尹李適之充使監護。」非夫清門華冑，積行累功，序於王者之有始有卒，介於嬪御之不僭不濫，是何存榮沒哀，視有遇之多也？！有子曰鄂王諱瑤〔註4〕，兼太子太保、使持節幽州大都督事，有故在疚而卒。豈無樂國？今也則亡；匪降自天，云何吁矣！有女曰臨晉公主，出降代國長公主子滎陽潛曜〔註5〕，官曰光祿卿，爵曰駙馬都尉。昔王儉以公主恩，常帝女爲榮；何晏兼關內侯，是亦晉朝歸美。公主禮承於訓，孝自於心，霜露之感形於顏色，享祀之數，缺於灑掃。嘗戚然謂左右曰：「自我之西，歲陽載紀，彼都之外，道里遐絕；聖慈有蓬萊之深，異縣有松檟之阻。思欲輕舉，安得黃鵠，未議巡豫，徒瞻白雲，望闕塞之風煙，

〔註4〕鄂王瑤，玄宗第五子也，史不言皇甫淑妃所生，此可補闕。工部謂彼「有故在疚而卒」，蓋指開元二十五年（737 A.D.）楊洄奏彈太子瑛、鄂王瑤、光王琚等，云與太子妃兄駙馬薛鏽潛構異謀事也。《通鑑》卷二一四本條云：「上召宰相謀之。李林甫對曰：此陛下家事，非臣等所宜豫。上意乃決。乙丑，使宦者宣制於宮中，廢瑛、瑤、琚爲庶人；流鏽於瀼州；瑛、瑤、琚尋賜死城東驛，鏽賜死於藍田。瑤、琚皆好學有才識，死不以罪，人皆惜之。丙寅，瑛舅家趙氏、妃家薛氏、瑤舅家皇甫氏，坐流貶者數十人，惟妃家韋氏以妃賢得免。」工部又云：「豈無樂國？今也則亡；匪降自天，云何吁矣」正爲「人皆惜之」之證，而舊卷一〇七《鄂王瑤傳》謂「寶應元年（762 A.D.）五月追復」，則王妃碑版之作，當在開元二十五年之後，寶應元年之前歟？

〔註5〕代國長公主，《新》卷八三《諸公主傳·睿宗十一女條》但云：「公主名華，字華婉，劉皇后所生，下嫁鄭萬鈞。」，行五。然夷考《萃編》卷七八《大唐故代國長公主碑》，則載之頗詳；文長不錄，但節其重點，爲做考釋：

(1) 題曰駙馬都尉鄭萬鈞撰文，男聰書。知萬鈞、聰，能書能文；《全唐文》卷二二五張說《石刻般若心經序》曰：「秘書少監、駙馬都尉滎陽鄭萬鈞，深藝之士也，學有傳癖，書成草聖。迺揮灑手翰，鐫刻《心經》，樹聖善之寶坊。啓未來之華葉。」是也。

(2) 公主初封永昌，當爲縣主；後迺相攸，降歸於鄭。後文云公主薨於開元二十二年（734 A.D.），年四十八，則是生於垂拱三年。（687 A.D.）十七歲降歸鄭萬鈞，時當長安三年（703 A.D.）也。

(3) 「聖上年六歲，爲楚王舞，長命□□□。」聖上，即玄宗也；玄宗於寶應元年（762 A.D.）四月崩，壽七十八，則當生於垂拱元年（685 A.D.）；六歲，則爲天授二年（692 A.D.）。

(4) 壽昌公主乃睿宗長女，與代國對舞西涼殿上，時代國方四歲（當則天天授元年（691 A.D.）），以睿宗女多差一、二歲推之，則壽昌公主當時或爲八、九歲耶？蓋代國行五也。

(5) 《碑》云：「長子左贊善大夫聰，聰爲吾耳；次子右贊善大夫明，明爲吾目……聰爲駙馬都尉。」《公主傳》：「玄宗二十九女，臨晉公主皇甫淑妃所生，下嫁郭潛曜。」「郭」字殆「鄭」字之誤；潛曜，聰字也。古人名、字之義有以相及取義，懼其太甚也。

尋常涕泗；懷伊川之陵谷，恐懼遷移。」於是下教邑司，爰度碑版。甫忝鄭莊之賓客，遊竇主之園林，以白頭之秬阮，豈獨步於崔蔡？而野老何知，斯文見託。公子泛愛，壯心未已，不論官閥，游夏入文學之科；兼敘哀傷，顏謝有后妃之誄。銘曰：

> 積氣之清，積陰之靈，漢曲迴月，高堂麗星，驚濤洶洶，過兩冥冥，洗滌蒼翠，誕生娉婷。其一。婉彼柔惠，迥然開爽，綢繆之故，昔在明兩，思渥未已，康哉大往，展如之媛，孰與爭長。其二。珩珮是加，鞏瑜克備，先德後色，累功居位，壺儀孔修，宮教咸遂，王于獎飾，禮亦尊異。其三。小苑春深，離宮夜逼，花間度月，同輦未歸，池畔臨風，焚香不息，嗚呼變化，惠好終極。其四。馮相視祲，太史書氛，藏舟晦色，逝水寒文，翠幄成彩，金爐罷燻，燕趙一馬，瀟湘片雲。其五。恍惚餘跡，蒼茫具美，王子國除，匪他之恥，公主愁思，永懷於彼，日居月諸，邱隴荊杞。其六。巖巖禹鑿，瀰瀰伊川，列樹拱矣，豐碑缺然，爰謀是作，欻就雕鑴，金石照地，蛟龍下天。其七。少室東立，繚垣西走，佛寺在前，宮橋在後，維山有麓，與碑不朽，維水有源，與詞永久。其八。

涼王妃張氏墓誌銘〔註6〕　　常袞〔註7〕撰

〔註6〕 本片見錄於《全唐文》卷四二〇。

涼王，《新》「帝王諸子傳」中無《涼王傳》，《宗室表・玄宗欄》則云：「玄宗至道大聖大明孝皇帝二十三子，自玄宗以後，諸王不出閣，不分房，子孫闕而不見。」然《表》中所列，僅十八子，涼王璿位在最末。對照《舊》卷一〇七《玄宗諸子傳》之《目次》，則為二十二子：然其《序》則云：「玄宗三十子，元獻楊皇后生肅宗……武賢儀生涼王璿……餘七王早夭。」與《宗室表》所言「二十三子」之數合，而其所缺諸王，則為：靖德太子琮、夏悼王一、懷哀王敏、汴哀王璥。

涼王，玄宗第二十九子，初名潗。母武賢儀為則天時高平王重規女，開元中入宮；開元二十三年（735 A.D.）七月，潗封涼王，二十四年（736 A.D.）二月改名璿。天寶八年（749 A.D.）納涇王府長史張安仁女為妃，十五年（即肅宗至德元年）（756 A.D.）從玄宗幸蜀，至於漢中郡；至德二年（757 A.D.）十月從還京。廣德元年（763 A.D.）十二月五日，上都陷於吐蕃之手，乃從上幸陝州；賴子儀力以退敵，其月丁亥，從還上都。二年（764 A.D.）五月十三日，涼王妃張氏薨於上都之內邸，春秋三十七；然則妃之生，當在開元十六年（728 A.D.）也。

〔註7〕 常袞，天寶末舉進士第，文采贍蔚，長於應用，譽重一時。官至門下侍郎同中書門下平章事；而性奇細，以清儉自恃，乃貶潮州刺史。建中初，楊炎輔

　　古之賢妃，四德六行〔註8〕，則在女史，彤管記言，納聘入於天宮，儀刑光於帝闈。休有懿範，歿而可稱。涼王妃張氏，族茂清河之源，家承七葉之盛，紱冕繼代，勳華襲門。曾祖中貞〔註9〕，皇朝遊騎將軍、左衛中郎將、羅國公、食實封三百戶，職雄戴鶡，績茂分茅。祖光庭，皇朝中散大夫、衛尉少卿，位亞八屯，榮參九列。父安仁，皇朝正議大夫、涇王府長史，曳裾上邸，託乘西園，俱傳帶礪之封，克承閥閱之後。妃早習《詩》《禮》，式遵教義，令德令儀，有教有倫，既當八月之期，允叶良家之選。天寶八載，納爲涼王妃，懿範徽音，韶妍婉順，恭勤朱邸，儼恪丹宵。友其琴瑟，奉以家室，澹鴈池之閡水，嗟駟隙之末尤。以廣德二年五月十三日終於上都之內邸〔註10〕春秋三十七，旋以其年十月六日，遷窆於某原，禮也。涼王倚歡蘭臺，傷神桂苑，梧桐半落，鸞鳳孤飛，永逝不追，嗒然增欷。詔葬備禮，哀榮飾終，笳簫在辰，旐旌啓路。嗣子保定郡王仕〔註11〕，攀號孺慕，惟切《蓼莪》。誌於幽泉，銘以貞石，慮佳城之白日，識隴樹之青松。銘曰：

　　　　清河之邑今地惟古貝，毓粹華宗分賢妃誕載。柔順內積，言容外彰，

　　　政，起爲福建觀察使，乃大興鄉校，親講文章，閩人始知學焉，故閩人配享學宮云。其《傳》詳《新》一五〇、《舊》一一九。

〔註8〕　四德六行。四德，《周禮・天官》：「九嬪，掌婦學之法以教九御，婦德、婦言、婦容、婦功，各帥其屬而以時御敘于王所。」賈公彥疏云：「……分婉娩爲二事以充四德……」又全書《地官・大司徒》：「以鄉三物教萬民而賓興之，一曰六德：知、仁、聖、義、忠、和，二曰六行：孝、友、睦、婣、任、恤……」

〔註9〕　涼王妃張氏，自曾祖至於其父，不見於《兩書》。

〔註10〕　上都之內邸。上都，即京兆府，《新》卷六《肅宗紀》：「寶應元年（762 A.D.）以京兆府爲上都，河南府爲東都，鳳翔府爲西都，江陵府爲南都，太原府爲北都。」內邸，蓋指皇宮大內而言，《舊》一〇七卷《涼王璿傳》云：「初，貞觀中，高宗爲晉王，以文德皇后最少子，后崩後累年，太宗憐之，不令出閣，至立爲太子。高宗朝，睿宗爲豫王，雖成長，亦以則天最小子，不令出閣，及至聖曆初封爲相王始出閣。中宗時，以譙王重福失愛，出遷外藩；衛王重俊爲太子，入與成王千里等起兵將誅韋后，故溫王重茂雖年十六七，竟亦居中。先天之後，皇子幼則居內東封，年以漸成長，乃於安國寺東附苑城，同爲大宅，分院居爲十王宅，令中官押之，於夾城中起居，每日家令進膳。又引詞學工書之人入教，謂之侍讀……其後盛、儀、壽、陳、豐、恒、涼六（七？）王又就封入內宅……諸孫成長，又於十宅外置百孫院，每歲幸華清宮，宮側亦有十王院、百孫院……諸孫納妃嫁女，亦就十宅中。」

〔註11〕　《舊・涼王傳》謂：「璿之子天寶中封爲王者一人，仍，盧陽郡王、殿中監同正員」而《新・宗室表》則並列四王：盧陽郡王仍、安定郡王仕（疑當從常袞《誌銘》做「保定郡王」，且爲張妃所生者，故謂之「嗣子」，乃有「攀號孺慕，惟切《蓼莪》」之語也）、蒲國公侶、鄭國公侳。

謀茲淑德，輔佐賢王；芳年忽馳，大暮何速？！積善虛應兮時長蓮促，空餘懿範兮刻在貞玉。

唐故東光縣主神道碑銘〔註12〕并序　李華〔註13〕撰

先朝宗室之望曰紀王，太宗第十子也。惟帝族母師曰東光縣主，紀王第三女也。自天降祐，生有令德。年八歲〔註14〕，王不豫，循環左右，不食累日，王撫首諭焉，爲之進膳；縣主察起居未復，憂色如初，動於神祇。王疾用間，周文樂正之養不過焉。至若天人之秀，元氣之純，積於中，文於外，其容可知也。孝之奉親，慈以臨下，尊師傅，服澣濯，其德可知也。《禮》《傳》爲簪珥，《詩》《書》爲佩玉，原心而顧身，體訓而成教，其言可知也。降尊而處下，推泰而從約，詣繡繪之妙，適飲膳之和，其功可知也。年十六（原注：一作十八）受封邑，王擇聞喜公以妻之〔註15〕。聞喜有王佐之才，委會

〔註12〕本片見錄於《全唐文》卷三一九。

東光縣主，紀王第三女也。《新》附其《傳》於卷七六《紀王傳》之後。紀王，太宗第十子也，名慎；於太宗諸子中，最有治績，與越王貞並負時譽。及貞起事欲推翻則天，亦牽連下獄，道死蒲州。

縣主，《大唐六典》卷二云：「外命婦之制：皇姑封大長公主，皇姊妹（原注：妹當作姊）封長公主，皇女封公主，皆視正一品；皇太子之女封郡主，視從一品；王之女封縣主，視正二品。」李林甫注云：「《公羊傳》曰：天子將嫁女於諸侯，必使同姓諸侯主之，故曰公主。《詩》曰：何彼穠矣，美王姬也。雖則王姬而下嫁於諸侯，車服不繫於其夫，下王后一等。漢家公主所食曰邑，諸王女曰翁主，亦曰王主；後漢皇女皆封縣公主……晉宋已來，皇女皆封郡公主，王女皆封縣主。」東光者，紀王慎之女也，故封縣主，正二品。

〔註13〕李華，《舊》一九○、《新》二○三皆有《傳》。華，字遐叔，趙州贊皇人。開元二十三年（735 A.D.）舉進士第，天寶十一年（752 A.D.）遷監察御史。祿山之亂，僞署爲鳳閣舍人；賊平，貶杭州司戶參軍。因苦風庳去官，客隱山陽，晚事浮圖。善爲墓版碑頌。本片《誌文》云：「少子德位兼盛曰迥，今河南尹兼東都留守，上柱國……衝涕投簡而命下吏敬銘三章」云云，知其嘗爲李迥屬吏，可補史闕。

〔註14〕《誌文》謂縣主卒於神龍元年（705 A.D.），年五十四，則其生當在高宗永徽三年（652 A.D.）；八歲，爲顯慶四年（659 A.D.），當爲紀王治績最盛，仕宦最得意之時也。

〔註15〕年十六，即乾封二年（667 A.D.）（十八，當爲總章二年（669 A.D.）），受封邑而適聞喜公，聞喜即太子司議郎裴仲將也。《兩書》暨《宰相世系表》並不載裴仲將事蹟，據此可補史闕。聞喜，當爲縣名，屬河東郡；河東裴氏，蓋望族也。《讀史方輿紀要》卷四一《聞喜縣條》云：「州東北百二十里，北至絳州七十里，春秋時晉之曲沃地，秦改爲左邑，屬河東郡。漢武帝經此，聞破南粵，因置聞喜縣……隋初郡廢，縣屬絳州，唐因之。」是也。

藩邸；縣主以皇孫之貴，和鳴侯家。陰德莫違，煇動邦教。養先姑如寧膝下，奉君子如見大賓，以徽柔睦娣姒，以莊敬端幼賤。《鵲巢》之化存焉。太后臨朝，諸武專政，魯衛之國，翦焉邱墟。紀王流竄巴濮，薨於道路，縣主承訊，崩心嘔血，每一發聲，飛鳥哀鳴，草木無色。外除之後，衣裳無純采，杯棬無甘食，耳不聽聲，首不加飾，自朝廷達於宇內，罔不哀之。太后復辟，中宗出震，昇日暘谷，天下文明，雷破群陰，品物咸遂。以王懿親盛德，詔有司備禮物，陪葬昭陵。聞喜公時爲孝義令〔註16〕，詔書至河，縣主聞之，嘔血而絕，絕而復蘇，告諸子曰：「家國再造，冤酷獲申，爲我謝中外親親，下見先王，瞑目無恨。」言未畢而薨，春秋五十有四，時神龍元年二月二十二日，有司以聞，中宗震悼，召聞喜公問，公悉以對。上歔欷久之，殿省垂淚，六宮悽愴，乃下詔褒美，史官撰德，弔祭賵贈，禮遇其備矣。深於《春秋》者嘆曰：「孝之至，不忘其親；忠之至，乃心王室。自古賢士大夫莫能備舉，惟縣主有焉。」紀王之陷非罪也，泣血以終哀；中宗之撫興運也，則感深而殞絕。忠孝兩極，首其人倫，使百代之下聞其風者，有以勸焉。其爲不匱，遠矣。嗚呼，天輔善人，宜其有後，男十人，女十人，四子至大夫〔註17〕，曰遇，曰遘，曰邁。邁仁則踐修，孝惟明發；少子德位兼盛曰迥，今河南尹兼東都督守，上柱國，祿益厚而慕益深，不逮劬勞之報故也。銜涕投簡而命下吏，敬銘三章，式表幽宅。其文曰：

> 肅雍王門，天帝之孫，因心則孝，懷盛敬尊，配美良士，如賓禮存。
>
> 泣血終身，豈惟霜露，慶集國家，魂清冢墓，壽絕哀歡，事高縞素。
>
> 天作邙山，萬化攸歸，地閉金印，泉深襃衣，國風悽愴，彤管無輝。

豫章公主造象〔註18〕

大唐貞觀十五年三月十日〔註19〕，豫章公主敬造像一塔〔註20〕。願己身

〔註16〕孝義，山西汾州府孝義縣也。

〔註17〕裴氏四子亦不見於《兩書》及《宰相世系表》，故其詳不可知焉。

〔註18〕本片見於《硯齋》卷九。汪硯山氏云：「石高四寸，廣一尺，正書十三行，行五字。右《豫章公主造象》，諸金石家均未著錄。」

〔註19〕貞觀十五年，當西紀（641 A.D.）年。《通鑑》卷一九六本條云：「三月，戊辰，幸襄城宮，地既煩熱，復多毒蛇；庚午，罷襄城宮，分賜百姓，免閻立德官。」案，築襄城宮事在貞觀十四年（640 A.D.），《通鑑》云：「上將幸洛陽，命將作大匠閻立德行清暑之地。秋，八月，庚午，作襄城宮於汝州西山。」（卷一九五）襄城宮，見本論文《地域考》。

〔註20〕豫章公主，《新》卷八三《諸帝公主傳》謂太宗二十一女，公主行六，曰：「豫

平安，并爲一切含識。公主妳〔註21〕，爲己身并兒蔣脩子等五人，亦同造像一塔〔註22〕，及一切含生共登正覺。

唐故三十姓可汗〔註23〕貴女賢力毗伽公主雲中郡夫人阿那氏〔註24〕

章（《會要》作豫江，誤）公主下嫁唐義識。」案，《新》卷七六《太宗文德順聖皇后傳》謂「卞嬪生豫章公主而死，后視如所生。」然則，公主母蓋嬪御卞氏也。嫁唐義識：義識，儉子也。其尚豫章公主，並見《兩書·唐儉傳》。《新》卷七四下《宰相世系表》唐氏善識欄有：「駙馬都尉」四字，其子曰「見日」云。

〔註21〕妳，《廣韻》卷三《十一薺》：「嬭，楚人呼母。」又《十二蟹》：「嬭，乳也。妳，同上。」故公主妳者，公主乳母也。《舊》卷二十下《哀帝紀》：「……宜賜詔獎飾，內出宣旨……嬭婆楊氏，可賜號昭儀；嬭婆王氏，可封郡夫人；第二嬭婆，先帝已封郡夫人，准楊氏例改封。中書奏議，言乳母古無封夫人，賜內職之例……」是也。考「妳」字爲乳、母意，六朝人已用之矣，《宋書》《何承天傳》：「承天年已老，而諸佐並名家年少，潁川荀伯子謿之，常呼爲嬭母。承天曰：卿當云鳳凰九子，嬭母何言邪？」可以爲證。

豫章公主爲嬪御卞氏所生，乳於蔣氏婦，婦有子曰脩子，皆可補史。然造象之功德爲己身，爲含識眾生，而不及當世帝王、帝后，此於唐世塔幢銘刻所少見者。

〔註22〕一塔，即一軀（或作「區」）、一鋪，唐人習語也，唐碑幢隨處可見；作「一塔」，則罕覯耳。

〔註23〕《補略》之《注》云：「唐有九姓部落、十姓部落，而無三十姓名號，得此可補《唐史》之缺。」余案，「三十姓」者，非實數也。《唐會要》卷九四《北突厥條》：「（聖歷）二年（699 A.D.）十月，默啜立其弟咄悉匐爲左廂察，骨篤祿子默矩爲右廂察，各主兵二萬餘。其子匐具爲小可汗，位在兩察之上，主處本（？應爲「木」字，詳下引）昆等十姓，兵四萬餘，又號爲拓西可汗。」《通鑑》本年所載同，而胡三省氏注曰：「處木昆等十姓，西突厥所部也，故號拓西。」《通鑑》同年八月又載：「癸巳，突騎施烏質勒遣其子遮弩入見。遣侍御史元城解琬安撫烏質勒及十姓部落。」胡氏注云：「突騎施烏質勒者，西突厥之別種也，初隸斛瑟羅下，號莫賀達干。後斛瑟羅入朝，其地爲烏質勒所併。」西突厥十姓之由來，《會要》云：「貞觀十二年（639 A.D.）十二月，西突厥分爲十部，每部酋長各賜一箭，謂之十箭。又分左、右廂，左廂號五咄陸部，置五大啜；右廂號五弩失畢部，置五大俟斤。通謂之十姓部落。」《通鑑》胡氏注云：「咄陸五啜號：處木昆律啜、胡祿屋闕啜、攝舍提敦啜、突騎施賀邏施啜、鼠尼施處半啜。弩失畢五俟斤號：阿悉結闕俟斤、哥舒闕俟斤、拔塞幹暾沙缽俟斤、阿悉結泥孰俟斤、阿舒虜半俟斤。」（見《通鑑》卷一九五《唐紀十一》《太宗貞觀十二年條》）

《會要》全卷《沙陀突厥條》：「（貞觀）二十一年（645 A.D.）八月。多彌猜褊好殺，廢父時貴臣，專用己所親昵，國人不附，回紇殺之，盡據其地。餘眾西走，猶七萬，共立真珠兄子咄摩支；遣使奉表，請居鬱督軍山之北，詔遣使安集之。鐵勒（案，《通鑑》做勒勒）九姓酋長聞其來，皆懼……遣使招

諭鐵勒諸部，其酋長皆喜，請入朝。駕至浮陽，回紇等十一姓各遣使歸命，乞置官司。」此十一姓，據《通鑑》載，則爲：「回紇、拔野固、同羅、僕骨、多濫葛、思結、阿跌、契苾、跌結、渾、斛薛等十一姓。」（卷一九八，《唐紀十四‧太宗貞觀二十年條》）至於鐵勒九姓，史無明文（見Ⓐ）；然《北史》、《隋書》皆曰：「鐵勒之先，匈奴之苗裔也，種類最多，自西海之東，依據山谷，往往不絕。獨洛河北有僕骨、同羅、韋紇、拔也古、覆羅，並號俟斤；蒙陳、吐如、紇斯結、渾、斛薛等諸姓，勝兵可二萬。伊吾以西，焉耆之北，傍白山，則有契弊、薄落職、乙咥、蘇婆、郍曷、烏讙、紇骨、也咥、於尼讙等，勝兵可二萬。金山西南有薛延陀、咥勒兒、十槃、達契等，一萬餘兵。康國北，傍阿得水，則有訶咥、曷截、撥忽、比干、具海、曷比悉、何蓑蘇、拔也未渴達等，有三萬餘兵。得嶷海東西有蘇路羯、三索咽、蔑促、隆忽等諸姓，八千餘。拂菻東則有恩屈、阿蘭、北褥九離、伏嗢昏等，近二萬人。北海南則都波等。雖姓氏各別，總謂爲鐵勒。並無君長，分屬東西兩突厥……自突厥有國，東西征討，皆資其用，以制北荒。」（詳其《本傳》）

然則突厥原始，本有十姓之說云。《北史‧突厥傳》曰：「突厥者，其先居西海之右，獨爲部落，蓋匈奴之別種也。姓阿史那氏。後爲隣國所破，盡滅其族：有一兒，年且十歲，兵人見其小，不忍殺之，乃刖其足，斷其臂，棄草澤中，有牝狼以肉餌之。及長，與狼交合，遂有孕焉。彼王聞此兒尚在，重遣殺之：使者見在狼側，並欲殺狼。於時，若有神物投狼於西海之東，落高昌國西北山。山有洞穴，穴內有平壤茂草，周迴數百里，四面俱山，狼匿其中，遂生十男。十男長，外託妻孕，其後各爲一姓，阿史那即其一也，最賢，遂爲君長。」（卷九九）

以上合北突厥（即突厥之始祖）之十姓、西突厥之十姓、沙陀突厥之或九姓、或十一姓、或十五姓等，乃所謂「三十姓」也，蓋所以誇其父默啜之雄霸突厥之勢也。而默啜於唐史中，亦眞橫行一時者也，說詳下。故曰「可汗貴女」焉。

Ⓐ：史雖無明文記載鐵勒之九姓，然其族類中有「韋紇」者，實即回紇也（說見兩《唐書》、《通鑑》等所載），而《新唐書‧回鶻傳》有九姓：藥葛羅、胡咄葛、㖨羅勿、貊歌息訖、阿勿嘀、葛薩、斛嗢素、藥勿葛、奚邪勿等，殆指此耶？

〔註24〕賢力毗伽公主，《誌文》則云「建丹賢力毗伽公主……父天上得果報天男，突厥聖天骨咄祿默啜……家兄即三十姓，天上得毗伽煞可汗也……親兄右賢王墨特勤……」云云。案，突厥 Turk 族約興起於西元五、六世紀，地在今準噶爾盆地之北，五世紀中葉嘗臣服於柔然：五四二至五四五間，又與西魏通使。乃寖寖然爲中原之患焉。今據《魏書》、《北齊書》、《周書》、《北史》、《隋書》、《新》、《舊唐書》、《通鑑》及林恩顯氏《突厥研究》等爲一有關本《碑誌》之簡表：

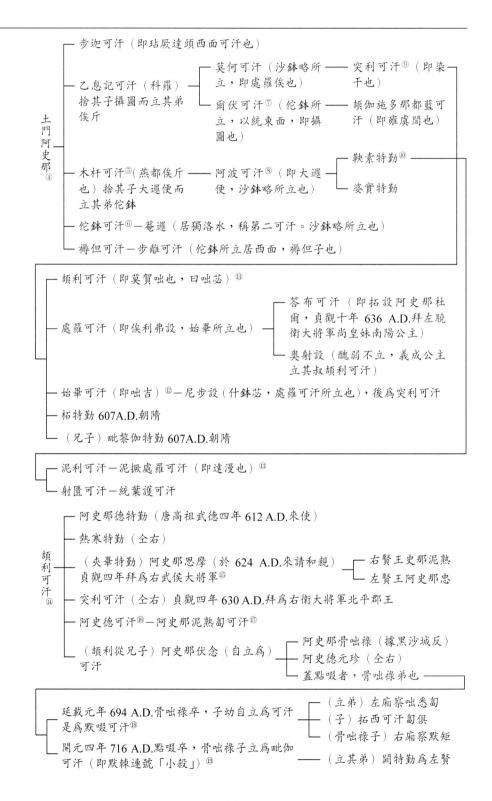

說明：① 或曰鮮卑族或曰平涼雜胡，亦稱索國者也。

② 即訥都六設，突厥之祖禰也。

③ 阿賢設當時突厥領袖之稱。阿史那則突厥爾後統治階級之貴姓也。

④ 突厥至此始強大，土門乃自立爲伊利可汗，並設官別：別部典兵曰設，子弟曰特勤，大臣曰葉護，次曰屈律啜、曰阿波、曰俟利發、曰吐屯、曰俟斤、曰閻洪達、曰頡利發、曰達干，衛士則曰附離。妻則名可賀敦云。魏以長樂公主妻之。土門承賢二年（563 A.D.）卒。

⑤ 《新書》作本汗可汗。553 A.D.降於齊。572 A.D.卒其女，即周武帝皇后阿史那氏也。

⑥ 周以趙王招女妻之，是爲千金公主，時 580 A.D.。

⑦ 後稱伊利俱盧設莫何始波羅可汗。即沙鉢略，居都斤山。又尚千金公主，故數侵擾隋云。

⑧ 即西突厥之始也。

⑨ 隋以安義公主妻之。599 A.D.封爲意利珍豆啓民可汗。後妻義成公主云。

⑩ 鞅素，非阿波子，殆其子侄輩歟？特勤，《唐書》、《通鑑》做「特勒」誤，說詳後。

⑪ 毗伽公主事與頡利可汗關涉特密，因另立篇幅於後以明之。

⑫ 尚義公主。619 A.D.卒。

⑬ 煬帝 612 A.D.分其眾爲三：厥慶設居會寧，大奈特勤居樓煩，處羅則號昌陰那可汗從駕巡幸。

⑭ 有 ↓ 符號者表派遣也。

⑮ 貞觀十三年 639 A.D.詔賜之鼓毒縣立爲乙彌泥孰俟苾可汗。

⑯ 貞觀四年李靖破頡利可汗，遷三百帳于雲中城，阿史德氏爲之長，至高宗麟德元年 664 A.D.部落漸眾，乃請立「可汗」以統之。遂改雲中都護府爲單于六都護府。

⑰ 高宗調露元年 679 A.D.單于大都護府阿史德傅溫及奉職二部反，乃廢立之。

⑱ 萬歲元年 695 A.D.默啜請降封歸國公，明年爲其女求婚於太后，封爲頡跌利施大單于，立功報國可汗；神功元年 697 A.D.又反；長安三年 703 A.D.又遣莫賀干請妻其女於皇太子，十一月謝婚。

⑲ 開元六年 718 A.D.毗伽可汗來請和，九年 721 A.D.復來請和，十二年來求婚，十三年更使阿史德頡利發扈從玄宗。頡利發官職也，阿史德姓也。

從上簡表，則吾人可以解讀本《誌文》矣。史言則天萬歲通天元年（696 A.D.）突厥默啜請爲太后子，并爲其女求婚，長安三年（703 A.D.）復請以女妻皇太子之子；而唐室未之允，史亦不載其女之名。得《誌文》，知彼女即建丹賢力毗伽公主，而終無有成婚於唐，其大蓋蹋沒施達干阿史德覓覓也。所以稱「駙馬都尉」者，其岳父骨咄祿默啜固嘗自立爲可汗，而與唐爲敵體之國，故玄宗開元二年（714 A.D.）遣使求婚，即自稱「乾和永清太駙馬、天上得果報天男、突厥聖天骨咄祿可汗」，亦即《誌文》「父天上得果報天男、突厥聖天骨

咄祿默啜」之所從來也。

開元四年（716 A.D.）癸酉，拔曳固斬默啜首，其子拓西可汗匋俱立，爲骨咄祿之子闕特勤擊殺之，及默啜諸子、親信略盡；公主與駙馬都尉在唐，得免其禍，故《誌文》云：「須屬家國喪亂，蕃落分崩，委命南奔，歸誠北闕」也。闕特勤擊殺默啜之家室，乃立其兄左賢王默棘連爲毗伽可汗，國人謂之「小殺」；以一族姓云，突厥之統治階級蓋姓「阿史那氏」，故碑題「阿那氏」（説詳後）。以一家族言，則默啜、默棘連、闕特勤，皆姓「骨咄祿」也，故《誌》云「家兄天上得毗伽煞可汗」也，毗伽煞即「小殺默棘連毗伽可汗」也。闕特勤擊殺默啜諸子略盡，實不盡者，公主及其「親兄右賢王墨特勤」在唐不被其禍，而毗伽煞可汗乃順水人情封公主爲「建丹賢力毗伽公主」，默啜之子墨特勤則封「右賢王」，而專典兵馬之實權則操諸左賢王闕特勤也。故《誌》云：「家壻犯法（見Ⓐ），身入宮闈；聖渥曲流，齒妃嬪之倖女住；天恩載被，禮秦晉於家兄……因承歡澤，特許歸親兄右賢王墨特勤私第」也。

至於封「雲中郡夫人」，固其夫阿史德覓覓爲「雲中郡開國公」也；而其由來，則《新書・突厥傳》云：「麟德初，改燕然爲瀚海都護府，領回紇；徙故瀚海都護府於古雲中城，號雲中都護府。磧以北蕃州悉隸瀚海，南隸雲中。雲中者，義成公主所居也。頡利滅，李靖從突厥贏破數百帳居之，以阿史德爲之長，眾稍盛，即建言願以諸王爲可汗遙統之。帝曰：今可汗，古單于也。乃改雲中府爲單于大都護府，以殷王旭輪爲單于都護。」（卷二一五）《誌題》公主之夫阿史德覓覓，固《禮》所言李靖以阿史德氏爲突厥贏破數百帳之長封於靈雲中郡者也。

特勤，本突厥子弟之居於要職者之官稱，而兩《唐書》、《通鑑》乃稱爲「特勤」。考《歷代邊族傳記會編》三《隋書・西突厥節》之《案語》曰：「《百衲本》特勤作特勤。張元濟跋《百衲本》《隋書》曰：《李崇傳》：突厥欲降，崇遣使謂之曰：若來降者，封爲特勤。《西突厥傳》：其國立軼素特勤之子。《監本》二特勤字乃均作特勒。耶律鑄《雙溪醉隱集》自注：和林城東北有唐明皇開元壬申御製御書《闕特勤碑》，其碑額及碑文皆是殷勤之勤字。《唐新舊史》凡書特勤，皆作銜勒之「勒」字，誤也。諸突厥部之遺俗，猶呼可汗之子爲特勤、特謹字也。近人在三音諾顏之哲里夢獲覩是碑，拓以示人，釋之者謂今蒙古呼王之子弟皆爲台吉，即特勤、特謹字之轉音，且據此以駁顧亭林、畢秋帆之言，而伸錢竹汀之説。又《突厥傳》都藍可汗遣其母弟褥但特勒獻于闐玉杖，是本已誤勤爲勒，《監殿》二本且更誤爲持勒矣。是特勤二字之見於本者，豈非碩果之遺！」今本《碑文》有「墨特勤」者，益可證作「特勤」爲是；然林恩顯氏《突厥研究》引其師之説，馮承鈞氏譯注法國學者關係於「特勤」之考證，殊詳審可據也。

毗伽公主、阿史德覓覓、毗伽煞可汗、右賢王墨特勤以及彼等在唐室活動之情形，皆可補史傳之漏也。試作考釋如是云。

《全唐文》卷三四二顏眞卿撰《清河郡開國公康公神道碑》，蓋頡利發默啜之子，此不具論矣。

Ⓐ：壻，即「婿」字。「家壻犯法」殆指「頡利滅，李靖從突厥贏破數百帳居雲中」之事，以阿史德氏爲其長，則固待罪之身，非實犯法也；不然，何「特進兼左衛大將軍雲中郡開國公」之封賜之有哉？而「身入宮闈，

之墓誌并序

駙馬都尉故特進兼左衛大將軍雲中郡開國公踏沒施達千阿史德覓覓

漢北大國有三十姓，可汗愛女建丹賢力毗伽公主比漢主公（？）焉。自入漢，封雲中郡夫人。父天上得果報天男，突厥聖天骨啜祿默啜大可汗，天授奇姿，靈降英德，君臨右地，九姓畏其神明；霸居左祍，十二部忻承美化。

貴主斯誕，天垂織女之星；雄渠作配，日在牽牛之野。須屬家國喪亂，蕃落分崩，委命南奔，歸誠北闕。家耸犯法，身入宮闈；聖渥曲流，齒妃嬪之倖女住；天恩載被，禮秦晉於家兄。家兄即三十姓，天上得毗伽煞可汗也。因承叡澤，特許歸親兄右賢王墨特勤私第，兼賜絹帛衣服，以充麋用。荊枝再合，望花萼之相輝；堂棣未花，遽風霜之凋墜。春秋二十有五，以大唐開元十一年，歲次癸亥六月十一日，薨于右賢王京師懷德坊之第，以其年十月癸巳朔十日壬寅葬于長安縣龍首原，禮也。

天漢月消，無復糚樓之影；星河婆散，空餘錦帳之魂。男懷恩，兄右賢王，手足斯斷，鴈行之痛于深；膝下長違，烏哺之情永絕。雖送終之禮已啓松塋，而推改之俗慮爲蕪沒。撫貞石以作固，鑿斯文以爲憑，庶海變可知，田移物口。其詞曰：

　　　　條辭畫閣，永臥荒墳，人生至此，天道寧論；
　　　　日催薤露，風急口門，千秋萬古，寂寞孤魂。

故天水姜夫人誌銘 [註25]

大唐故駙馬都尉、天水姜慶初女 [註26]，嫡故殿中侍御史劉元質 [註27]，

　　　齒妃嬪之倖住」，則或爲公主之父默啜反覆無常，武后扣之以爲人質，而住於宮中者，此實歷代奴婢由來之途，可信證也。說詳《本論·宮人考》章。

[註25] 本片見於《古刻叢鈔》。

[註26] 姜慶初尚新平公主（故本誌蓋題曰：新平公主女姜夫人墓云），玄宗二十九女，公主爲其第二十八女。《新》卷一〇三《公主傳》云：「新平公主，常才人所生，幼智敏，習知圖訓，帝賢之。下嫁裴玲，又嫁姜慶初；慶初得罪，主幽禁中，薨大曆時。」案，裴玲，《新》卷七一上《宰相世系表》裴氏欄做「玲」，殆太子少詹事裴居士子邪？居士五子：虛己，光祿卿駙馬都尉；虛舟，右贊善大夫；璆；琋；玲，太僕卿駙馬都尉。案，《說文·玉部》：「璆，玉磬；玲，玲瓏，石之次玉者也；玲，玉聲。」《尚書》則言：「璆玲琅玕」；而《集韻》

享年七十三，於開成三年十月一日〔註28〕歿于鄂州私第；以其年十二月二十

曰：「珫，玉也。」以是律之，字當做「玲」，做「玲」者誤歟？裴玲於《世系表》屬東眷，源出後魏汾州刺史裴澄也。玲及其父兄傳並不見於《兩書》；《新》僅於《姜慶初傳》附筆及之（見後文）故不能詳論。

姜慶初，《舊》五九、《新》九一附於《姜皎傳》。《舊》云：「慶初生未晬，玄宗許尚公主；後淪洛二十餘年（案，史謂其父姜皎寵祿太盛，坐漏洩禁中語而爲中書令張嘉貞所構，配流欽川而卒，家遂淪落事也）。李林甫爲相，當軸用事，林甫即皎之甥，從容奏之，故驟加恩命。天寶十載（751 A.D.）詔慶初尚新平公主，授駙馬都尉；永泰元年（765 A.D.），拜太常卿。」而《新》繼之，云：「新平故嘗歸裴玲，玲卒，乃降慶初。主慧淑，閒文墨，帝賢之，歷肅代朝，恩禮加重，慶初亦得幸。舊制駙馬都尉多不拜正官，特拜慶初太常卿，會修植建陵，詔爲之使；誤毀連崗，代宗怒，下吏論不恭，賜死。建陵使史忠烈等皆誅，裴玲子做亦削官；主幽禁中，大歷十年（755 A.D.）薨。」

〔註27〕劉元質，不載於史。

〔註28〕開成三年，當西紀（838 A.D.），誌主年七十三，則其生當代宗永泰元年（765 A.D.）或大歷元年（766 A.D.），蓋永泰元年十一月改爲大歷年號也。然此不能無疑者四焉：一、慶初之尚新平公主，《舊》云在天寶十載（751 A.D.）（見前引），歷十五年後而生姜氏？古人恐無是事也。二、新平先降裴玲，史雖未言歲數，案諸唐公主下降之習，多在十數歲之譜，則其再降姜氏，至少當二十至三十之間，其生育姜氏女，恐當三、四十歲矣，雖非唐人所必無，亦殊罕觀者也。三、劉氏婦卒，去其母之幽禁死——大歷十年（755 A.D.），見前引《新》——已六十三年矣；較慶初之賜死，當又早十數年矣。（案，建陵爲肅宗陵寢，《通鑑》卷二二二《代宗廣德元年（763 A.D.）條》，謂：「庚午，葬文明武德大聖大宣孝皇帝于建陵——胡三省注云：建陵，在京兆醴泉縣東北十八里武將山——廟號肅宗。」據《舊・慶初傳》，謂慶初拜太常卿，在永泰元年；《新》繼之曰：「拜慶初太常卿，會修植建陵，詔爲之使」是拜太常卿與爲建陵使，同時事也。史雖無明言「誤毀連崗」而賜死之時日，或在其後之一、二年事歟？）父母罹罪之身，又經七八十年之後，誌文乃不題其夫之官銜，而猶津津樂道其父母之封爵，恐不足憑信也。四、《全唐文》卷三九一錄獨孤及撰《唐新平長公主故季女姜氏墓誌銘》云：「乙巳歲，四月二十八日，有唐新平長公主季女姜氏卒於京師昊天觀；五月六日，葬於某原。長公主歎季女姿度榮茂，溫惠淑愼，能修女師之訓，動中禮範。其曾祖柔遠，位至尚書地官侍郎；祖皎，以勳舊歷太常秘書，剖符封楚；其父慶初能踐修祖考之耿光，嗣爵舊國，復居太常。元宗其外王父也，肅宗其舅也。夫池波瀾澤潤本根，謂德鍾下，錫祉與壽，宜君子家室，且貽芳於彤管；乃未笄而夭，命也夫！鳴呼，窈窕專柔，含德而未形，雖當鵲巢小星、采蘩殷雷之德，今已矣夫！史氏蔑由記之矣。長公主之慟，其庸可及乎？故月而日之，銘諸堅石焉。其詞曰：

思孌季女，生於公族，稟懿德兮，天世其祿；不遐其福，胡不淑兮，彭殤同蹈，數不可續，哀靡極兮。

案，乙巳歲恰爲永泰元年，季女卒於四月二十八日，葬於五月六日，未笄而夭，則長公主必無於是年再生劉元質妻姜氏之理也。

一日，權厝黃鶴山南原，禮也。懼陵谷之多變，故爲斯銘，用紀悠久之祀。

誌蓋題云，新平公主女姜夫人墓。

唐左神策軍護軍中尉副使兼左街坊功德副使金紫光祿大夫右監門衛將軍上柱國高平郡開國公食邑二千戶劉公故夫人宏農縣君楊氏墓誌銘并序〔註29〕　朝散大夫試太子詹事兼監察御史魏則之撰〔註30〕

夫積慶者宜鍾乎介祉，享祐者宜降以永年；繆鏊若斯，根源靡究。然修短之分，豈造次而踰焉？嗟乎月墮仙娥，星收婺彩，花摧玉樹，噫，足悲哉！夫人宏農楊氏，諱珽，字瓊華，京兆長安縣人也。曾祖待賓，皇昭武校尉，守綏州義合府折衝；祖延祚，皇任內飛龍廐都判官、寶應功臣、太中大夫、行內侍省內常侍、上柱國、賜紫金魚袋；父惟良，皇任華清宮使、朝散大夫、守內侍省內常侍、上柱國、賜緋魚袋〔註31〕。皆簪組傳榮，衣冠奕葉，庸勳

綜上四證，則本片爲僞造贗品者歟？

〔註29〕文見《補略》卷二。

〔註30〕魏則之、朱弼史傳無之。《兩書·宗室傳》有邵王李約：「約本名淑，順宗第八子。貞元四年（788 A.D.）初授國子祭酒，封高平郡王，貞元二十一年（805 A.D.）進封，元和元年（806 A.D.）薨。」當非「將侍（案，當作「仕」）郎試太常寺奉禮郎」之李約，否則正可補其不足也。

〔註31〕案，珽之曾祖待賓、延祚、惟良三世，並不見於史傳及《世系表》。然細審《誌文》，似自延祚始爲內侍，則惟良必非彼親生子；珽，亦非惟良親生女，可知也。

夫帝王而有宦侍，本非人道矣；宦侍而有妻妾子嗣，則既乖天理，又悖人情，更爲法所不容也。然而論者固知宦侍之惡，竟無論帝王置設宦侍之非；此蓋自有其理論與歷史背景也。

夷考其來源，則《後漢書·宦者傳》論之曰：「《易》曰天垂象，聖人則之。宦者四星，在皇位之側，故《周禮》置官，亦備其數。」（《列傳》第六十八）意謂先人法天，天有其象，人乃則之，所謂「天人合一」之觀念有以致之者也。「宦者四星，在皇位之側」，即以天象示人類也；皇位，即帝座，其旁四星，乃宦者之象。《史記》卷二十七《天官書》云：「中宮天極星，其一明者，太一常居也；旁三星，三公，或曰子屬；後句四星，末大星正妃；餘三星，後宮之屬也……廷藩西有隋星五（案《漢書·天文志》作「四」），曰少微、士大夫、權、軒轅，軒轅，黃龍體。前大星，女主象；旁小星，御者，後宮屬，月五星守犯者，如衡占。」是以《周禮》置官，乃象而法之，《天官》：「寺人，王之正內五人」。正內，即路寢；其五人之職掌，則爲：「掌王之內人及女官之戒令，相導其出入之事而糾之。若有喪紀賓客祭祀之事，則帥女官而致於有司，佐世婦治禮事。掌內人之禁令，凡內人弔臨於外，則帥而往，立于其前，而詔相之。」以其職司所在，故得知書識禮，《詩》乃有巷伯之刺，而《傳》有寺人披之諫也。然考其出身，則實至微至賤者也，粗分其原因，

略有以下諸端：一、俘虜。日本三田村泰助《宦官秘史》云：「日本甲骨文的權威白川靜博士曾在殷商王朝的遺址出土的甲骨文中發現一片『𘊡・羌』的文字，他並直截了當解釋如下：𘊡是陽物的意思，𠂊是切斷的意思，羌居於殷商的西方，是今日的吐蕃族。因此這甲骨文的意思是：殷商的國王武丁想把俘獲的羌人作爲宦官，而卜問神明的旨意時所造的字。」武丁據今約三千四百餘年，則宦官之來，其有舊焉；然自是之後，歷代以俘虜爲宦侍，率多有之，此點余於《宮人考》章即略述之矣，此不贅。案，此刑制至明時猶存，顧亭林《日知錄》卷九引《實錄》云：「……祖宗以來，凡閹割火者，必俘獲之奴，或罪極當死者，出其死而生之，蓋重絕人命，不忍以無罪之民，受古肉刑也。」可爲證驗也。二、由外國進貢，或輸入者。唐爲我國之盛世，亦爲彼時世界之大強國，史家即認爲長安蓋當時世界之第一大都市也。以若是之國，彼小國者，焉有不媚然求我者乎？觀當時列國爭來朝貢之史實，可以窺其消息矣。《新》卷二二一下《西域傳》言康國於「開元初貢鎖子鎧、水精杯、駏驉瓶、駝鳥卵及越諾（？）侏儒、胡旋女子。」貢品之中，有胡旋女、侏儒，「越諾」雖不得其解，然宦侍或在其中耶？仝卷又有：「開元時，獻璧舞筵，師子、胡旋女……十五年（727 A.D.），君忽必多獻舞女，文豹……」余頗疑宦者俱文珍、吐突承璀即貢品也。此等現象，元之朴不花、明之陳蕪，亦猶是也。至若「外國輸入」者，幾爲唐之一社會問題也。《唐會要》卷八六載「天寶八載（749 A.D.）六月十八日勑：京畿及諸郡百姓，有先是給使在私家驅使者，限勑到五日内，一切送付内侍省。其中有是南口及契劵分明者，各作限約，定數驅使。」所謂「南口」，原條文末云：「其南口請禁：蜀蠻及五溪、嶺南、夷、獠之類。」又仝卷仝條：「大曆十四年（779 A.D.）五月，詔曰：邕府歲貢奴婢，使其離父母之鄉，絕骨肉之戀，非仁也，宜罷之。」等皆可以爲證。三、因犯罪而受宮刑，乃以爲宦侍者。漢太史公司馬子長乃其著例者也，又前引《日知錄》之言，皆可爲據也。四、自宮而進者。宦侍之出身固甚微賤，然以其切近君主，易得寵顧而秉大權，乃有自殘以求淨身者。春秋齊桓公之豎刁，人皆知之矣。《兩唐書・宦官傳》雖無明言其出身，然余頗疑彼即由此進身者也。如：《新・劉希暹傳》云：「希暹出身戎伍，有膂力，形貌光偉，以騎射聞。朝恩用之，爲神策都虞侯，封交河郡王。」又：「劉克明，亦亡所來，得幸敬宗。敬宗善擊毬，於是陶元皓、靳遂良、趙士則、李公定、石定寬以毬工得見便殿，内籍宣徽院或教坊。」他如韓全誨、張彥宏等皆是也。然此風氣之盛，殆無愈於有明之世，上引《日知錄》載：「《實錄》：成化元年（1465 A.D.）七月丁巳，直隸魏縣民李堂等十一名，自宮以求進。命執送錦衣衛獄罪之，發南海子種菜……景泰以來，乃有自宮以求進者，朝廷雖暫罪之，而終收以爲用，故近畿之民，畏避徭役，希冀富貴者，倣效成風，往往自戕其身，及其子孫，日赴禮部投進。自是以後，日積月累，千百成群，其爲國之蠹害甚矣！」其後，雖累年下令嚴禁，其風終不能蕆焉。五、或爲其父母，或爲人口販子所拐騙、搶掠而遭販賣者。《會要》卷八六云：元和四年（809 A.D.）閏三月勑：「嶺南、黔中、福建等道百姓，雖處遐俗，莫非吾民；多罹掠奪之虞，豈無親愛之戀？緣公私掠實奴婢，宜令所在長吏切加捉搦，并審細勘責。」又：「八年（813 A.D.）九月詔：自嶺南諸道，輒不得以良口餉遺販易，及將諸處博易。又有求利之徒，以良口博馬。並勑所

在長吏，嚴加捉搦，如長吏不任勾當，委御史臺訪察聞奏。」又：「長慶元年（821 A.D.）三月，平盧軍節度使薛苹奏：應有海賊詉掠新羅良口，將到當管登萊州界。及緣海諸道，賣爲奴婢者。」余以爲唐史中，其自小爲宦，如：高力士、金剛、李輔國、楊復光等等皆是也。因之形成唐之宦官多閩廣人之特有現象，清趙甌北《二十二史箚記》云：「唐時諸道進閹兒，號私白，閩嶺最多……時號閩爲中官區藪。咸通中，杜宣猷爲閩中觀察使，每歲時，遣吏致祭其先，時號爲敕使墓戶（原注：《宣猷傳》）。」

揆諸上述原因，不論任何一端，其造成人之生理、心理之傷害，實永難泯滅者也（讀太史公《史記·自序》、《報任安書》及諸《列傳》如《伯夷傳》，當有深刻之感受），由之而形成心身之變態，乃至引起社會國家之大蠹者，乃可理解，而痛心疾首者矣。歐陽修《新五代史·宦官傳》乃慨乎言之矣，其言曰：「自古宦者亂人之國，其源深於女禍。女，色而已；宦者之害，非一端。蓋其用事也，近而習；其爲心也，專而忍。能以小善中人之意，小信固人之心，使人主必信而親之，待其已信，然後懼以禍福而把持之。雖有忠臣碩士列於朝廷，而人主以爲去己疏遠，不若起居飲食前後左右之親爲可恃也。故前後左右者日益親，則忠臣碩士日益疏，而人主之勢日益孤；勢孤則懼禍之心日益切，而把持者日益牢。安危出其喜怒，禍患伏於帷闥，則嚮之所謂可恃者，乃所以爲患也。」（卷三八）故英明之主乃爲之立法，而昏懦之君則毀其制而害其身焉。《新·宦官傳》曰：「貞觀中，太宗定制：內侍省不置三品官，內侍是長官，階四品。至永淳末，向七十年，權未假於內官，但在閤門守禦，黃衣廩食而已。則天稱制，二十年間差增員位；中宗性慈，務崇恩貸，神龍中宦官三千餘人，超授七品以上員外官者十餘人，然衣朱紫者尚寡。玄宗在位既久，崇重宮禁，中官稍稱旨者，即授三品左右監門將軍，得門施棨戟。開元天寶中……大率宮女四萬人，品官黃衣已上三千人，衣朱紫者千餘人……」《日知錄》亦云：「太祖高皇帝實詳監於往代，而取衷焉。其設內官也，監司局庫，各有定員，秩不過四品，俸不過一石。而且糾劾有令，交通有戒，豫政典兵有禁。謹內外之防，杜假竊之漸。至尚論漢唐已事，而三致意焉。」（卷九）雖然，制有禁，而弊端生，豈但典兵干政，貪財受賄而已哉？其最不人道者，莫過於娶妻蓄妾矣！

娶妻蓄妾起於何時？史無明言（先有妻室，而後受宮以爲刑人之餘，若太史公之流者，當不在例也）；而漢人實已有之，彼時謂之「對食」。《漢書·后妃孝成趙皇后傳》載之曰：「司隸解光奏言：臣聞許美人及故中宮史曹宮，皆御幸孝成皇帝，產子，子隱不見。臣遣從事掾業、史望，驗問知狀者，掖庭獄丞籍武、故中黃門王舜、吳恭、靳嚴證婢；曹曉、道房、張棄，故趙昭儀御者，于客子、王偏、臧兼等，皆曰曉即曉子女，前屬中宮爲學事史，通《詩》授皇后。房與宮對食，元延元年（12B.C.）中宮語房曰：陛下幸宮後數月，曉入殿中見宮腹大，問宮……」顏師古注：「宮人自相與爲夫婦，名對食。甚相妒忌也。」（卷九七下）此等「對食」，猶宮中之人，若宮女之與宮女、宦者之與宦者、宦者之與宮女，不過假鳳虛凰，得一寂寞人之慰藉而已，故皇帝、后妃雖知之，亦不加嚴禁也。然宦侍一旦得勢，權威煊赫，則其魚肉良善，實可痛惡也。《後漢書·宦者傳》云：「惟握稱制，下令不出房闈之間，不得不委用刑人，寄之國命。手握王爵，口含天憲，非復掖庭永巷之職，閫

繼代，諜譜詳諸，夫人即內常侍公之長女也。坤靈毓質，蘭畹挺姿，性稟沖
和，量懷溫雅，詩書瞻曹家之奧，管絃精蔡氏之能，婉嫕含貞，宗族攸重，
三星始見，百兩爰來。年既初笄，適于高平劉公溁潤〔註 32〕；齊眉等貴，合
巹聯輝；相敬如賓，和鳴並耀。日來月往，三十餘載晨昏鹽饋，夙夜無違，
逮事舅姑，益彰溫清。因夫延寵，疏邑顯榮，石窌之封固無慙德。繇是閨門
懿郁，素履彌芳，壼範聿修，彤管稱美。宜乎永諧宮徵，終契百年之歡；樂
往悲來，旋徵二豎之夢。膏肓有驗，和扁無瘳，沉瘵連縣，委悷臻極。以大
和四年六月十一日卒于輔興里之私第，享齡五十有四〔註 33〕。粧奩遽開，香
閣永辭，逝水不迴，奄歸長夜。嗚呼哀哉，瓊枝忽墜，鸞鏡徒懸，悼隔幽明，
痛深泉路，兆卜遠龜筮告，從旌旐啓行，轜輀就引。即以此年十月二十九日
遷窆于鳳城西之龍首鄉龍首原，禮也。有子五人：長曰仕仟，子亭判官，太
中大夫、行內侍省內府局丞、上柱國、高平縣開國男，食邑三百戶；次曰仕
俌，朝議郎、行漳王府參軍、上柱國；次曰仕侗，中散大夫、行內侍省內府
局丞、上柱國、彭城縣開國子，食邑五百戶；次曰仕僚，次曰仕份，賜綠。
或趨馳禁掖，或參貳王曹，或委質宮闈，或優遊墳籍，皆神形持立，雋秀當
時，聲掩八龍，價邁三虎；茹荼叩地，瘠毀苫廬，泣血絕漿，孝侔曾閔。攀
號不逮，孺慕罔依，感切風泉，哀纏骨髓。恐川成峻岳，山變洪波；願刻貞

媵房闥之任也。」於焉「舉動回山海，呼吸變霜露。阿旨曲求則光寵三族，
直情忤意則參夷五宗。若夫高冠長劍，紆珠懷金者，布滿宮闈；苴茅分虎，
南面臣人者，以十數。府署第館綦列於都鄙，子弟支附過半於州國，南金和
寶冰紈霧縠之積盈仞珍藏，嬙媛侍兒歌童舞女之玩充備綺室。」故「五侯」（案，
指單超、徐璜、具瑗、左悺）皆競起宅第，多取良人美女以為姬妾；侯覽亦
「虜奪良人妻略婦子」矣。馴至於唐，其變本加厲，讀之使人髮指。《兩書》
《宦官傳》云：「高力士開元初，瀛州呂元晧作吏京師，女有姿色，力士娶之
為婦，擢元晧為少卿刺史，子弟皆為王傅。呂夫人卒，葬城東，葬禮甚盛，
中外爭致祭贈，充溢衢路，自第至墓，車馬不絕。」又：「宰相李揆，山東甲
族，位居台輔，見（李）輔國，執子弟之禮，謂之『五父』。肅宗又為輔國娶
故吏部侍郎元希聲姪擢女為妻，擢弟抱時並引入臺省。」噫，欲求唐之不亡，
不可得矣。
至於子嗣，則更無論矣，是不贅。
關於宦侍之墓誌碑銘，各書所錄頗豐，本論文亦多著錄於《引用碑誌目錄》
之中，此處容不具列焉。
〔註32〕《金石續篇》卷十一有《功曹參軍劉仕俌墓誌》可參見，其父「溁潤」作「英
閏」。
〔註33〕楊氏卒於元和四年（809 A.D.），年五十四歲，則其生當在肅宗至德元年（756
A.D.）也。

珉，庶旌盛烈。銜悲見請，竊愧謏才，握管搜辭，多慙漏略。銘曰：

> 《易》讚坤靈，《詩》美嬪則，婦道母儀，柔從淑克。行標茂範，德
> 播擇鄰，事工盡敬，撫下推仁。宜昌百祿，保壽千春，天胡不憖，
> 降禍茲辰。宅兆何所？鳳城西偏，松檟云樹，曉夕凝烟。楊葉蕭蕭，
> 馬鬣危危，芳塵漸遠，朗月空垂。

將侍郎試太常寺奉禮郎李約書

吳郡朱弼刻字

黃順儀尊勝幢記〔註34〕

《佛頂尊勝陀羅尼》〔註35〕　　東都福先寺西律院〔註36〕玉石幢本

女弟子黃氏号順儀〔註37〕，為亡女練師二十二娘於塋所建造《尊勝陀羅

〔註34〕銘文見《八瓊室金石補正》卷四八。凡佛像、經咒，多立於寺廟塔院處，如本銘之後云：《薛籌尊勝幢記》、《僧景讓等尊勝幢記》、《沈仕達等大悲尊勝幢記》等等皆是也；唯此幢立於塋所，特為其女需此功德，往生淨土耳，是例頗罕見焉，故略作「考釋」云。

〔註35〕佛頂尊勝陀羅尼，此是省稱；全稱及譯受之人，當是：「《大佛頂如來密因修證了義諸菩薩萬行首楞嚴經》唐天竺沙門般刺密帝譯，烏萇國沙門彌伽釋迦譯語，菩薩戒弟子前正議大夫同中書門下平章事清河房融筆受」。陀羅尼，華語「咒」也，此蓋佛教極重要之修定之經咒，為歷代大師所看重者，故立於塋所，以祈冥福也。

〔註36〕東都，即洛陽，《新》卷三《高宗本紀》顯慶元年（656 A.D.）：「丁卯，以洛陽宮為東都。」全書卷三八《地理志·河南道》：「東都，隋置。武德四年（621 A.D.）廢，貞觀六年（632 A.D.）號洛陽宮，顯慶二年（657 A.D.）曰東都，光宅元年（684 A.D.）曰神都，神龍元年（705 A.D.）復曰東都，天寶元年（742 A.D.）曰東京，上元二年（761 A.D.）罷京，肅宗元年（756 A.D.）（案，肅宗即位靈武，改元「至德」，即此年）復為東都。」本《石幢》即見於此，《八瓊》原注云：「高二尺七寸六面……在洛陽存古閣。」

福先寺，清徐星伯《唐兩京城坊攷》卷五《東京攷》謂福先寺在長夏門之東第三街，從南往北數之第一坊為嘉慶坊，第七坊延福坊，即寺之所在，其注云：「有水磑四輪齊轉。《名畫記》：福先寺，吳道玄畫《地獄變》，有病龍最妙。」殆一名剎也，故唐昭宗嘗臨幸焉。《舊》卷一七五《昭宗十子傳》云：「昭宗至洛下，一日，幸福先寺，謂樞密使蔣玄暉曰：德王，朕之愛子，全忠何故須令廢之，反欲殺之？言訖淚下，因齧其中指血流……蔣玄暉於內西置社筵，酒酣，德王以下六王，皆為玄暉所殺，投屍九曲池。」西律院，蓋寺之西院耶？

〔註37〕女弟子，案，唐人佛像之碑碣題名，多稱「女清信士」；以「女弟子」自稱者，頗罕見也。

又「黃氏『号』順儀」之「号」，即「號」之省文；順儀，其名也，不謂之「名」或「稱」等動詞者，其猶閩南語之「阮『號』作○○」之同法歟？詳《俗語考》。

尼》幢壹軀。意者伏願承此影霑功德，下脫離苦，不墮三塗，往生淨塗。其瑩河南縣龍門鄉午橋村地一畝，東西南北共貳佰肆拾步，東至張家墳，西至薛，南至李，北至薛，咸通七年歲次丙戌六月一日甲戌朔十八日立。

宮人二品誌
唐故二品宮人墓誌銘〔註38〕

故二品宮人者〔註39〕，不知何許人，莫詳其氏族。竊以恭承青瑣，陪廁丹墀，妙簡良家〔註40〕，簉茲盛列。且宮人溫柔儉素，明敏早謙，虛心以待物，盡禮而事上，周行唯見恭順之容，儕伍不睹喜慍之色。夙希景仰，早預宮班，椒庭共號女師，彤管咸書悅美。以斯淑慎，冀享遐年，與善無徵，殲良俄遽。春秋若干，以大唐顯慶五年七月二十日辰時〔註41〕，卒於坊所〔註42〕。

〔註38〕本誌見於《毛本》414、中研院史語所《拓號》13135、13728。標點、段落一依《毛本》。另見中圖《拓號》0780、《千唐》一五七。

〔註39〕《新》卷四七《百官志・內官》云：「淑儀、德儀、賢儀、順儀、婉儀、芳儀各一人，正二品，掌教九御四德，率其屬以贊后禮。」本誌之「二品宮人」，必為「六儀」之一，位階不爲不高，職掌不爲不重，其所以同乎其他官品卑下之宮人之「不知何許人，莫詳其氏族」（余於所見諸宮人誌中，僅得：《大唐故東都掖庭宮司簿王氏銘》──《毛本》五二八──之誌，著宮人姓氏而已，他皆未見，當是特例）者，徒以其出身然也。詳本節前文《宮人考》。

〔註40〕妙簡良家，謂其出身不同於他宮人之卑賤也；然誌文襃其德美，不必信其真焉，否則何「莫詳其氏族」之可言也？

〔註41〕顯慶五年，當高宗之世，西元660 A.D.。

〔註42〕卒於坊所，余讀亡宮人誌，不論其位階、職務之高低輕重，凡卒死之地，皆無明言所在者。蓋所謂「坊所」者，宮人常時居住之所也。夷考《兩書》，內官概屬奚官局管轄，而奚官局、掖庭局、宮闈、內僕、內府、內坊又皆統屬於內侍省。今案，清徐星伯《唐兩京城坊考・西京宮城圖》所繪，掖庭宮正在宮城之西，嘉猷門之外、西門之內、內侍省之後，殆宮人所居，故其東北隅有眾藝臺也。徐氏之言曰：「掖庭宮，傅宮城之西（原注：在千步廊之西。掖庭宮東西不及一里，《長安志》以爲東西四里，誤。）北與宮城齊，南至通明門有西門（原注：貞觀三年敕左丞戴冑於掖庭西門簡宮人出之。按掖庭宮有東西門，無南北門；東門通大內，蓋即嘉猷門，西門外即修德坊，其時未修夾城，故宮人於此出也。）眾藝臺（原注：《長安圖志・雜說》云：掖庭東北垣上有一方臺，考之於《志》，恐所謂宮人教藝之所，名眾藝臺者也。）內侍省在宮西南（原注：內侍省，隋之長秋監，唐貞觀三年改內侍省，光宅元年爲司宮臺，神龍元年復舊。省內有紫蘭亭……《長安志》內侍省在通明門西南）。」（卷一）掖庭者，永巷也。宮中之長巷也，蓋幽閉宮女之有罪者，至漢武帝始改名「掖庭」。（語見《三輔黃圖》卷六）徐氏又言「永巷」所在：「朱明門北爲兩儀殿，常日聽政則御之。殿北曰甘露殿，其門曰甘露門，門外爲永巷（原注：東西橫街）……」（全上引）然則「坊所」之地，蓋掖庭宮

嗚乎哀哉！即以其月二十七日，葬於洛陽之北原〔註43〕，禮也。但葬事供須，敕令官給〔註44〕，慮其岸谷生變，舟壑有遷，勒石幽扃，庶傳不朽，銘曰：

也。東京——洛陽——宮殿之名容或不同（徐氏書，於東京圖上無繪掖庭宮者），而其建置當相同也。卷五《東京·宮城》云：「環池者曰花光院、曰山齋院……西則達于隔城；隔城者，閶闔在其上，陰殿在其下（原注：隔城中南有三堂，舊皆皇子公主所居；隔城之上有閶闔閣，閣南北皆有觀象臺，女使仰觀之所。下有陰殿，東西二百五十尺，南北二百尺，前後三丈。）隔城之西曰映日臺，又南百戲臺。」則東京之掖庭宮當在此也？《王氏誌》有：「維大唐麟德元年歲次甲子二月己卯朔十二日庚寅、東都曰庚寅。東都掖庭宮司簿王氏之銘。」（《毛本》528）可證。

〔註43〕 宮人葬地，除詔令陪葬者外（案《毛本》860《大唐故亡宮七品墓誌銘并序》云：「葬于城西」，《文物》1987年第一期《昭陵發現陪葬宮人墓》云：「墓葬位置靠近長樂公主墓北西闕的西側……『城西』，應指長樂公主墓園之西。」（毛氏引）可證也。），於西京——長安——則葬於龍首山；東京，則葬於邙山也。《毛本》207《唐宮宦司設墓誌銘并序》云：「亡司設者，洛陽宮人也……窆於邙山之陽，禮也。」徐氏卷一《西京·大明宮》云：「大明宮在禁苑東偏舊太極宮後苑之射殿，據龍首山（原注：龍首山長六十里，來自樊川，由南而北行至渭濱，乃折向東頭，高二十丈，尾漸下，可六七丈……）南接都城之北，西接宮城之東北隅，亦曰東內。」余案，山以接於宮城，故營葬便利，乃為宮人墳所歟？東都即得其便而然也。如《唐兩京城坊考》卷五《神都苑》云：「唐之東都苑，隋之會通苑也。又曰上林苑，武德初改芳華苑，武后曰神都苑，東抵宮城，西至孝水，北背邙埠，南拒非山。」可為余說之證也。
宮人之葬地，唐人謂之為「宮人斜」，《春明退朝錄》云：「唐內人墓，謂之宮人斜。」案，《說文》十四上《斗部》：「斜，抒也。從斗余聲，讀若荼。」《通訓定聲》云：「《史記》：褒斜道。注：谷名。楊君《石門頌》：余谷之川。以余為之。」余谷，即斜谷，即今陝西省終南山之谷也。《讀史方輿紀要》卷五六《漢中府條》云：「褒斜道今之北棧，南口曰褒，在褒城縣北十里；北口曰斜，在鳳翔府郿縣西南三十里。總計川陝相通之道（原注：舊志：大散關南至梁州五百里而近，由梁州出褒斜至長安九百三十三里，驛路千二百二十三里），谷長四百七十里。」然則葬於北面谷口之宮人墓地者，即宮人斜也，殆褒斜至長安間四百七十里之地者是也。王建《宮人斜》云：「未央牆西青草路，宮人斜裏紅妝墓；一邊載出一邊來，更衣不減尋常數。」（《全唐詩》卷三〇一）
又權德輿《宮人斜絕句》，亦云：「一路斜分古驛前，陰風切切晦秋煙；鉛華新舊共冥寞，日暮愁鴟飛野田。」（全書卷三二五）
又陸龜蒙《宮人斜》云：「草著愁煙不似春，晚鶯哀怨問行人；須知一種埋香骨，猶勝昭君作虜塵。」（全書卷六二九）
埋香有一定處所，停靈亦有一定所在，蓋布政里公宅也，余於杜甫《皇甫淑妃神道碑》得其證焉。文見《全唐文》卷三六〇，布政里則見本論文《地域考》。

〔註44〕 宮人之生養卒葬，皆掌之於奚官局，前文已詳，故所為誌銘，形製固多雷同，即銘文之用字遣詞甚至有一律者，此多不勝舉。以余所見，除前引《毛本》

洛川流雪，飄楊暫明。巫山行雨，倏忽還晴。風日已逝，閬水空驚。

一隨往化，千祀飛名。

大唐故河南府戶曹參軍陳府君夫人河內縣君隴西獨孤氏墓誌銘并序〔註45〕　前太僕少卿知東都少府少監事陳汭〔註46〕撰

夫人貞懿皇后從父之妹〔註47〕，開元初左羽林大將軍諱禕之親姪孫，祖左衛郎將知巡諱珎〔註48〕；祖母博陵崔氏，故兵部侍郎敦禮之姪女。美容貌，能治家，亦謂《鵲巢》、《麟趾》之貴，冠代蓋時之祖，與僕相門親懿，三重稠疊，更盛迭貴，亦謂煒曄哉！夫人父諱楚，贈工部侍郎，性仁孝信智，與僕相善，如弟如兄，共祈余長子故朝散大夫河南府戶曹參軍諸，為夫人之伉儷，生一子二女。夫人以元和四年八月十四日寢疾于恭安里第，享年六十有六〔註49〕。長女與弟，生亦極養，歿亦崇尚，貼賣求財，以充凶事。以十月

528《王氏誌》之外，猶有《大唐故亡宮六品墓誌》之誌文稍異，茲錄於后：「承芳蘭蕙，稟性松筠，族茂五陵，望雄六郡，嬪風早著，柔範凤彰，粵以良家，言充永巷。盤龍明鏡，契玄鑒於靈臺；迴文綺機，荷巧思於神府。春秋六十，以儀鳳四年十月二日，葬於城西，禮也。其詞曰：馳暉過隙，閬水驚川。一辭明宇，永閟窮泉。隴寒霄月，松深曙烟。唯餘令範，千載攸傳。」

〔註45〕銘文見於《匋齋藏石記》卷二十九。

〔註46〕陳汭，史無傳；然據《匋齋》卷二十八《陳諸墓誌》，知其父「左相許國公希烈」，則《新》歸在《姦臣傳》也。汭祖瑾，贈工部尚書；以此家世而與獨孤氏聯姻，故本《誌文》云：「相門親懿，三重稠疊，更盛迭貴，亦謂煒曄哉！」又汭為獨孤氏之姑翁，而親為其媳書誌，此例罕見；《誌文》更以「府君」稱其子，以「夫人」稱其媳，更是罕見之尤。雖曰「貞懿皇后從父之妹」，而畢竟身為姑翁，頗不宜也；太宗時王珪之子尚南平公主（太宗第三女），珪即身受翁姑之禮，史論多之。《合鈔》卷一二一《王珪傳》：「時珪子敬直尚南平公主，禮有婦見舅姑之儀；自近代公主出降，此禮皆廢。珪曰：今主上欽明，動循法制，吾受公主謁見，豈為身榮？所以成國家之美耳。遂與其妻就席而坐，令公主親執笲行盥饋之禮，禮成而退。是後公主下降，有舅姑者，皆備婦禮，自珪始也。」《唐會要》卷八三：「禮儀使顏真卿等奏：郡縣主見舅姑，請于禮會院過事。」蓋欲新媳之守禮分，不欲其矜位望也，故時君倡之；然而彼陳汭者不知守此，宜其父之在《姦臣傳》也。

〔註47〕貞懿皇后，即代宗之后獨孤氏，「始冊為貴妃，以美麗入宮，嬖幸專房」故其宗屬以恩澤而擢高官，「叔卓為少府監」。則陳諸妻，蓋獨孤卓女也。后卒於貴妃時，即大應十年（775 A.D.）五月，皇后乃追諡者也。

〔註48〕獨孤禕、珎、楚，史無傳。

〔註49〕夫人卒於元和四年（809 A.D.），壽六十六，則其生當在天寶三年（744 A.D.）；據《陳諸誌》，諸卒於貞元十年（794 A.D.），壽五十七，則當生於開元二十六（738 A.D.）。夫妻相差七歲，則夫人卒時，陳諸當七十三歲，而其父猶為其

二十四日合祔於邙山東原，禮也。嗚呼，兼余子貳之戚，嗣親之悲，聞之者感傷，見之者殞淚。悲哉，悲哉，覿塗車之宿進，痛繐幕之晨征，丹旐飄風，縞素盈野。其銘曰：

> 太虛漫漫，有死有生，莫不歎逝，飲恨吞聲，浮休之世，彭殤亦一，
> 千變萬化，歸于其室，泉門永開，有入無出。

大唐故魏氏田夫人墓誌銘并序〔註50〕

夫人諱信，平陵人也。若夫鳳緣開祥，鏡淄飛族，代華芳緒，冑啓芬英，固乃焄奕糺綿，昭章□諜。

夫人，蘭親警譽，琰質凝姿，幽閉之性既彰，婉嫕之風攸在，閨節甄貞，六行遑□，三從迴裕。爰歸魏氏，寔號嬪儀，有異敬姜，無謝曹婦。既而鳩伽顯祚，眉壽居禎，皇恩闡頤老之規，明詔普乞言之禮，龍朔元年十月一日，板授南陽郡君。方冀長筵訓子，永貽範於潘輿，何悟迅曜遄嶔，倏沈暉於陸賦。麟德二年九月二十九日，卒於永泰里，春秋八十有五〔註51〕。嗚呼哀哉！即以其年十月十八日，窆于芒山之陽，禮也。驚飆切緒，振寒樹而凝悽；愁靄駢憐，翳微風而黯色。恐陵谷遷貿，丘壟不存，迺式贊鴻徽，寄諸貞石。其詞曰：

> 翹車肇○，鳳翽疏基。綿芳迴代，騰懿遐期。夫人婉秀，稟質瓊姿。
> 貞逾季婦，誠越曹姬。
> 倏辭昭日，奄詣佳城。風悽壟樹，霧黯山坰。泉門一闔，長夜無明。
> 式鐫貞石，永振徽聲。〔註52〕

婦書誌，寧不哀哉？故曰「兼余子貳之戚，嗣親之悲，聞之者感傷，見之者殞淚」也。

〔註50〕銘文見毛漢光氏《唐代墓誌銘彙編附考》五八六片。毛氏誌其來源，謂：「中央研究院歷史語言研究所拓片登記號第 17277、24230。」其他版本：《芒洛冢墓遺文四編》卷三，《唐宋墓誌：遠東學院藏拓片圖錄》編號 129。

〔註51〕麟德二年，當西紀六六五，壽八十五，則其生當在開皇元年五八一；板授南陽郡君，在龍朔元年（661 A.D.），八十一歲時。案，改元龍朔，實在顯慶六年（661 A.D.）之二月；考《新》卷三《高宗本紀》顯慶五年（660 A.D.）「三月丙午，皇后宴親族隣里于朝堂，會命婦于內殿，賜從官五品以上、并州長史、司馬勳一轉，婦人八十以上版授郡君，賜氈衾粟帛。」田信之版授「郡君」，當在此時；封勅之令下達地方，已是改元之時矣，故《誌文》謂「龍朔元年」也。

〔註52〕《誌文》但言彼歸于魏氏，而夫系及《誌》主本家之譜系，并無一言及之，蓋唐人以女子爲碑誌主者，多有此例，非特見也。如：《毛本》六一九《韓靳

□唐侯□觀府君夫人張氏之墓誌〔註53〕

夫人，西州高昌人，雲麾將軍之孫，殿中將之女〔註54〕。降年不永，以儀鳳□年十二月甲辰朔十七日乙〔註55〕□□□□（缺若干字），春秋五十有三。粵以□□二十七日、窆□□東平原，禮也。嗚呼哀哉！迺爲銘曰：

　　□我夫人，姿容天秀。婦德允備，母儀□就。忽落星花，俄空□□。
　　□□芳館，風□□□。

感悆文〔註56〕

余　慈親二品孫樂安孫氏〔註57〕，量必天合，器與代殊，惟德是脩，惟

耶誌》、《匋齋》卷二十六《金城郡王辛公夫人李氏墓誌銘》、《金石補略》卷二《段常省塔銘》等是也。

〔註53〕銘文見毛漢光氏《唐代墓誌銘彙編附考》八七六片，《附記》謂：「碑誌來源：《西陲石刻後錄》」，本文標點一依毛氏。

〔註54〕案，《誌題》侯君妻張氏，《誌文》又謂張氏乃「西州高昌人」，殆歸化之胡人歟？考《新·宰相世系表》，張氏分爲：襄陽、洛陽、河東、始興、馮翊、吳郡、清河、河間、中山、汲郡，而不及本系。
《合鈔》卷五九《地理志·隴右道》：「西州交河郡中都督府，貞觀十四年（640 A.D.）平高昌，以其地置。（原注：本高昌國，漢車師前王之庭，漢元帝置戊己校尉於此，以其地形高敞，故名高昌。其故壘有八城，張駿置高昌郡，後魏因之。魏末爲蠕蠕所據，後麴嘉稱高昌王於此數代，貞觀十四年討平之，置西州都督府，仍立五縣，國境東西八百里，南北五百里。）開元中曰金山都督府，天寶元年（742 A.D.）爲郡（原注：天寶元年改爲交河郡，乾元元年（758 A.D.）復爲西州。在京師西北五千五百一十六里，至東都六千二百一十五里）。」張駿，《晉書》八六、《魏書》九九有傳，愍帝嘗拜爲「使持節大都督大將軍涼州牧領護姜校尉西平公」，而實統有涼州之地，其先蓋安定烏氏人：侯君妻張氏，豈其後裔之徙於高昌者耶？

〔註55〕毛漢光氏曰：「誌云夫人『儀鳳□年十二月甲辰朔十七日乙□』卒，案儀鳳之十二月無有干支甲辰者，而甲辰朔十七日則應爲庚申，非乙□。誌之干支顯有不合，茲將本誌列入儀鳳末。」今從之。

〔註56〕銘文見《八瓊室金石補正》卷五八。
本文之粗鄙幾不可卒讀，大概是村學究所撰。「感悆」（案，此字不見於字書，審其文意，或爲「怨」？或爲「念」？）文意略謂《感悆文》之文主孫英，父母俱亡，弟妹早夭，遂在茹苦含辛之中，得有一番成就，故爲自身捐一二品銜（《文》不云其官階職銜也），爲其妻楊（？）氏捐一「北平縣君」之誥封。今值追薦先亡，乃造象以祈冥福焉。《新·百官志序》云：「自中世已後，盜起兵興，又有軍功之官，遂不勝其濫矣。」讀是《文》，可以證也。

〔註57〕「二品孫樂成孫氏」頗不文，案諸後文「北平縣君宏農楊氏」、「六（七）姨玉田榮氏」之例，孫，或爲其氏；樂女，則其郡望也。
《合鈔》卷五七《地理志·河南道》：「棣州樂安郡上（原注：後漢樂安郡，隋渤海郡之厭次縣），武德四年（621 A.D.）析滄州之陽信、滴河、樂陵、厭

明是貴，不以榮華爲樂，不以豪貴爲雄，澄心如不貳之門，求眞習道。慈親春秋卅有九，以天寶十一載夏六月庚寅〔註58〕，大漸彌留，徵方勿藥，薨於別業，神容儼然，不知何賢人，變易生死也。父痛，慈親先世有恨未亡，遂捨雄豪，發菩提志，稽首以信微妙法，清淨操心，造九級浮圖□中臺也。嗟乎，閔子不祐，慈訓早違，乾景外臨，除義內歎。英二妹細小，花萼偏遺，雖活明時，毀滅無異。父以英弟妹偏露，驚遑匪寧，遂婚繼親北平縣君宏農楊氏，性敦柔潔，膺錫中和，花萼痛聞，號天擗踊，刻銘微志，以布腹心。

　　張令忠妻謝

　　男敬仙敬賓

　　敬暉同供養

　　導師菩薩晉先亡妻二品孫樂安孫氏供養

　　虛空藏菩薩晉女春娘女鸞娘爲亡母供養

　　六姨玉田榮氏男女等供養

　　七姨玉田榮氏男女等供養

張炎誌〔註59〕
張氏女墓誌銘

女郎名炎，姓張氏，洪洞丞府君之少女也〔註60〕。聰慧孝友，蕤條賢哲，

次置：八年（625 A.D.）（原注：《舊書》六）州廢，縣還隸滄州；貞觀十七年（643 A.D.）復以滄州之厭次，德州之滴河、陽信置。（原注：貞觀十七年，復置棣州於樂陵，又割淄州之蒲臺隸焉，而樂陵屬滄州；天寶元年（742 A.D.），改爲樂安郡，乾元元年（758 A.D.）復爲棣州。在京師東北二千三百一十里，至東都一千三百七十里）」

宏農，則屬虢州：「本虢郡治盧氏。義寧元年（617 A.D.）析，隋宏農郡三縣置（原注：漢宏農郡，隋廢郡爲縣，屬陝州；隋末復置郡，義寧元年改爲鳳林郡，仍於盧氏治虢郡，武德元年（618 A.D.）改爲虢州，改鳳林爲鼎州。貞觀八年（634 A.D.）（原注：廢鼎州）徙治宏農（原注：屬河南道，開元初以巡按所便，屬河東道），天寶元年更郡名（原注：乾元元年復爲虢州），在京師東四百三十里，至東都五百五十三里。」

揚氏，非以「宏農」爲郡望，當是「楊」字之誤。說詳《婚姻考》。

〔註58〕天寶十一載，當西紀七五二。細審文意，此《感恩文》當作於此年之後；雖然，前文謂「乾元元年復樂安郡爲棣州」，孫英本文之題名爲「樂安孫氏」，則此《感恩文》當作於乾元元年之前也。特不能必定某年耳。

〔註59〕本誌見於《文》卷二三二之七。

〔註60〕說述其父，有《碑》、《誌》二：《唐贈丹州刺史先府君碑》、《府君墓誌銘》，皆見於《文》，前者見卷二二八之一，後者見卷二三二之一。《碑》云：「外祖

能讀史書，善奏絲桐，舉族珍之。未成人而夭〔註61〕，命也。

聖歷中，隨仲昆之任〔註62〕，殞折於慶州〔註63〕，歸殯於藍田別業〔註64〕。景龍年，屬家艱，季兄說，徵黃門侍郎，哀請不拜，詔許終服〔註65〕。家貧，傭文以取資。冬十月，獲葬女弟於萬安山陽，差池姊塋，顧瞻尊闕，不忘孝弟。〔註66〕

爲理，遂讀皋陶之書，以明法歷饒陽、長子二尉，介休主簿、洪洞丞。」《誌》云：「外王父大理丞某，重世爲士，府君傳其憲章，博旅精理。年十九，明法擢第，解褐饒陽尉，丁母憂去職……服闋，調長子尉，換介休主簿、洪洞丞。」說，父驚，字成驚：卒於調露元年十二月九日乙卯，年五十二，則其爲洪洞丞，當是貞觀二十年（646 A.D.）之事也。案，調露繼儀鳳三年六月改，明年八月又號永隆，則「乙卯」當是「己卯」也。見《通鑑》。

〔註61〕「未成人而夭」稽之《儀禮》，或在十四歲以下之「中、下殤」也？參《蘇玉華誌》《考釋二》。

〔註62〕張驚有三子，曰光、珪、說，《碑誌》所謂：「光、珪、說不夭，凬遭閔凶（案，《誌》作「總角在疚」）。」然則「仲昆」蓋謂張珪歟？而珪《傳》不見於《兩書》。光則附見《說傳》：「字文融先獻策，括天下游戶及籍外田，署十道勸農，使分行郡縣；說畏其擾，數沮格之。至是，融請吏部置十銓，與蘇頲等分治選事，有所論請，說頗抑之。於是銓綜失敘，融恨之，乃與崔隱甫、李林甫共劾奏說引術士王慶則夜祠禱解，而奏表其閭，引僧道岸窺，調時事冒署右職。所親吏張觀、范堯臣依據說勢，市權招賂，擅給太原九姓羊錢千萬，其言醜慘。帝怒，詔乾曜、隱甫、刑部尚書韋抗，即尚書省鞠之，發金吾兵圍其第。說兄左庶子光，詣朝堂，刑耳列冤（《舊》作『割耳稱冤』）。」（《新》一二五）然則「隨仲昆之任」殆指張珪，非左庶子張光也。珪官於慶州，可補史闕，唯不詳所任何官也。聖歷中，殆699 A.D.。

〔註63〕慶州，詳《地域考》。

〔註64〕藍田別業，仝上。

〔註65〕《新》本傳，謂「張易之誣陷魏元忠也，援說爲助：說廷對：元忠無不順言。忤后旨，流欽州（案，事在長安三年（703 A.D.））。中宗立（案，事在神龍元年（705 A.D.）），召爲兵部員外郎，累遷工部、兵部二侍郎（案，據說自撰《府君墓誌銘》，見文二三二之一，謂「官復其舊，景龍元年（707 A.D.）秋，封長樂縣太君」則說之召爲員外郎、侍郎，當在本年歟？）以母喪免（案，前《誌》云：「是歲十一月戊申，傾背於東都康俗里第。於戲哀哉，靡瞻靡依，何怙何恃？二年（708 A.D.）七月己酉，克葬我先公，夫人祔焉」）既畢（案，是景龍三年（709 A.D.）也），詔起爲黃門侍郎，固請終制，祁陳哀到。時禮俗衰薄，士以奪服爲榮，而說獨以禮終，天下高之。」云云是也。

〔註66〕案，《誌》云：「冬十月，獲葬女弟於萬安山陽」蓋與其姊張德性同時遷葬於父母之側也。所以能獲葬者，特以「鬻詞取給」「傭文以取資」也。《銘》曰「臨淄李伯魚妻者，范陽張氏女，諱德性。孝悌柔婉，能日誦數千言，習禮明詩，達音妙續，德言容工，蓋出人也。伯魚，天下善爲文，擢校書郎，出爲青州司功而卒。夫人寡居無子，以歸宗焉。長安二年，四十有八，傾逝於

慰爾幽魂，含酸屬銘，投筆氣索。詞曰：

陟彼京兮，痛同生兮，奈何朝露，在薜蘿兮。共天地之大德，焉早
落而無成兮。

李仍叔女德孫墓誌〔註67〕

唐渤海王〔註68〕五代孫陳許澺蔡觀察判官監察御史裏行李仍叔〔註69〕四
歲女德孫墓誌銘并序

女生元和乙未歲七月二十日〔註70〕，亡戊戌歲七月十八日於同州內城官
舍。來二十七日己酉，瘞京兆府萬年縣龍首鄉因聖寺〔註71〕佛閣西門之南，

康俗里，殯於永通門外。景龍三年，家疫居貧，季弟說鬻詞取給。冬十月，
安厝伯姊於萬安山陽，蒼梧不從，古之制也。北望先隴，西接妹邱，明靈其
嘉，永安此室；銜哀敘誌，鳴呼孔懷。銘曰：送我伯姊，萬安之墳，精靈何
處？爲雨爲雲。彼臨淄兮千里，望候忽兮夫君。」（《文卷》二三二之二《李
氏張夫人墓誌銘》）

萬安山陽，《府君墓誌銘》言之較詳：「初議葬，小子夢度景於萬安山南孤堆
東峰下，時淮南宏公相地」云云，參以與姊妹二《誌》，則知其父母、姊妹之
塋，蓋成「品」字形，北爲父母，東則伯姊，西爲其妹也。

〔註67〕 本誌見於《訇齋》卷三十。

〔註68〕 渤海王，名奉慈，諡曰敬。世祖（《舊》作「代祖」，避太宗諱故）屬次子蜀
王湛之次子，《舊》附見於隴西恭王博義《傳》；《新》卷七八《本傳》則云：
「渤海敬王奉慈，顯慶時爲原州都督，薨。七世孫戡。」《博義傳》載其詳，
曰：「隴西恭王博義，武德初舉奉慈例王。高宗時擢累禮部尚書、特進，驕侈
不循法度，伎妾數百，曳羅紈，甘梁肉，放於聲樂以自娛。其弟奉慈亦荒縱，
皆爲帝所鄙，嘗曰：吾仇人有善且用之，況親戚乎？王等昵小人，專爲不軌；
先王墳典不聞學，何以爲善哉？！各賜巿書絹二百疋，以愧切之，然不自克
也。」（仝上，《舊》所記同）

〔註69〕 案，《新》卷七十《宗室世系表》謂：「仍叔，字周美，初名章甫。」襲其父
橦（初名拭）爲宗正卿。《表》記爲渤海王六代孫，《誌》言五代者，除其身
不計也。《表》不載仍叔「陳許澺蔡觀察判官、監察御史裏行」等職，正可補
其闕也。

觀察判官，《新》卷四九下《百官志‧王府官》：「節度使封郡王，則有奏記一
人兼觀察使，又有判官、支使、推官、巡官、衙推各一人。」夷考《通鑑》
卷二四〇《唐紀》五六《憲宗元和十三年條》：「五月，丙申，以淮西節度使
馬總爲忠武節度使，陳、許、澺、蔡州觀察使。」然則仍叔其判官者也。《誌》
文後云其女德孫卒於戊戌歲（案，即元和十三年（818 A.D.））七月十八日、
同州內城官舍，則知其時馬總正屯於同州，扼關中之襟要以討李師道也，而
史未明言，得此可補史闕。

〔註70〕 元和乙未歲，即十年（815 A.D.）；至戊戌歲，十三年，德孫前後四歲而卒，
案之《禮》典，特「無服之殤」耳，而仍叔憐之若此，其情可見矣。

〔註71〕 本誌地名，俟後考。

地土連亡叔之墓〔註72〕，風接西塋之松，冀尔孩魂，不怕幽壤。銘云：

> 姓李氏，生崔氏，聰明神光，骨髮天祉。言語未正，自解親親，顧
> 瞻溢彩，顏色沆人。走弄之間，嘔吐生疾，氣噎深喉，血流中質，
> 玄風嘒吹，元精不凝，柔閑在抱，呼哭莫應。既未及殤，詎可等彭？
> 肝腸燴起，無奈此情。元和十三年戊戌七月癸未朔二十七日己酉仍
> 叔撰文。

張婉誌
張氏亡女墓誌銘〔註73〕　　父士階撰〔註74〕

安定張氏之女曰婉，贈祕書監府君諱翔之孫，湖州刺史士階之息女也
〔註75〕。性聰明孝友，柔謙敏悟，故其父以「婉」爲名。初生於長安新昌里，
未免□而隨父□幕於夏口，時年始三歲。予嘗從公宴罷，被□以歸，則頗惛
惛無覺知，婉侍坐于側，終夕不寐。後喪同母兄，哀過乎人，雖喪紀已終，
亡月逾遠，每因□表言及，或偶見其平生筆硯、戲弄之物，未嘗不嗚咽涕流，
感動木石。而又雅好文墨，居閑覽翫篇籍，或優□是□，無不暗符先賢微旨。
況乎常與從父、從祖昆弟姊妹□數輩同居，婉獨□□尤色不競，炯然有常，
是以卒歲無閒言於其閒。

及抱疾彌留，忍恨訣別，予與其母親對之悲泣，乃曰：「死生之理，彭殤
一致，何不思其氣絕之後，與未有某時何異？奈何不以此割棄，而悲泣如是
乎？」嗚呼！婉之聰明孝友，柔謙敏悟也如此。予方求賢夫，未遭良匹，天
不與命何哉！顯慶三年七月二十三日〔註76〕，奄然終于吳興郡舍，甲子纔二

〔註72〕《誌》云：「地土連亡叔之墓」則仍叔有弟早卒，葬諸萬年縣龍首鄉矣；以其
　　　　早卒，史故不書云。

〔註73〕本誌見《毛本》三五四，中研院史語所《拓號》17610、24148。又標點、段
　　　　落，一依《毛本》。

〔註74〕女殤，其有誌者，類多父親爲之撰文，殆情深故也，如：《匋齋》卷二十八《趙
　　　　郡李氏殤女墓石記》、卷三十《唐渤海王五代孫陳許澂蔡觀察判官監察御史裏
　　　　行李仍叔四歲女德孫墓誌銘并序》、《八瓊》卷七一《大唐故范氏女墓誌銘并
　　　　序》、《全唐文》卷二三二之七《張氏女墓誌銘》等是也。

〔註75〕張翔、士階，《兩書》並無傳。時人好以「士」爲名，如林士弘、羅士信、高
　　　　士達、士廉、宇文士及等，而張士貴本名「忽峥」，後乃更名者也。《兩書》
　　　　中名爲「張士□」者，如張士巖、張士衡、張士貴等，郡望地籍率不相伴，
　　　　應無族親之關涉。又《新・宰相世系表》亦不載張氏安定房，因不詳其傳襲
　　　　焉，詳見《姓氏考》。

〔註76〕《毛本・補正》云：「本誌於誌主卒年處殘泐，本所拓片登記錄載爲顯慶三年，

十春矣。以其年九月二十二日，歸窆于洛陽金谷之舊原〔註 77〕。且懼陵谷易遷，焉得無記，予遂忍哀瀝血，而書于片石云：

> 天之蒼蒼，地亦茫茫。胡生此孝哲，而夭其穠芳。嗚呼！天地陰陽之於人，不嘗爲父母，胡斯夭之太甚，而丹旐獨歸於故鄉？父之痛哭，母之哀傷。自朝及暮，涕濡于裳。且人之生也有涯，況吾老矣，苟未目瞑，抱斯恨□不……

蘇玉華誌〔註 78〕

女子蘇玉華墓誌銘〔註 79〕　　弘文館學士歐陽詢撰并書〔註 80〕

女字玉華，蓋洗馬蘇君之季女也〔註 81〕。夫其瑤姿外照，蕙性內芳，體

然據饒宗頤著《唐宋墓誌：遠東書院藏拓片圖錄》第 345、346 之考證，本誌誌主張琬係 345 號誌主張士陵之姪女，顯慶三年應爲長慶三年之誤。」長慶爲穆宗年號，三年當 823 A.D.；顯慶乃高宗年號，三年當 658 A.D.。相去百六十六年，幾二百年矣，亦不見有士階、士陵者焉；若以士衡、士調爲基準，則階、陵或爲顯慶時人也？

〔註 77〕本誌之地名，俟後考。

〔註 78〕本誌見於《袪僞》、《過眼錄》卷九、《文遺》卷十四、《陝西》卷七、中研院史語所《拓號》09163；本誌之段落、標點，乃據《毛本》一之二。

〔註 79〕《儀禮·喪服》第十一：「子、女子子之長殤、中殤。」《傳》曰：「何以大功也？未成人也。何以無受也？喪成人者其文縟，喪未成人者其文不縟，故殤之絰不樛垂，蓋未成人也。年十九至十六爲長殤，十五至十二爲中殤，十一至八歲爲下殤；不滿八歲以下皆爲無服之殤，無服之殤以日易月，以日易月之殤，殤而無服。故子生三月則父名之，死則哭之；未名，則不哭也。」蘇玉華於十五歲卒，稽之前引《儀禮》，則是「中殤」，古人殤不立傳；今爲之誌銘者，因父兄情深故也。此例不少，如：《毛本》四之三五四《張氏亡女墓誌銘》、全書六之五〇二《唐故□女曼低墓誌銘》、《續編》卷七《唐氏女端墓誌銘》、《匋齋》卷三十二《唐故柳氏長殤女墓誌銘》等皆是也。

〔註 80〕學者謂《志銘》非率更撰書，其理蓋謂：（一）武德年信本未爲宏文館學士。（《袪僞》語。案，率更拜其職，實在貞觀初，其去武德二年，幾二十年矣，自不能也。）（二）書勢絕非率更手筆，定爲僞作無疑。（《過眼錄》語）（三）文既駢儷，而通身平仄不精，六朝唐人無是也。乃近世不諳文體之人僞託者，竟敢署率更大名，亦太不自量。（《香南》語）

〔註 81〕「洗馬蘇君」，學者或謂即蘇夔也。其理蓋謂：「《隋書·蘇夔傳》（案，見卷四十一《蘇威傳》附），夔起家太子通事舍人，仁壽末，詔天下舉達禮樂之源者，夔在選中。煬帝嗣位，遷太子洗馬。煬帝大業元年乙丑至唐武德二年己卯，計十五年。玉華殁年十五，與夔遷洗馬之年適符。玉華或是夔女，似有可證。」（《過眼錄》語）夷考夔《傳》，言其卒年四十九：「以功進位通議大夫，坐父事除名爲氏，復丁母憂，不勝哀而卒。」坐父事除名爲氏，威《本傳》載之甚詳，而《通鑑》繫於大業十二年，去武德二年，猶三年有奇，必

備幽閒，動合禮則。既嫻習於圖史，且留連於音律，以故名靄蘭閨，聲綿梓里。夫何美質，降年不永，竟致夭歿，春秋十有五焉。以大唐武德二年五月九日，終於居德里之第，即以其月之二十有五日，葬之於京兆之神和原。悲歟！天乎不臧，曾靡降福，□道何昧，竟貽斯殃。諒豈有違，芳齡永逝，悼以長往，終天無期。嗚呼哀哉！迺爲銘其墓，銘曰：

> 玉碎兮珠焚，風悲兮日曛。問天兮無言，永絕兮音塵。善可紀兮慧絕倫，嚴霜降兮值芳春。丹旐飛兮淚霑巾，千秋萬世兮哀無垠。萬鈞刻字

殤女，從以上「殤女」之墓誌釋例，可歸納之如下：

一、《蘇玉華誌》，武德二年（619 A.D.）卒，年十五。弘文館學士歐陽詢爲作誌文，并書。依《喪服禮》，屬中殤。

不能預爲其女營壙也。再者，燮之拜太子洗馬，爲時甚短，且旋遭免官：「煬帝嗣位，遷太子洗馬，轉司朝謁者：以父免職，燮亦去官。」（見《燮傳》。案，威之去官免職，前後凡三次，此爲首次也）若玉華卒於斯時，其《誌文》能否書爲「洗馬蘇君」，不能無疑。

余意本《誌銘》若非贗品，玉華亦絕非蘇燮之女，而頗以爲與蘇世長有所關涉者也。蓋世長一生顯達，無如威、燮之偃蹇者，譬如於周則襲其父爵爲建威縣侯，隋父受禪又超遷爲長安令，大業中拜都水少監，王世充僭號則署爲太子太保，行臺右僕射。太子少保與洗馬俱東宮官屬，雖則太保品秩尊於洗馬，然王世充本不在意朝軌之如何也。《通鑑》卷一八七《唐紀三·武德二年戊申條》云：「世充於闕下及玄武門等處皆設榻，坐無常所，親受章表；或輕騎歷衢市，亦不清道，民但避路而已……又令西朝堂納冤抑，東朝堂納直諫。於是獻策上書者，日有數百，條流既煩，省覽難遍，數日後，不復更出。」又云：「世充每聽朝，殷勤誨諭，言詞重複，千端萬緒，侍衛之人不勝倦弊，百司奏事，疲於聽受。御史大夫蘇良諫曰：『陛下語太多而無領要，計云爾即可，何煩許辭也！』世充默然良久，亦不罪良，然性如是，終不能改也。」是以太保之與洗馬，時人或不甚悉歟？撰誌者遂書爲「洗馬蘇君」，而性本詼諧之世長，視之亦不爲意而置之也。《舊》卷七五《本傳》載其「初在陝州，部內多犯法，世長莫能禁，乃責躬引咎，自撻於都街，伍伯嫉其詭，鞭之見血，世長不勝痛，大呼而走，觀者咸以爲笑。」故「貞觀十八學士」之圖像，褚亮爲之贊曰：「軍諮諧謔，超然辯悟，正色于庭，匪躬之故。」（仝前卷）或者《志銘》所稱「洗馬」，蓋一虛銜，以其爲「秦王府文學館學士」，職掌正同「司經大夫」之「洗馬」（見《唐會要》卷六七）也，故有是稱焉。且秦王世民時人皆許爲太子矣，《通鑑》卷一九〇《唐紀》六《武德五年條》：「上之起兵晉陽也，皆秦王世民之謀，上謂世民曰：『若事成，則天下皆汝所致，當以汝爲太子。』世民拜且辭。及爲唐王，將佐亦請世民爲世子，上將立之，世民固辭而止。」世長爲其學士，撰《誌》者或即書爲「洗馬」矣。

二、《張婉誌》，顯慶三年（658 A.D.）卒，時年二十。其父士階親爲之撰文。長殤。

三、《張炎誌》，聖曆中（699 A.D.）卒，至景龍三年（709 A.D.）遷葬。其兄說爲作誌銘。文云「未成人而夭」，當屬下殤。又《考釋》中全引其姊德性之誌文：《李氏張夫人墓誌銘》，亦可作一「釋例」也。

四、《李仍叔女德孫墓誌》，元和十三年（818 A.D.）卒，年四歲。其父仍叔親爲之撰文。屬「無服之殤」。

自「釋例」中，可得以下概念：

一、時間：自武德初，至元和末年，幾二百年。

二、卒歲之碑誌主，涵蓋各年層：有長殤、中殤、下殤、無服之殤。甚者如張德性，夫死無子而歸葬於其弟，亦唐人風俗之一例也。

三、撰作誌銘，多出父兄之手，此固可見其深情之慟；反之，亦可考知唐人頗視女子爲「子」之心理也。說詳後文之綜論。

殤女之碑誌，於本論文中，所占比率固甚微少；然就其內容，可得而知者，略有數端：

一、修身，則以自古相傳之女儀爲守則。如：《蘇玉華誌》云：「體備幽閒，動合禮則。」、《張婉誌》云：「常與從父、從祖、昆弟、姊妹□數輩同居，婉獨□□尤色不競，炯然有常，是以卒歲無閒言於其閒。」、《李氏張夫人墓誌銘》云：「孝悌柔婉……德言容工，蓋出人也。」、《□曼低誌》云：「□風範溫和，女儀婉嫕。貞情外朗，照合浦之珍；神操內凝，茂甘泉之□。」等等，皆是也。

二、教育，則多精於文墨。如：《清河張氏女殤墓誌銘》：「諷誦詩書，必賾先儒之旨趣；博通藝能，皆出常人之閫閾。」、《楊公女子書墓誌》：「諸兄所習史氏經籍、子集文選，必從授□，覽不再繹，盡得理義，勤于隸學……」、《張炎誌》：「聽慧孝友，蘙條鬒哲，能讀史書，善奏絲桐。」等是也。

三、以其修身有文，故特爲家人親愛。如：《張炎誌》云：「舉族珍之」、《李仍叔女德孫墓誌》云：「言語未正，自解親親，顧瞻溢彩，顏色沆人。」、《米氏九娘墓誌》云：「內外親族，無□欽傳。」等皆是。

四、因其親愛，一旦猝逝。悲切之情有足多者，故彼碑誌之文，率皆不

忍卒讀。如：《張婉誌》：「性聰明孝友，柔謙敏悟，故其父以婉爲名……及抱疾彌留，忍恨訣別，予與母親對之悲泣……甲子纔二十春矣……懼陵谷易遷，焉得無記，予遂忍哀瀝血，而書于片石云……父之痛哭，母之哀傷，自朝至暮，涕濡于裳……」、《張炎誌》：「慰爾幽魂，含酸屬銘，投筆氣索。」、《李仍叔女德孫墓誌》云：「地土連亡叔之墓，風接西塋之松，冀爾孩魂，不怕幽壤……柔閑在抱，呼哭莫應。既未及殤，詎可等彭？肝腸燧起，無奈此情。」是矣。

五、死別固使之腸苦，生離又豈能忍？乃有不捨其隨意適人，及卒而始懺悔者焉。如：《清河張氏女殤墓誌銘》云：「家君與夫諸兄常奇此女，欲與賢人；前後致娉多矣，視之率非其匹。由是依違之間，竟使簪珮無歸，追恨所深，痛斷肌骨；嚮使得之良士，爲之嘉偶，必能傳婦則母儀於當世，書清規令範於彤管；永孤此望，爲怨難勝。」案，張氏女年十九而卒。又如：《米氏九娘墓誌》云：「□及笄年，未娉□字，從兄親□，泣血□□，六親悲□，行過傷嗟。」（案，以上所引，蓋據《匋齋》卷三十二之文；《硯齋》卷十四則其空缺字，分別爲「長、待、弟、哀號、切」）米九娘卒年二十一。又如：《張婉誌》：「予方求賢夫，未遭良匹；天不與命，何哉？」張婉卒年二十。

　　唐人出嫁年齡多在十五歲以前，甚而有十一歲、九歲者（詳見《婚俗考》）；今至十九、二十、二十一而不嫁，亦已遲矣，然父兄憐愛之情，亦於斯可見焉。故有於其卒後，望其冥婚者，如：《李三十三娘墓誌》云：「幼喪慈父，孝不展情；長未適人，奄歸泉壤。嗚呼，命至此耶？枉之致耶？茫茫誰測，杳杳難聞，卜日有期，歸本奚阻？以其月十九日，葬于伊水之西，用祔外兄楊泛之墓。若神而見知，幽魂有託，生爲秦晉，沒也豈殊！何必盧充冥婚然？」（《匋齋》卷二十九）

　　冥婚之制，詳見《婚俗考》；然細味前引《誌文》，似楊泛與李三十三娘俱未婚而卒，又似未爲之行冥婚之禮，特欲彼自由戀愛、嫁娶然也。可做唐人婚俗之一例論列也。

　　又細審本節殤女之名字，多有男性化之趨向，如：張炎、張德性、李德孫、唐端、李孫孫、張容成、李沔國、柳老師、楊子書等，豈父兄愛之，則以男性名字命之以表其愛歟？詳見《名字之研究》。

附錄二：引用之碑誌目錄

230	唐故興元元從正議大夫行內侍省內侍知省事上柱國賜紫金魚袋贈特進左武衛大將軍李公墓誌銘	萃 106-1792
231	唐故河南府司錄盧公夫人崔氏誌銘	萃 106-1795
232	盧公夫人崔氏墓誌	萃 106-1795
233	憲超塔銘	萃 107-1799
234	興國寺故大德上座號憲超塔銘	萃 107-1799
235	大唐故朔方靈鹽等軍州節度副大使知節度事管內支度營田觀察處置押蕃落等使銀青光祿大夫檢校刑部尚書兼靈州□郡都督長□□史大夫安定郡王□□尚書左僕射李公神道碑銘	萃 107-1800
236	李光進碑	萃 107-1800
237	唐故忠武軍監軍使寧遠將軍守內常侍員外置同正員賜紫金魚袋上柱國贈雲麾將軍左監門衛將軍朱公神道碑	萃 107-1807
238	朱孝誠碑	萃 107-1807
239	唐故開府儀同三司雞田州刺史御史中丞贈太保李公墓碑	萃 107-1816
240	李良臣碑	萃 107-1816
241	唐故太尉兼中書令西平郡王贈太師李公神道碑銘	萃 108-1820
242	李晟碑	萃 108-1820
243	唐故奉義郎試洋王府長史濮陽吳府君墓誌銘	萃 108-1831
244	吳達墓誌	萃 108-1831
245	大唐安國寺故內外臨壇大德寂照和上碑銘	萃 108-1838
246	大唐故銀青光祿大夫檢校禮部尚書使持節梓州諸軍事兼梓州刺史御史大夫充劍南東川節度副大使知節度事管內觀察處置靜戎軍等使上柱國長樂縣開國公食邑一千五百戶贈吏部尚書馮公神道碑銘（即馮宿碑）	萃 113-2019
247	馮宿碑	萃 113-2019
248	唐故輔國大將軍行左神策軍將軍知軍事檢校右散騎常侍兼御史大夫義陽郡王食實封二百戶贈越州都督刑部尚書苻公神道碑銘（即苻璘碑）	萃 113-2027
249	苻璘碑	萃 113-2027
250	唐故河東節度觀察處置等使開府儀同三司守司徒兼侍中太原尹北都留守贈太尉李公神道碑（即李光顏碑）	萃 113-2038
251	唐貝州永濟縣故馬公郝氏二夫人墓誌銘	萃 113-2041

450	唐故朝散大夫著作郎張府君墓誌銘	八瓊 54-4875
451	有唐薛氏故夫人實信優婆夷未曾有功德塔銘	八瓊 56-4903
452	王迴山造浮圖頌	八瓊 57-4920
453	盧大娘題記	八瓊 57-4923
454	侍老李思恭題記	八瓊 57-4923
455	張行廉題記	八瓊 57-4924
456	李□賓等題記	八瓊 57-4924
457	石燈臺頌并題名	八瓊 58-4932
458	淨因寺梁懷貞造象記	八瓊 58-4932
459	大唐故處士陪戎副尉雷君墓誌銘	八瓊 58-4932
460	董信古等造石浮圖記	八瓊 58-4934
461	唐故太中大夫守新定郡太定張公墓誌銘	八瓊 58-4935
462	感悤文	八瓊 58-4937
463	王元恭題記	八瓊 58-4938
464	尼世僧圓滿題字	八瓊 58-4939
465	大唐故安鄉郡長史黃府君夫人彭城劉氏龕銘	八瓊 58-4942
466	大唐故劉君合葬墓誌銘	八瓊 58-4944
467	□朝議郎行內侍省內侍伯上柱國劉府君墓誌銘	八瓊 59-4949
468	金大娘壙誌	八瓊 59-4952
469	潤州福興寺碑并陰	八瓊 62-4999
470	大唐故恒王府典軍賜紫金魚袋上柱國太原王府君墓誌銘	八瓊 64-5030
471	大唐故宣州宣城縣尉李府君夫人賈氏墓誌銘	八瓊 65-5045
472	唐絳州聞喜縣令楊君故夫人裴氏墓誌銘	八瓊 65-5054
473	唐故朗州武陵縣主簿桑公墓誌銘	八瓊 65-5059
474	大唐故扶風郡夫人馮氏墓誌銘	八瓊 66-5067
475	大唐南陽張公故太原郡太夫人王氏墓誌銘	八瓊 66-5067
476	唐故泗州長史試殿中監京兆田府君墓誌銘	八瓊 66-5069
477	唐故清河郡夫人張氏墓誌銘	八瓊 67-5074
478	唐故禪大德演公塔銘	八瓊 67-5077
479	唐故南陽張夫人墓誌銘	八瓊 68-5085
480	唐故□□夫人墓誌銘	八瓊 68-5099
481	唐故彭城劉府君墓誌銘	八瓊 69-5104
482	人唐故宣州司功參軍魏府君墓誌銘	八瓊 69-5107
483	唐故試太常寺奉禮郎趙郡李府君墓誌文	八瓊 69-5113
484	唐故東莞臧君夫人周氏墓志銘	八瓊 69-5114

1475	大唐□□寺故比邱尼法琬法師碑文（僧承遠）	文 913-4269
1476	實際寺故寺主懷惲奉勒贈隆闡大法師碑銘（僧思莊）	文 916-4280
1477	大唐眞化寺多寶塔院故寺主臨壇大德尼如願律師墓誌銘（僧飛錫）	文 916-4283
1478	雲麾將軍河南府押衙張府君夫人上黨樊氏墓誌銘（僧至咸）	文 916-4285
1479	唐故越州衙前總管杜府君墓誌銘（僧東乂）	文 919-4299
1480	唐王府君墓誌銘（僧東乂）	文 919-4299
1481	唐故處士吳興施府君墓誌銘（萃氏）	文 959-4474
1482	莫州唐興軍都虞侯兼押衙試鴻臚卿鄭府君王墓石	文 993-4622
1483	清河張府君墓石	文 993-4622
1484	唐故上柱國果毅都尉李府君墓誌銘	文 994-4623
1485	騎都尉李君墓誌銘	文 994-4624
1486	隋故騎都尉司馬君墓誌銘	文 994-4624
1487	孝子朝議郎行大理司直上柱國郭府君墓誌銘	文 994-4625
1488	處士胡君墓誌銘	文 994-4626
1489	太常協律郎裴公故妻賀蘭氏墓誌銘	文 994-4626
1490	大唐故陪戎校尉崔府君墓誌銘	文 995-4627
1491	大唐故朝散大夫京苑總監上柱國茹府君墓誌銘	文 995-4627
1492	唐故延州膚施縣令上柱國于公墓誌銘	文 995-4628
1493	大唐故京兆府美原縣尉張府君墓誌銘	文 995-4628
1494	唐故義興周夫人墓誌銘	文 995-4629
1495	唐故衛府君劉夫人合葬墓誌銘	文 995-4629
1496	唐故衛府君劉夫人合葬墓誌銘	文 995-4629
1497	唐故雲麾將軍行右龍武將軍上柱國開國侯南陽張公墓誌銘	文 995-4630
1498	游擊將軍守左衛馬邑郡尙德府折衝都尉左龍武軍宿衛上柱國張府君墓誌銘	文 995-4630
1499	上柱國梁府君墓誌銘	文 995-4631
1500	于府君墓誌銘	文 995-4631
1501	唐故朗州武陵縣令博陵瞿府君墓誌銘	文 995-4631
1502	唐故濮陽卞氏墓誌銘	文 995-4631
1503	萬仁泰墓銘	文 996-4632
1504	大唐故雁馬郡解府君墓誌銘	文 996-4632
1505	大唐扶風馬氏墓誌	文 996-4632
1506	大唐故員府君夫人墓誌銘	文 996-4632
1507	唐故馮府君墓誌銘	文 996-4632

參考書目

一、經　部

1. 《詩經》，藝文印書館《十三經注釋本》。
2. 《周易》，藝文印書館《十三經注釋本》。
3. 《周禮》，藝文印書館《十三經注釋本》。
4. 《儀禮》，藝文印書館《十三經注釋本》。
5. 《禮記》，藝文印書館《十三經注釋本》。
6. 《左傳》，藝文印書館《十三經注釋本》。
7. 《公羊傳》，藝文印書館《十三經注釋本》。
8. 《論語》，藝文印書館《十三經注釋本》。
9. 《孟子》，藝文印書館《十三經注釋本》。
10. 《爾雅》，藝文印書館《十三經注釋本》。
11. 《詩經今注》，高亨著，里仁書局。
12. 《周易古今注》，高亨著，里仁書局。
13. 《周易注釋》，尚秉和著，里仁書局。
14. 《左傳會箋》，日竹添光鴻撰，廣文書局。
15. 《周秦諸子述左傳考》，劉正浩著，臺灣商務印書館。
16. 《兩漢諸子述左傳考》，劉正浩著，臺灣商務印書館。

二、史　部

1. 《史記》，藝文印書館。
2. 《漢書》，藝文印書館。
3. 《後漢書》，藝文印書館。

4. 《三國志》，藝文印書館。

5. 《魏書》，藝文印書館。

6. 《晉書》，藝文印書館。

7. 《北齊書》，藝文印書館。

8. 《南齊書》，藝文印書館。

9. 《周書》，藝文印書館。

10. 《北史》，藝文印書館。

11. 《南史》，藝文印書館。

12. 《隋書》，藝文印書館。

13. 《舊唐書》，藝文印書館。

14. 《新唐書》，藝文印書館。

15. 《新舊唐書合鈔》，鼎文書局。

16. 《唐會要》，宋王溥撰，世界書局。

17. 《貞觀政要》，唐吳兢撰，黎明文化圖書公司。

18. 《唐鑑》，宋范祖禹著，臺灣商務印書館。

19. 《資治通鑑》，宋司馬光著，世界書局。

20. 《讀通鑑論》，清王夫之著，世界書局。

21. 《通典》，唐杜佑撰，世界書局。

22. 《通志》，宋鄭樵撰，世界書局。

23. 《文獻通考》，元馬端臨，世界書局。

24. 《元和郡縣志》，唐李吉甫撰，《四庫全書本》，商務印書館。

25. 《太平寰宇記》，宋樂史撰，文海出版社。

26. 《元豐九域志》，宋王存撰，華世書局。

27. 《長安志》，宋宋敏求撰，《宋元地方志叢書》，大化書局。

28. 《長安志圖》，元李好文撰，《宋元地方志叢書》，大化書局。

29. 《雍錄》，元程大昌撰，《宋元地方志叢書》，大化書局。

30. 《蠻書校注》，楊家駱主編，《史學叢刊》，鼎文書局。

31. 《諸蕃志校注》，馮承鈞校注，商務印書館。

32. 《華陽國志》，常璩撰，顧廣圻校，商務印書館。

33. 《西域地名》，馮承鈞著，商務印書館。

34. 《西域行程記》，李暹撰，商務印書館。

35. 《元河南志》，清徐松輯，商務印書館。

36. 《洛陽伽藍記》，魏楊衒之，世界書局。

37. 《兩京新記》，唐韋述撰，世界書局。

38. 《三輔黃圖》，世界書局。

39. 《唐兩京考》，清徐松撰，世界書局。

40. 《讀史方輿紀要》，清顧祖禹，洪氏出版社。

41. 《天下郡國利病書》，清顧炎武，考古出版社。

42. 《唐代長安與西域文明》，向達著，明文。

43. 《中國陵寢之研究》，明文。

44. 《中國歷代帝王陵寢》，楊哲文著，聯經出版公司。

45. 《中國歷代帝王陵寢考略》，謝聰敏著，正中書局。

46. 《大唐西域記》，唐玄奘著，商務印書館。

47. 《大唐西域記校注》，季羨林著，明文。

48. 《中國史乘中未詳諸國考證》，希勒格著，馮承鈞譯，商務。

49. 《西域南海史地考證譯叢》甲、乙、丙、丁、戊集，馮承鈞編譯，商務。

50. 《長春真人西遊記注》，王國維著，馮承鈞譯，商務。

51. 《東西洋考》，張燮著，馮承鈞譯，商務。

52. 《南詔興亡之追蹤》，江鴻著，馮承鈞譯，商務。

53. 《方志學今議》，本館編審部撰，馮承鈞譯，商務。

54. 《方志學管窺》，杜學知撰，馮承鈞譯，商務。

55. 《中國方志學通論》，傅振倫著，馮承鈞譯，商務。

56. 《方志學論叢》，宋晞撰，馮承鈞譯，商務。

57. 《道教史》，許地山著，馮承鈞譯，商務。

58. 《道教史》，傅勤家著，馮承鈞譯，商務。

59. 《中國僧官制度研究》，比丘明復著，明文書局。

60. 《釋氏疑年錄》，陳援庵著，千華書局。

61. 《先秦道家與佛學玄學》，方穎嫻著，學生書局。

62. 《佛學研究十八篇》，梁啟超著，商務印書館。

63. 《佛教概論》，黃士復著，商務印書館。

64. 《中國禪思想史》，柳田聖山著，吳汝鈞譯，商務印書館。

65. 《中國佛教源流略論》，呂澂著，里仁書局。

66. 《中國佛教人物與制度》，呂澂等著，彙文堂出版社。

67. 《中國佛教史論集》（二），大乘文化出版社。

68. 《簡明中國佛教史》，日鎌田茂雄著，谷風。

69. 《中國佛教史概說》，日野上俊靜等著，商務印書館。

70. 《隋唐佛教史稿》，湯用彤著，木鐸。

71. 《敦煌變文社會風俗事物考》，羅宗濤著，文史哲出版社。

72. 《隋唐制度淵源略論稿》，陳寅恪著，商務印書館。

73. 《唐代政治史述論稿》，陳寅恪著，商務印書館。

74. 《李唐氏族之推測》，陳寅恪著，《史語所集刊》。

75. 《李唐氏族之推測後記》，陳寅恪著，《史語所集刊》。

76. 《三論李唐代族問題》，陳寅恪著，《史語所集刊》。

77. 《楊隋李唐先世系統考》，王桐齡著，《學衡季刊》三卷二期。

78. 《唐宋社會門第之消融》，孫國棟著，《新亞學報》四卷一期。

79. 《唐代蔭任之研究》，毛漢光著，中央研究院《歷史語言研究所集刊》第五五本第三分。

80. 《敦煌唐代氏族譜殘卷之商榷》，毛漢光著，中央研究院《歷史語言研究所集刊》第四四本第二分。

81. 《我國中古大士族之個案研究——瑯琊王氏》，毛漢光著，中央研究院《歷史語言研究所集刊》第三七本。《中研院五十周年紀念論文集》二輯。

82. 《唐代大士族的進士第》，毛漢光著，中央研究院《歷史語言研究所集刊》，《中研院五十周年紀念論文集》二輯。

83. 《唐代統治階層社會變動》，《中研院五十周年紀念論文集》二輯，政大博士論文。

84. 《武威唐代吐谷渾慕容氏墓誌》，夏鼐著，《中研院五十周年紀念論文集》二輯，第二十本。

85. 《兩晉南朝的士族》，蘇紹興著，聯經出版事業公司。

86. 《唐代公主和親考》，鄺平樟著，《史學年報》二卷二期。

87. 《唐宋時代妓女考》，王桐齡著，《史學年報》一卷一期。

88. 《從石刻論武后之宗教信仰》，饒宗頤著，中央研究院《歷史語言研究所集刊》第四五本第三分。

89. 《初唐墓誌考釋六則》，葉國良撰，《唐代文化研討會論文集》。

90. 《唐代蕃胡生活及其對文化之影響》，謝海平著，油印本。

91. 《唐代蕃將研究》，章群著，聯經出版事業公司。

92. 《唐代蕃將研究續篇》，章群著，聯經出版事業公司。

93. 《突厥研究》，林恩顯著，商務印書館。

94. 《唐代神策軍研究——兼論神策軍與中晚唐政局》，何永成撰，商務印書館。

95. 《貞石證史》，岑仲勉撰，中研究《史語所集刊》第八本第四分。

96. 《續貞石證史》，岑仲勉撰，中研究《史語所集刊》第八本第四分。

97. 《阿史那忠在西域——阿史那忠墓志有關部分考釋》，郭平梁撰，《新疆歷史論文續集》。

98. 《闕特勤碑》，黃仲琴著，中山大學《語史所週刊》一○○期。

99. 《再談闕特勤碑》，黃仲琴著，中山大學《語史所週刊》一二○期。

100. 《唐故三十姓可汗貴女阿史那氏之墓誌》，日羽田亨著，《東洋學報》三一一，1911 年，東京。

101. 《唐書宰相表初校》，孫國棟撰，《新亞學報》二卷一期。

102. 《漢唐史論集》，傅樂成著，聯經出版事業公司。

103. 《唐代文化史》，羅香林著，商務印書館。

104. 《唐史餘瀋》，岑仲勉著，弘文館出版社。

105. 《唐史新論》，李樹桐著，中華書局。

106. 《唐史研究》，李樹桐著，中華書局。

107. 《唐史考辨》，李樹桐著，中華書局。

108. 《唐史索隱》，李樹桐著，商務印書館。

109. 《唐代政教史》，劉伯驥著，中華書局。

110. 《隋唐五代史論文集》，李則芳著，商務印書館。

111. 《唐代政治史論集》，王壽南著，商務印書館。

112. 《敦煌文史藝術論叢》，蘇瑩輝著，新文豐出版公司。

113. 《匈奴興亡之追蹤》，江鴻著，商務印書館。

114. 《韃靼千年史》，巴克爾著，黃淵靜譯，商務印書館。

115. 《中國婚姻史》，陳顧遠著，商務印書館。

116. 《神州女子新史》，徐天嘯著，食貨出版社。

117. 《中國婦女生活》，陳東原著，商務印書館。

118. 《中國婦女文學史》，謝无量著，中華書局。

119. 《中國婦女史論集》，鮑家麟編著，稻鄉出版社。

120. 《中國婦女與文學》，陶秋英著，藍燈出版社。

121. 《中國娼妓史話》，王書奴著，仙人掌出版社。

122. 《宦官秘史》，日三田村泰助著，王家誠譯，新理想。

123. 《中國法制史》，日島田正郎博士還曆紀念，鼎文書局。

124. 《二十二史箚記》，清趙翼著，世界書局。

125. 《陔餘叢考》，清趙翼著，世界書局。

126. 《姓名與社會生活》，金良年著，文津出版社。

127. 《元和姓纂四校記》，岑仲勉撰，國風出版社。

128. 《姓氏新著二種》，鼎文書局。

129. 《中國古代的收繼婚》，李卉著，《大陸雜誌》一卷六期。

130. 《從七出談到三歸》，楊希枚著，《大陸雜誌》一卷十期。

131. 《漢唐時七出研究》，董家遵著，《文史匯刊》。

132. 《從漢到宋寡婦再嫁習俗考》，董家遵著，《文史學衡》。

133. 《唐代婚姻研究》，董家遵著，《現代史學》一卷一期。

134. 《冥婚》，臺靜農撰，《大陸雜誌》一卷十期。

135. 《中國古代女性倫理觀》，宋昌基著，政大博士論文。

136. 《唐詩中夫婦情誼之研究》，吳秋慧著，政大碩士論文。

137. 《唐人以漢代婦女為主題詩歌之研究》，吳秋慧著，政大碩士論文。

138. 《唐代小説中的女性角色研究》，朱美蓮著，政大碩士論文。

139. 《唐代文學所表現之婚俗研究》，張修蓉著，政大碩士論文。

140. 《歷代婦女著作考》，楊家駱主編，鼎文書局。

141. 《唐代民間歌謠發生的原因及其社會背景》，邱燮友著，《師大國文學報》。

142. 《中國歷代女子對於文化之貢獻》，吳鼎著，《實踐家專學報》第五期。

143. 《中國婚俗之民俗學的研究》，楊江松著，《東方雜誌》三十一卷十一號。

144. 《婚雜儀注》，唐段成式著，中央圖書館藏本。

145. 《大唐類要》，唐虞世南著，中央圖書館藏本。

146. 《史諱舉例》，陳新會著，文史哲出版社。

147. 《經史避名彙考》，清周廣業撰，明文。

148. 《西域研究》，日藤田豐八著，楊鍊譯，商務印書館。

149. 《唐代夷狄邊患史略》，侯林柏著，商務印書館。

三、子　部

1. 《老子道德經》，晉王弼注，侯官嚴復評點，廣文書局。

2. 《老子考述》，周箸著，文津書局。

3. 《大唐詔令集》，宋宋敏求撰，華文書局。

4. 《唐律疏議》，唐長孫無忌撰，弘文館出版社。

5. 《唐律通論》，徐道鄰著，中華書局。

6. 《唐律各論》，戴炎輝著，三民書局。

7. 《大唐六典》，唐玄宗撰，李林甫注，文海出版社。

8. 《雪心賦圖解》，唐章貢、卜應天、則巍甫著，張淵量講解，龍在田雜誌社。

9. 《葬經圖解》，晉郭樸著，張淵量講解，龍在田雜誌社。

四、集　部

1. 《全唐文》，大化書局。

2. 《唐文拾遺》，清陸心源輯，大化書局。

3. 《唐文續拾遺》，清陸心源輯，大化書局。

4. 《讀全唐文禮記》，勞格著，大化書局。

5. 《續勞格讀全唐文禮記》，岑仲勉著，大化書局。

6. 《全唐文紀事》，清陳鴻墀輯，世界書局。

7. 《唐文粹》，宋姚鉉編，世界書局。

8. 《全唐詩》，明倫出版社。

9. 《全唐詩稿本》，聯經出版事業公司。

10. 《全唐詩話》，宋尤袤撰，清何文煥校，《四庫本》，商務。

11. 《歷代詩話》，清吳景旭撰，世界書局。

12. 《唐詩紀事》，南宋計有功撰，中華書局。

13. 《唐百家詩選》，宋王安石編，世界書局。

14. 《讀全唐詩禮記》，中研究《史語所集刊》第九本，岑仲勉撰。

15. 《跋唐摭言》，中研究《史語所集刊》第九本，岑仲勉撰。

16. 《唐摭言》，五代王定保撰，世界書局。

17. 《唐語林》，宋王讜撰，世界書局。

18. 《唐詩別裁》，清沈德潛撰，商務印書館。

19. 《唐才子傳》，元辛文房撰，世界書局。

20. 《唐音癸籤》，明胡震亨撰，世界書局。

21. 《詩人玉屑》，宋魏慶之撰，商務印書館。

22. 《容齋隨筆》，宋洪邁撰，商務印書館。

23. 《北里志》，唐孫棨著，世界書局。

24. 《開元天寶遺事》，唐王仁裕著，正光書局。

25. 《本事詩》，唐孟棨著，正光書局。

26. 《酉陽雜俎》，唐段成式撰，新興書局。

27. 《唐國史補》，唐李肇撰，新興書局。

28. 《因話錄》，唐趙璘著，新興書局。

29. 《封氏聞見記》，唐封演撰，新興書局。

30. 《宣室志》，唐張讀撰，新興書局。

31. 《杜陽雜編》，唐蘇鶚撰，新興書局。

32. 《玉泉子》，唐（不著撰人），新興書局。

33. 《東觀奏記》，唐裴廷裕撰，新興書局。

34. 《太平廣記》，宋李昉等編撰，藝文印書館。

35. 《太平御覽》，宋李昉等編撰，商務印書館。

36. 《唐人小說》，汪辟疆校，遠東圖書公司。

37. 《唐人小說研究》，王夢鷗著，藝文印書館。

38. 《世說新語校箋》，楊勇著，明倫出版社。

39. 《敦煌變文》，世界書局。

40. 《敦煌寶藏》，黃永武編，新文豐出版社。

41. 《敦煌講經變文研究》，羅宗濤著，政大博士論文。

42. 《歷代婦女著作考》，楊家駱主編，鼎文書局。

43. 《歷代女子詩集》，趙錫綸、朱士杰輯評，廣文書局。

44. 《唐代女詩人研究》，張慧娟，文化中研所碩士論文。

45. 《元白詩箋證稿》，陳寅恪著，世界書局。

46. 《唐詩品彙》，明高棟，《四庫本》，商務印書館。

47. 《漢史語稿》，王協著，波文書局。

48. 《語意學概要》，徐道鄰著，萬年青叢書。

49. 《語言的故事》，馬白禮著，李慕白譯，商務印書館。

50. 《常用虛字用法淺釋》，許世瑛著，復興書局。

51. 《說文漢語疏證》，于維杰著，自由太平洋文化事業公司。

52. 《說文解字詁林》，丁福保編，鼎文書局。

53. 《中古辭語考釋》，曲守約著，商務印書館。

54. 《助字辨略》，劉淇著，開明書店。

55. 《通俗編》，清翟灝著，世界書局。

56. 《經傳釋詞》，清王引之著，私人印行。

57. 《臺灣語典》，連橫著，久博圖書公司經銷。

58. 《臺灣禮俗語典》，洪惟仁著，自立晚報社。

59. 《小說詞語匯釋》，中華書局。

60. 《戲曲辭典》，王沛綸編著，中華書局。